認認真真講歷史

天涯社区人气佳作

晚唐余晖

全二卷 卷二

孙峰 孙艺真·著

中国文史出版社

图书在版编目（C I P）数据

晚唐余晖. 第二卷 / 孙峰, 孙艺真著. -- 北京 :
中国文史出版社, 2018.6
（认认真真讲历史）
ISBN 978-7-5205-0286-3

Ⅰ. ①晚… Ⅱ. ①孙… ②孙… Ⅲ. ①中国历史—唐代—通俗读物 Ⅳ. ①K240.9

中国版本图书馆CIP数据核字(2018)第108255号

责任编辑： 刘　夏
封面设计： 陈欣欣

出版发行：中国文史出版社
网　　址：www.wenshipress.com
社　　址：北京市西城区太平桥大街23号　　邮编：100811
电　　话：010-66173572 66168268 66192736（发行部）
传　　真：010-66192703
印　　装：北京温林源印刷有限公司
经　　销：全国新华书店
开　　本：1/16
印　　张：16　　　字　数：269千字
版　　次：2018年10月北京第1版
印　　次：2018年10月第1次印刷
定　　价：40.00元

目录

七一〇 李煴篡位（一）

光启二年（公元886年）三月，僖宗逃到兴元之后，身边已无宰相，就任命御史大夫孔纬，翰林学士承旨、兵部尚书杜让能为同平章事。又以尚书左丞卢渥为户部尚书，充山南西道留后；以山南西道监军使严遵美为内枢密使，派遣王建率部戍守三泉（今四川省广元市以北葭萌关），晋晖、张造率领四都兵进驻黑水（今陕西省城固县境内），修复栈道。又以王建遥领壁州（今四川省通江县）刺史，将帅遥领刺史等地方官这一做法，从此开始形成。卢渥，字子章，幽州范阳人，大中进士。《云溪友议》称，卢渥在宣宗朝应举时，从御沟内捡拾了一片红叶，有宫女在其上题诗，不久，宣宗下诏遣散部分宫女，卢渥也得到了其中的一位，结果这一位竟然就是那位题诗的宫女，诗云："水流何太急，深宫尽日闲。殷勤谢红叶，好去到人间。"《阙史》记载，卢渥一家"冠裳之盛，近代无出其右者，伯仲四人，咸居清显"云云。

朱玫因田令孜就在僖宗身边，无法除掉，就与宰相萧遘商量道："主上避难六年，中原将士身陷战阵，百姓运输军粮，战死饿死了十之七八，才勉强收复长安。天下之人都庆幸主上回到了长安，谁料到主上竟然把勤王之功归于宦官们，给其大权，令其败坏朝纲，骚扰藩镇，招致大祸。前不久，我接受你的命令前来奉迎大驾，却得不到主上的信任，我的举动反而像是在胁迫君王。我等忠心报国之心已到头了，与反贼作战的力量也使尽了，岂能俯首帖耳听命于宦官们？李氏子孙还多着呢，相公何不改变立场，做出有利于社稷之事呢？"萧遘说道："主上登基十余年来，并没有犯什么大错，干出大的坏事。只是田令孜在身边专权，致使不得不一再逃亡，主上每当谈及此事，未尝不流泪不已。就拿这次逃亡来说吧，主上原本就没有此意，田令孜率军包围行宫，迫使主上出逃，连等到天亮都不行。一切的罪过都在田令孜一人，天下之人谁不知道！足下忠心为国，只有一条路可走，那就是率领兵马返回本镇，然后上书请求主上回京。废立君王的大事，自古以来即便是伊尹、霍光这样的重臣都感到很难办，我不敢从命。”朱玫却早已下定了决心，出来后当众宣布道：“我将拥立李氏一位亲王，有胆敢反对的斩首！”

光启二年四月三日，朱玫强迫凤翔的百官拥立李煴暂且监军国事，并代行皇帝职权给百官加官晋爵；同时，朱玫又派人向兴元奉迎僖宗，还在石鼻驿与百官盟誓。朱玫让萧遘起草拥护李煴称帝的册文，萧遘以文笔不好推辞，朱玫遂令兵部侍郎郑昌图起草。六日，李煴接受了百官拥立他的册文，朱玫自己兼任左右神策十军使，率领百官簇拥着李煴返回长安。李煴又晋升郑昌图为同平章事、判度支、盐铁、户部，三司之事全部交其处理，在其下又各设副使。逃往河中的崔安潜等朝中百官也向襄王李煴送来祝贺信，表示效忠。

五月，朱玫以李煴之名任命中书侍郎、同平章事萧遘为太子太保；他自己则加封为侍中、各道盐铁转运等使；加宰相裴澈为判度支；郑昌图判户部；晋升淮南节度使高骈兼中书令，充江淮盐铁转运等使、诸道行营兵马都统；晋升淮南右都押牙、和州刺史吕用之为岭南东道节度使；对其余各道节度使也都一一加官晋爵，并派遣吏部侍郎夏侯潭前往河北联络、慰问；户部侍郎杨陟前往江淮安抚。各地十之六七的藩镇都表示拥护，高骈还上表请求李煴称帝。萧遘被罢相之后，就称病离开长安，回到河中永乐县，投奔其弟永乐令萧蘧。

当初，凤翔节度使李昌符与朱玫一起商议拥立襄王李煴，然而，等襄王李煴真的监国之后，朱玫自己当上了宰相，独揽大权，这让李昌符不禁大怒，拒不接受李煴对自己的加官，反而上书流亡兴元的僖宗，又站到了僖宗一边，僖宗下诏加李昌符检校司徒。保銮都将李鋋等人在凤州击败了追赶的邠州军队，朱玫又加派部将王行瑜率领五万邠宁、河西军队追赶僖宗，感义军节度使杨晟屡屡战败，放弃散关南逃，王行瑜推进到凤县。当时，各道进贡的赋税都送到了长安，追随僖宗在兴元的官员、卫士们连口粮都保证不了，僖宗下诏加王重荣为应接粮料使，命其向兴元调来本道十五万斛谷米，但王重荣上表称朝廷还没有诛杀田令孜，遂拒不奉命。田令孜也自知既得罪了王重荣，又得罪了僖宗，不为天下之人所容，遂推荐枢密使杨复恭为左神策中尉、观军容使，自请担任西川监军使，离开僖宗前往西川，投靠其兄陈敬瑄。杨复恭上任后，又将田令孜一党全部驱逐，以王建为利州（今四川省广元市）刺史，晋晖为集州（今四川省南江县）刺史，张造为万州（今重庆市万州区）刺史，李师泰为忠州（今重庆市忠县）刺史。

僖宗看到处境困难，无计可施，流泪不止。宰相杜让能对僖宗说道："杨复光与王重荣一起击破黄巢，收复京师，私交很好；杨复恭是杨复光的哥哥，如果派遣重臣前往河中，向王重荣晓之以大义，再让杨复恭向其解释，也许王重荣会站到朝廷一边。"僖宗只好同意，派遣右谏议大夫刘崇望出使河中，劝说王重荣，果然，在王重荣听说田令孜已经离开僖宗身边后，就表示愿意服从朝廷，派人上书请求向兴元送来十万匹绢，并请奉命讨伐朱玫，以将功赎罪。

在僖宗君臣努力争取王重荣的同时，李煴方面也在极力拉拢河东的李克用。光启二年五月二十日，李煴派人来到晋阳，对李克用说："僖宗行至半路，六军发动兵变，已经驾崩，我被藩镇拥戴，已经接受。"朱玫也给李克用送来了书信，李克用听说这一切都是出自朱玫的主意，不禁大怒。大将盖寓对李克用说："天子流亡，天下之人都归咎于我们，今日不杀了朱玫，废黜李煴，就无从洗刷这个污点。"盖寓，蔚州人，其祖父盖祚、父亲盖庆都是蔚州牙将。李克用曾任蔚州刺史，盖寓和同乡康君立等人就成了李克用的心腹。李克用任雁门节度使的时候，盖寓为都押牙、岚州刺史；等李克用担任河东节度使后，盖寓又被晋升为左都押牙、检校左仆射。盖寓通达狡黠，多权变，善于揣测人心。李克用脾气急躁、严厉，下属犯了一点小错，就要严刑惩处，遇到这个时候，盖寓往往假装恼怒，帮着李克用斥责那人，最后总是让李克用转怒为喜；盖寓劝谏李克用时，也经常拿身边的事、身边的人来打比方，因此，李克用对盖寓言听计从，对其最为信任。

李克用听从了盖寓的建议，焚烧了李煴的诏书，囚禁了来使，并向邻近各道发布檄文，称："本月二十日，得到襄王的伪诏、朱玫的书信，称皇帝已经驾崩，不知弑杀之人是谁，并称自己已经接受拥戴，改元大赦。李煴出自庶子，昏聩无能，李昌符、朱玫不过是想以其攫取私利，如今，皇帝就在兴元，宿卫安然无恙，而朱玫胆敢欺骗天下，明目张胆地说皇帝已经驾崩，本道已经调派三万蕃汉军队讨伐叛贼，一起建立大功。"与李克用一样，当李煴的诏书送到朱全忠的手上时，朱全忠也命人在中庭将其焚毁，只是朱全忠正在与秦宗权酣战，无暇西顾。

六月，李克用的使者来到兴元，送来了李克用的奏表，他在奏表上称："我已经发兵西渡黄河，清除逆党，奉迎陛下，希望陛下下诏各道与臣同心协力。”过去，兴元军民都传言李克用已经与朱玫同流合污，人心不安，等到李克用的奏表送到兴元后，僖宗拿出让群臣们过目，并告知了各镇，兴元人心才安定下来，然而，李克用的奏表上仍然提及讨伐朱全忠的事，僖宗让杨复恭给其回信，含糊答应：“等关中平定后，另有处分。”僖宗命令护跸都将杨守亮为金商节度使兼京畿制置使，率领两万人马从金州（今陕西省安康市）出击，与王重荣、李克用一起讨伐朱玫。杨守亮，本名訾亮，曹州人，与其弟弟訾信一起被杨复光收为养子，分别改名为杨守亮、杨守信。

七一一　李煴篡位（二）

光启二年七月，当秦宗权攻克许州、杀掉鹿晏弘之时，朱玫部将王行瑜也正从凤州（今陕西省凤县）南下，穿越了大散关，向兴州（今陕西省略阳县）发起猛烈的进攻，感义军节度使杨晟不敌，远远逃往文州（今甘肃省文县）。

兴元危急。僖宗连忙下诏命令保銮都将李鋋、护跸都将（禁卫军统兵大将）李茂贞、陈佩领兵进驻大唐峰（今陕西省略阳县东南）抵挡。李鋋，原为西川黄头军使，在僖宗逃往成都时，曾与巩咸一起领兵进驻兴平，多次与黄巢军作战。李茂贞，深州博野人。本名宋文通，为博野军士兵，戍守凤翔。黄巢攻入长安后，郑畋命博野军出战，在龙尾陂之战中，宋文通立下战功，因功由队长升任校尉，任神策军指挥使。僖宗逃往兴元，宋文通护驾论功第一，僖宗给其赐名李茂贞，并亲笔赐字曰正臣。陈佩生平不详。

九月，朱玫部将张行实领兵进攻大唐峰，被李鋋等人击退。金吾将军满存与朱玫军队交战，又将其击破，并乘胜收复了兴州，唐军继续推进，驻守万仞寨（今陕西省略阳县以北）。从五月李克用向各道发布檄文，一直到九月，在这长达四个月的时间里，河中、河东军队迟迟没有越黄河半步，这就显得非常蹊跷了。显然，李克用对僖宗的回复是不满意的，因此，虽然他和王重荣二人没有站在李煴和朱玫一边，但他们最终还是选择了观望，与此同时，李克用转兵东向，命令昭义节度使李克修进攻太行山以东的孟方立，九月十八日，河东军在焦冈（今河北省涉县境内）俘获孟方立部将吕臻，斩首数千人，并相继攻克了故镇（今河北省武安市北）、武安（今河北省武安市）、临洺（今河北省邯郸市永年区）、邯郸（今河北省邯郸市）、沙河（今河北省沙河市），李克用任命其部将安金俊为邢州刺史。

李克用和王重荣雷声大，雨点小，这让李煴和朱玫等人在最初的慌乱中镇定了下来，在观望了四个月之久之后，朱玫等人终于下定决心，让李煴正式登基即皇帝位。同月，长安百官以太子太师裴璩等人为首，向襄王李煴劝进。十月，李煴正式登基，改元建贞元年，遥尊僖宗为太上元皇帝。同月，河阳节度使诸葛爽去世，军中大将刘经、张全义拥立诸葛爽之子诸葛仲方为河阳留后。李克修继续进攻孟方立固守的邢州，孟方立出城迎战，但又战败，只好向成德的王镕求援，成德王镕派遣三万大军救援，李克修遂撤围退去。

十二月，唐军收复凤州，僖宗任命满存担任凤州防御使。杨复恭向关中各镇发布檄文，称："谁能取下朱玫的人头，就将静难军节度使一职给谁。"王行瑜接连战败，担心受到朱玫的惩处，就与部下商议道："如今我们没有战功，回去之后也是一死，倒不如我们一起斩了朱玫，平定京城，迎回大驾，换取邠宁节度使一职，可好？"众人齐声同意。十日，王行瑜从凤州前线擅自率领本部逃回京师，朱玫正在办公，听说后，勃然大怒，即派人把王行瑜召来问话，斥责道："你擅自逃回，是想造反吗？"王行瑜回答："我没有造反，想造反的正是你朱玫！"遂手起刀落，将朱玫砍死，又杀死了朱玫一党数百人。长安各军群龙无首，一片大乱，趁机四处劫掠，焚烧房屋，百姓的衣服都被剥光，活活冻死的不计其数。王重荣谎称要奉迎李煴，裴澈、郑昌图等人信以为真，率领百官二百余人保护着李煴逃往河中，等他们到了河中之后，王重荣却翻脸不认人，逮捕了李煴杀掉，囚禁了裴澈和郑昌图，又诛杀了一多半从行官员。

王重荣把李煴的人头装在盒子里送到了兴元。刑部人员建议僖宗驾临兴元南门接受献俘，文武百官进行庆贺。太常博士、前卫尉卿殷侑之孙殷盈孙认为："李煴受到贼臣的逼迫，最多只能责备他不能死节。根据礼仪，皇族犯下杀头的大罪，皇帝要因之而身穿素色衣服，不听音乐，如今李煴已死，就该将其废为平民，就地将其人头掩埋。至于献俘之礼，应该等到朱玫的人头送来后再说。"

光启三年（公元887年）一月，僖宗任命邠州都将王行瑜为静难军（今陕西省彬县）节度使，护跸都头李茂贞为武定（今陕西省洋县）节度使，右卫大将军顾彦朗为东川节度使，金商节度使杨守亮为山南西道节度使。顾彦朗，丰州（今内蒙古自治区五原县南）人，原与弟弟顾彦晖均为天德军小校，因参加围剿黄巢、收复京师而被晋升为右卫大将军。二十日，僖宗下诏削夺田令孜的官爵，流放端州（今广东省肇庆市），但是，田令孜早已逃到西川陈敬瑄那里，诏命根本无法执行。

三月九日，僖宗下诏将李煴篡位时期的宰相萧遘、郑昌图、裴澈在押解途中就地处死示众，三人均在岐山（今陕西省岐山县）被杀。当时，朝廷群臣接受李煴官爵的人非常多，刑部上奏要求将这些人全部执行死刑，宰相杜让能极力营救，救下了十之七八。十八日，僖宗一行来到凤翔，凤翔节度使李昌符担心僖宗回到长安后，即便不追究自己过去的罪过，也肯定会疏远自己，不如趁着僖宗来到凤翔，好好表现表现，就借长安宫室尚未修复完毕，极力劝说僖宗暂时住在凤翔，最终僖宗答应了。

僖宗还在兴元时，其实已经与田令孜、陈敬瑄兄弟之间产生了很深的矛盾，只是没有公开翻脸罢了。陈敬瑄怀疑东川节度使高仁厚对自己有二心，就想除掉高仁厚。正巧，原东川将领、遂州（今四川省遂宁市）刺史郑君立发动兵变，攻克了汉州（今四川省广汉市），并向成都进军。陈敬瑄派遣部将李顺之领兵迎战，将郑君立击败，郑君立被杀。平定郑君立之乱后，陈敬瑄又调派维州、茂州的羌族军队进攻高仁厚，晚唐风云一时的名将高仁厚就这样被杀了，陈敬瑄实际上控制了东川。杨复恭重掌大权后，又把王建等田令孜一党打出朝廷，等王行瑜夺回长安、李煴朝廷覆灭后，僖宗力量进一步加强，就把顾彦朗派往东川上任，开始蚕食陈敬瑄的势力范围，并且，新任山南西道节度使杨守亮因利州刺史王建骁勇，也不断召其见面。王建唯恐被杀，始终不敢前往。前龙州司仓周庠对王建说："唐朝国祚行将终结，各地藩镇相互吞并，但他们都没有雄才大略，不能平定四海之乱。大人有勇有谋，有得士卒之心，能够建立大功的除了大人还能有谁！然而，葭萌关系四战之地，很不安全，而阆州（今四川省阆中市）位置偏远，居民富裕，阆州刺史杨茂实是陈敬瑄、田令孜的心腹，不向朝廷进贡，如果以此为名兴兵讨伐，一战即可将其擒获。"周庠，字博雅，光启年间曾任龙州司仓参军，考核期满回朝时，因道路阻隔，客居于绵谷县（今四川省广元市）。王建担任利州刺史时，周庠前往拜谒，王建素闻其名，对其很是厚待，引为宾客。

光启三年三月，王建采纳了周庠的建议，招募山中山蛮，纠集了八千人马，沿着嘉陵江顺流而下，偷袭阆州，将其刺史杨茂实赶走，自称阆州防御使。在阆州，王建招兵买马，军威甚盛，杨守亮也对他无可奈何。其手下部将张虔裕对王建说："大人趁着天子衰弱，割据一方，如果朝廷中兴，大人就死无葬身之地了。应该派遣使者向天子表达忠心，依靠大义来出兵，就会战无不胜了。"另外一名部将綦毋谏也建议王建，应该爱护百姓，优待文士，以观天下之变，王建都一一予以采纳。周庠、张虔裕、綦毋谏和王建都是同乡。王建与新任东川节度使顾彦朗原来都在神策军任职，等王建占领阆州后，顾彦朗多次派人前去慰问，送去军粮，王建遂不侵犯东川。

僖宗从光启三年三月开始住在凤翔，一直太平无事，但到了六月六日，发生了一件突发事件。这一天，五十四都的天威军都将杨复恭的养子杨守立与凤翔节度使李昌符在路上各不相让，发生争斗，双方相互殴打，僖宗知道后，赶忙派人前去劝解，但两方打得正酣，根本停不下来。当晚，僖宗的禁卫部队如临大敌，严密戒备。次日，李昌符领兵焚烧僖宗的行宫。八日，李昌符再次领兵焚烧大安门。宰相杜让能听说发生叛乱后，冒险徒步入宫，保护僖宗，另一宰相韦昭度则把家眷送到军中当人质，发誓消灭反贼。杨守立率军与李昌符的军队发生激烈的巷战，在宰相们的感召下，唐军将士拼命死战，最终将李昌符打败，李昌符率领部众逃往陇州（今陕西省陇县）。十日，僖宗任命扈驾都将、武定节度使李茂贞为陇州招讨使，统领各军前往陇州，讨伐李昌符。直到八月一日，李茂贞上奏称，陇州刺史薛知筹举城投降，斩杀了李昌符，将其灭族，平定了李昌符的叛乱。自李昌言夺占凤翔，至此凡七年而灭。僖宗晋升李茂贞为同平章事、凤翔节度使；以韦昭度为守太保、兼侍中。

七一二　你争我夺

凤翔虽然又恢复了平静，天下却不太平。

僖宗还在兴元期间，朱全忠正与秦宗权酣战，而其他各地的兵变仍在继续。光启二年六月，衡州刺史周岳发兵进攻潭州（今湖南省长沙市），已改名为钦化军的湖南节度使闵勖自知不敌，召来淮西秦宗权的部将黄皓入城协防，黄皓率军入城之后，就杀掉了闵勖，不久，周岳攻克潭州，又杀死了黄皓。同月，镇海节度使周宝派遣牙将丁从实偷袭常州（今江苏省常州市），驱逐了占据常州的张郁。张郁原为镇海军牙将，在年初发动兵变，占领了常州。张郁从常州又逃到了海陵（今江苏省泰州市），依附于镇遏使高霸。高霸是高骈的部将，镇守海陵，海陵当地有百姓五万户，军队三万人。七月，就在秦宗权攻克许州、王行瑜领兵南下进攻兴元之际，僖宗又将钦化军改名为武安军，以周岳为武安军节度使。

八月，在王潮攻克泉州的同时，北方的卢龙节度使李全忠去世，军中拥立其子李彦威为留后。到了十月，在李熅称帝时，杭州刺史董昌对部将钱镠说：“你如果能夺取越州（今浙江省绍兴市），我就把杭州交给你。”钱镠回答：“是啊，如果不夺取越州，刘汉宏终究会成为后患。”遂以诸都兵马使阮结守梅市，监阵使钱爽守双童，遏后使骆团守平水，降将使章可周、唐晟、王公备等守兰头，江海游弈使崔则守羊石（均在今浙江省绍兴市境内），他亲自领兵从诸暨（今浙江省诸暨市）沿着平水（今浙江省绍兴市东南四十里），开山凿路五百里，突然出现在越州东南方向的曹娥棣。刘汉宏曹娥棣守将鲍君福措手不及，不战而降。又击败韩公玟，与朱褒的水军遭遇，焚烧了敌人的战舰，再次取胜，而后，进驻曹娥棣以西的丰山。梅城镇将施坚实逮捕刘汉宏的右直将张师及向钱镠投降。十一月十一日，钱镠率部攻克越州，刘汉宏逃奔台州（今浙江省临海市）。十六日，钱镠诛杀刘汉宏的妻子、母亲、弟弟、侄儿以及其同党史惠、史侃、都虞候蔡约等人。十二月，台州刺史杜雄诱捕了刘汉宏，将其送到董昌那里。董昌斥责他，刘汉宏说道："成功了，就做的是对的；失败了，就做错了。从古至今，哪有不败落的人家、不灭亡的国家。大人身边有名将谋臣，我刘汉宏身边没有，才走到今天这步田地，你又何必过分责备我呢？"刘汉宏临刑之前，对刽子手大叫道："我身为一方节度使，你们没资格杀我。我曾经梦见手捧金钱，杀我的是钱大人啊。"遂请钱镠亲自动手，斩杀了他。

占领浙东之后，董昌迁往越州，自称知浙东军府事，而以钱镠为知杭州事。此时正值王重荣将襄王李煴的人头送到兴元的光启二年十二月，次年一月，僖宗任命董昌为浙东观察使，钱镠为杭州刺史。

也就在钱镠讨伐刘汉宏的这三个月内，其他军镇也发生了一系列的变故。

感化牙将张雄、冯弘铎因得罪了节度使时溥而聚众三百人，南下渡过长江，袭占了苏州（今江苏省苏州市）。张雄自称苏州刺史，逐渐聚集了五万人马，战舰一千余艘，自称天成军。镇海节度使周宝听说淮南六合镇遏使徐约兵强马壮，就引诱他去进攻苏州的张雄，到光启三年四月一日，徐约领兵赶走了张雄，占领苏州，张雄被迫率领部众逃入海中，此后，张雄率众沿着海岸线进入长江，驻扎东塘（今江苏省扬州市东），派遣部将赵晖进驻上元（今江苏省南京市江宁区）。

义成（今河南省滑县）节度使安师儒将军政事务都交由两厢都虞候夏侯晏、杜标二人，二人逐渐骄横恣肆，令军中将士们非常不满。小校张骁从军中逃出，聚众两千人，反攻州城，安师儒斩杀了夏侯晏和杜标二人，平息了兵变。义成军乱，让一直觊觎义成军的天平（今山东省东平县）节度使朱瑄和宣武（今河南省开封市）节度使朱全忠都觉得机会来了。朱瑄派遣濮州刺史朱裕领兵诱杀了张骁，但朱瑄还没把滑州夺下来，朱全忠就捷足先登，派遣部将朱珍、李唐宾率军昼夜兼行偷袭滑州。宣武军进入滑州境内时，天降大雪，朱珍等人在大雪的掩护下，经过一夜的急行军就进抵滑州城下，立即投入攻城战斗，动用全部云梯向滑州发起猛烈的进攻，很快就攻克了城池，将安师儒生擒。朱全忠任命牙将胡真为知义成留后。

朱瑄虽然被朱全忠捷足先登，没能占领滑州，但他吞并了南面的泰宁军（今山东省济宁市兖州区）。朱瑄谎称让堂弟朱瑾与泰宁节度使齐可让结亲，齐可让不知是计，就答应下来了。朱瑄在郓州置办一支豪华的迎亲队伍，却在车中藏了武器铠甲，在迎亲当天，天平军的将士们突然拿出武器，把齐可让从兖州赶走，朝廷遂以朱瑾为泰宁节度使。

河阳大将刘经担心李罕之难以控制，就领兵进入洛阳，并偷袭了因躲避孙儒而退守渑池的李罕之，反被李罕之击败。刘经战败后，丢掉洛阳向北逃窜，李罕之乘胜追击，几乎将刘经的人马斩杀殆尽。李罕之进驻巩县（今河南省巩义市），准备渡河北上，继续追杀刘经，刘经派遣张全义率军抵御。当时，河阳留后诸葛仲方年幼，刘经完全掌握了河阳军政大权，河阳众将对其都不服气，不久，张全义就与李罕之合兵一处，反攻河阳，但被刘经击败，二人退守怀州（今河南省沁阳市）。

安陆变民头领周通进攻鄂州，自封的鄂州刺史路审中从城中逃走。自封为岳州刺史的杜洪趁机率军进入城内，自称武昌留后，也得到了朝廷的承认。杜洪占领鄂州后，其老巢岳州又被湘阴的变民头领邓进思乘虚占领。

自从光启二年五月吕用之接到李煴朝廷任命其为岭南东道节度使之后，就开始有了自己的府邸、幕僚，门前立起大旗，与高骈一样，凡是高骈的心腹以及当权的将校们，吕用之都采取威逼利诱的办法，一一将他们拉拢到自己的阵营里，吕用之所干的一切也都不再向高骈禀报了。高骈开始有所警惕，打算暗中夺去他的兵权，但为时已晚，吕用之的羽翼已经丰满，再也无法撼动了。听说高骈打算对付自己，吕用之也十分担心，就找同党、前度支巡官郑杞、前知庐州事董瑾商议，郑杞说道："已经晚了，不必担心。"吕用之又问下一步该怎么办，郑杞回答："曹操曾经说过：'宁可我对不起别人，也不能让别人对不起我。'"次日，郑杞和董瑾一起写给吕用之一封密信，内容外人无人知道。

同年，寿州刺史张翱派遣部将魏虔率领一万人马进攻庐州，庐州刺史杨行愍派部将田頵、李神福、张训等人率部抵御，在褚城（今安徽省合肥市西北）将魏虔击败。滁州刺史许勍偷袭舒州，舒州刺史陶雅逃奔庐州。高骈将杨行愍改名为杨行密。

镇海节度使周宝招募一千名亲军，号称后楼兵，军饷、装备要比镇海其他各军高出一倍，让镇海各军都十分不满，而后楼兵也逐渐开始骄横不法起来。周宝沉溺于声色之中，不理政务，修筑一座方圆二十余里的外城，还建了一座豪华的宅邸，令军民苦不堪言。一次，周宝与幕僚们在后楼上饮宴，有人称镇海军不少士兵满腹牢骚，周宝说道："有谁胆敢作乱，就杀掉他！"度支催勘使薛朗把这话传到了镇海军将刘浩的耳中，让刘浩约束好部下，刘浩说道："也只有造反才能免去一死了。"当晚，周宝喝得酩酊大醉，刚刚入睡，刘浩就率众发动叛乱，纵火焚烧周宝居住的宅邸。周宝从睡梦中惊醒，赤脚敲打芙蓉门，呼唤后楼兵，然而，后楼兵也趁乱造反了。周宝只好领着家人从青阳门逃出城外，逃往常州，投奔常州刺史丁从实。刘浩诛杀了周宝的幕僚们，光启三年三月十九日，他把薛朗迎入节度使衙门，拥立其为镇海留后。周宝过去还兼任租庸副使，他像高骈一样，把征收来的朝廷赋税据为己有，城内仓库内财宝堆积如山，当天，这些财宝全部落入乱兵之手。

近年来，扬州接连闹饥荒，每天城内都要饿死数千人之多，昔日繁华的扬州变得一片萧索，还屡屡出现怪事，高骈听说周宝被乱兵驱逐的消息，以为这些不祥之兆都应到周宝身上，不禁狂喜，在衙门接受幕僚们的祝贺，还给寓居常州的周宝送去了一袋粉末进行嘲弄。周宝接到那袋粉末后，勃然大怒，摔到地上，说道："你高骈身边有个吕用之，将来你的下场还不知道怎么样呢！"

七一三　汴蔡交兵

秦宗权自以为兵力超过朱全忠十倍，却屡屡被朱全忠击败，内心深感羞耻，遂打算集中全部兵力一举打败朱全忠。

朱全忠深知自己兵力太少，为了迎接即将到来的大战，光启三年年初，他就任命诸军都指挥使朱珍为淄州（今山东省淄博市）刺史，前往山东招募军队，约定朱珍在本年初夏时返回汴州。

朱珍领兵路过任城（今山东省济宁市任城区），被朱瑾从兖州赶走的原泰宁节度使齐可让领兵埋伏在孙师陂，企图截击朱珍所部，反被朱珍击败，生擒其部将吕全真、孙用和、束诩等人。通过兖州地面之后，朱珍继续向淄青一带进军，行至牙山（今地不详），都虞候张仁遇对朱珍说："军士中如果有违犯军令的，请允许我先斩本队都将，然后再向你报告。"朱珍认为张仁遇想独断专行，遂下令将其诛杀，传首三军，众将都十分震惊。

朱珍所部推进到乾封县（今山东省泰安市），淄州人出城迎战，朱珍、葛从周等将领兵在白草口与其交战，生擒敌猛将巩约。平卢节度使王敬武为了对付朱珍等人，组织二万步骑，在金岭驿（山东省淄博市临淄区金岭镇）建立三座营寨，占据了险要地势。朱珍与葛从周率军迎击，大破青州军队，活捉青州大将杨昭范等五人，缴获青州军队全部武器、战马。当晚，朱珍等人又乘胜攻博昌（山东省博兴县），再次大获全胜，俘获了很多敌人。

朱珍等人一路招兵买马，一路攻城略地，俘获敌人，很快就招募了一万余人，又缴获了上千匹战马。到光启三年四月八日，朱珍等人顺利返回大梁（今河南省开封市），朱全忠大喜，说道："我的大事可成了！"当时，秦宗权已经派遣大军包围了大梁，其部将张晊领兵驻扎大梁北郊，秦贤驻扎板桥（今河南省开封市西郊），各自拥有数万人马，分别构筑了三十六座营寨，绵延二十余里。

朱全忠对众将说道："敌人正在养精蓄锐，行将向我们发起总攻，他们还不知道朱珍等人回来，认为我们兵微将寡，不敢出战，我们应该出其不意，主动向敌人发起进攻。"遂亲自率军进攻板桥的秦贤各营寨，宣武将士们奋勇杀敌，士气高昂。秦贤毫无准备，接连被朱全忠所部攻克了四座营寨，被斩杀了一万余人。蔡州人大吃一惊，以为朱全忠的军队是天降神兵。

战后，朱全忠又命令郭言率领数千人一路向西而去，经过洛阳，前往陕州、虢州一带招募军队，约定夏天前去冬天回来。郭言此行，也招募了一万余名将士，顺利回到汴州，他也因此功而被朱全忠晋升为部军都将。

秦宗权部将卢瑭率军驻扎万胜（今河南省中牟县西北），夹着汴水构筑营寨，以切断朱全忠的粮道。在击破秦贤之后，朱全忠又乘胜进攻万胜，宣武军趁着大雾天气，一直摸到卢瑭营寨，将卢瑭所部斩杀殆尽，卢瑭投水而死。蔡州的残兵败将纷纷逃往张晊那里，张晊在赤冈（今河南省开封市东北）安营扎寨，朱全忠又领兵进攻，斩杀两万余人。蔡州军队军心大乱，士气全无，军中经常相互惊扰，朱全忠这才返回大梁，休养生息。

五月三日，朱全忠再次从汴州出城，领兵大败张晊。秦宗权得到败报后，急忙从郑州率领精兵赶赴汴州前线。见秦宗权亲自出马，朱全忠赶忙向兖州的朱瑾、郓州的朱瑄兄弟求救，朱瑄、朱瑾二人均领兵前来，已被朱全忠兼并的义成军也适时赶到。

五月八日，朱全忠集中四镇之兵向边孝村（今河南省开封市北）的秦宗权所部发起猛攻，大破秦宗权，斩杀两万余人。秦宗权趁夜逃走，朱全忠指挥大军乘胜追击，一直追杀到阳武桥（今河南省原阳县）才返回。朱全忠对朱瑄兄弟十分感激，把朱瑄看作自己的哥哥一样。驻守东都、河阳、汝州、许州、郑州、陕州、虢州一带的蔡州军队，听到秦宗权战败的消息，纷纷弃城而去。秦宗权在离开郑州、孙儒离开河阳时，均实施屠城，焚烧房屋而去，自此，秦宗权的势力才稍稍得以遏制。僖宗任命扈驾都头杨守宗为知许州事，朱全忠以其部将孙从益为知郑州事。

六月，当凤翔发生李昌符之乱时，河中牙将常行儒也杀死了河中节度使王重荣。王重荣在军中执法严酷，到了晚年更加残暴。常行儒曾经受到王重荣的处罚，深感羞耻，遂率部作乱。六月十二日深夜，他领兵进攻府衙，王重荣逃至别墅藏了起来。次日一早，乱兵将王重荣搜出，杀掉。僖宗任命陕虢节度使王重盈为护国军节度使，又以王重盈的儿子王珙暂代陕虢留后。王重盈领兵来到河中后，活捉了常行儒，将其杀掉。同月，亳州牙将谢殷驱逐了刺史宋衮。

孙儒离开河阳后，退守泽州（今山西省晋城市）的李罕之就召回怀州（今河南省沁阳市）张全义，二人合兵一处，李罕之驻守河阳，张全义驻守洛阳，并一起向河东的李克用求援。李克用以其部将安金俊为泽州刺史，率领骑兵南下协防两地，并上书推荐李罕之为河阳节度使，张全义为河南尹。东都经历黄巢、秦宗权、孙儒的数次洗劫，已只剩下残垣断壁，白骨累累，居民不足一百户人家。张全义的部下也仅有一百余人，与这一百多户百姓一起驻守洛阳中城。张全义从部下中挑选了十八名能干之人，每人送给他们一面旗帜、一张文告，分别把他们派往洛阳下辖的十八个县，称其为屯将，让他们在十八县的废墟上立下大旗，张贴文告，招徕流民，劝课农桑，规定，只有杀人者才处以死刑，其余罪行只处以杖刑而已，也不向百姓征收赋税，消息传出后，各地百姓纷纷前来。张全义又从中挑选一些壮丁，进行军事训练，以抵御强盗。数年以后，洛阳一带逐渐恢复了昔日气象，各县人口得以恢复，田野上再无荒芜之地，一片农忙景象，大县有军队七千人，小县也不少于两千人。张全义明察秋毫，为政宽和，每次出巡见到庄稼茂盛，总会下马，与幕僚们一起观赏，并召来田主，赏赐给美酒佳肴；有时亲自来到田主家中，喊出男女老幼，赏赐给茶叶、衣物，百姓们都说："张大人不喜欢声色女妓，见到这些从未笑过，唯独看见好麦子、好蚕茧才会露出笑容。"遇到有人荒芜了土地，张全义总会将乡亲们召集起来，公开将此人予以杖打；有时有人诉苦说家中没有耕牛，张全义就会责备那些邻居们为何不帮助一下，众人纷纷谢罪，因此，张全义治理之下的洛阳各地百姓都相互帮忙，户户都有了积蓄，遇到荒年再也不挨饿了。

八月，朱全忠率军经过亳州，派遣部将霍存偷袭谢殷，将其诛杀。打退了秦宗权、安定亳州之后，朱全忠就把目光转向自己的恩人朱瑄、朱瑾兄弟。

朱全忠打算兼并兖州、郓州，但因朱瑄兄弟对自己有恩，师出无名，就诬陷朱瑄引诱自己的将士，写信指责朱瑄。据《旧五代史·朱瑄传》称："瑄、瑾驻于大梁，睹太祖军士骁勇，私心爱之。及归，厚悬金帛于界上以诱焉。诸军贪其厚利，私遁者甚众。"《朱瑾传》称："瑾以厚利招诱太祖军士，以为间谍。"而《旧唐书·朱瑄传》则称："全忠狡谲翻覆，虎视藩邻。会宗权诛，乃急攻徐州。时溥求援于瑄，瑄与全忠书，请释溥修好，伪许之。瑄以恩及全忠，遣使让之，又令朱瑾出军援溥。”《资治通鉴考异》引高若拙《后史补》则称：当时，有人向朱全忠推荐了敬翔，敬翔对朱全忠说：“大人正欲图大事，辎重一定会为四境所侵夺，只需令部下假装叛逃，则大人奏明皇上及四邻，以袭击叛徒为名。”朱全忠大喜，说道：“天降奇人来辅佐我啊！”遂听从了敬翔之计，一出兵就弄来十倍之众。显然，朱全忠所称朱瑄兄弟引诱他的部众，完全是他加兵兖、郓的借口而已。

朱瑄、朱瑾二人应该真的招诱了朱全忠的将士们，但在乱世当中，这种事情十分常见，当朱瑄接到朱全忠的书信后，毫不示弱，回信态度也很强硬，惹得朱全忠大怒，遂派遣部将朱珍、葛从周领兵偷袭曹州，光启三年（公元887年）八月十一日，宣武军一举攻克曹州（今山东省菏泽市定陶区），杀掉曹州刺史丘弘礼，接着又进攻濮州（今山东省鄄城市），与兖州、郓州的朱瑄、朱瑾军队在刘桥（今山东省鄄城市以南）激战，宣武军势如破竹，斩杀朱瑄、朱瑾数万人，朱瑄、朱瑾仅仅逃出一命。朱全忠遂与朱瑄、朱瑾反目成仇。九月，朱珍又领兵进攻濮州，朱瑄派遣弟弟朱罕率领一万步骑救援，二十一日，朱全忠率部在范县（今山东省范县）截击，大破朱罕，临阵将其斩杀。十月十二日，朱珍攻克濮州，濮州刺史朱裕逃奔郓州，朱珍乘胜进攻朱瑄老巢郓州。朱瑄命朱裕给朱珍写信诈降，朱珍信以为真，趁夜率军来到郓州城下，朱瑄打开城门让宣武军进入城内，而后关闭城门，将入城的数千宣武军全部斩杀，朱珍这才撤围而去。朱瑄乘胜收复了曹州，以部将郭词担任曹州刺史。

七一四　江淮大乱（一）

在秦宗权与朱全忠激战的同时，江淮一带也出现了大乱。

光启三年年初，高骈听说秦宗权将要进攻江淮，就派遣左厢都知兵马使毕师铎率领一百骑兵进驻高邮（今江苏省高邮市）。当时，吕用之在淮南一手遮天，很多老将都被其诛杀，而毕师铎作为黄巢的降将，经常心怀不安。毕师铎身边有一个倾国倾城的美妾，吕用之听说后，一直想见上一面，但毕师铎知道吕用之是个好色之徒，始终没有答应，一次，趁毕师铎外出，吕用之见缝插针，就偷偷前往见了这位美妾。毕师铎知道后，又羞又怒，将这名美妾赶出了家门，从此与吕用之有了隔阂。等这次毕师铎外派高邮，吕用之对他变得非常亲切、殷勤，反而让毕师铎心生疑窦，觉得行将大祸临头了。毕师铎的儿子娶了高邮镇遏使张神剑的女儿，就偷偷与张神剑商议，张神剑觉得肯定是毕师铎疑神疑鬼，绝对不会有事。张神剑，名字叫张雄，因其擅长用剑，所以人们才这样叫他。

当时，淮南府中不少人也都和毕师铎的看法一致，认为毕师铎就要被杀了，毕师铎的母亲对毕师铎说："如果真有这事，你尽管逃命，不要担心你的老母、儿子！"毕师铎狐疑不定。正巧，高骈的儿子四十三郎一向厌恶吕用之，想让毕师铎领着外镇的将帅们一起给高骈写信，揭发吕用之的罪恶，好让其父高骈了解真相，就偷偷派人骗毕师铎说："吕用之近来屡屡晋见我父，就是想杀了大人，具体方案已经送达张神剑，你要有所防备。"毕师铎就问张神剑："昨晚府中给你送的有文书，你为何不说？"张神剑一头雾水，回答："没有啊。"毕师铎满腹狐疑，回到军营，与心腹部将商议对策，众人纷纷劝说起兵诛杀吕用之。毕师铎说道："多年来吕用之把持淮南政务，弄得人神共愤，谁知道是不是上天借我的手来杀掉此人呢！淮宁（泗水注入淮河之口）军使郑汉章是我的同乡，昔日归顺朝廷时，曾任我的副将，一提起吕用之就恨的是咬牙切齿，听了我的计划，他一定会赞成的。”遂连夜与一百名骑兵一起前往淮口，与郑汉章商量。果然，郑汉章闻言大喜，当即调集本部以及当地百姓共计一千余人与毕师铎一起返回了高邮。

回到高邮后，毕师铎质问张神剑收到的那封机密文件内容是什么。张神剑吃惊地说道：“真的没有。”毕师铎声色俱厉，张神剑见状，气愤地说道：“大人怎么这么糊涂！吕用之奸诈险恶，天地不容，何况他近期得到了岭南东道节度使一职，还拒不上任，有人称其阴谋占据淮南，等其得到淮南，你我岂能手握长刀替此等妖人卖命？我们早该把这几个妖人千刀万剐了，向淮南百姓谢罪，你又何必说这么多话呢！”郑汉章听了，大喜，忙命人端来美酒，划破胳臂，把鲜血滴在酒中，三人一起喝下盟誓。光启三年四月二日，众人推举毕师铎为行营使，起草文告祭祀天地，向淮南各地通告起兵诛杀吕用之、张守一、诸葛殷。毕师铎任命郑汉章为行营副使，张神剑为都指挥使。张神剑担心毕师铎不能成功，就请求率领本部留守高邮，说：“一方面作为大人的声援，另一方面可以给你们供应粮饷。”毕师铎听了，一脸不悦。郑汉章说道：“张大人的计划也行，只要我们同心协力，事成之后，一切财物平分，现在岂能互不信任呢？”毕师铎这才答应了。

光启三年四月五日，毕师铎、郑汉章率军从高邮向扬州杀来。七日，淮南的侦察骑兵发现了毕师铎的动向，向高骈汇报，吕用之把报告压下，没有告知高骈。四天之后，到了九日，毕师铎的军队来到扬州城下，城内一片大乱。吕用之拿出重金赏赐，率领麾下精锐部队出城迎战，毕师铎之军交战失利，稍稍退却，吕用之得以毁坏了扬州护城河吊桥、堵塞城门，加强了守卫。同日，身居内院修道的高骈听到外面喧闹之声，登上了延和阁，侍从将毕师铎叛乱的消息告诉了高骈。一听之下，高骈大吃一惊，急忙把吕用之召来问话，吕用之不慌不忙地回答：“毕师铎的部众想家，被门卫堵在城门之外，我已经妥善处置，预料很快就会散去，如果他们继续闹事，不过麻烦九天玄女手下一名武士就可搞定，大人就不必担心了。”高骈说道：“近来，我发现你说话办事太离谱了，你好自为之，不要让我成了第二个周宝了！”说完，高骈一脸沮丧，吕用之吓得仓皇退下。

十日一大早，高骈就召来吕用之问话，吕用之才说了实情。高骈说道：“我不想发兵厮杀，你还是挑选一名温和忠信的大将，拿着我的亲笔信交给毕师铎，如果毕师铎接到书信以后，仍然执迷不悟，再另作打算。”毕师铎驻扎山光寺（今江苏省扬州市北），看到扬州城城墙坚固，城内军队众多，顿时感到后悔起来。同日，他派遣儿子与部下孙约一起前往宣州，请求宣歙观察使秦彦出兵，并答应一旦攻下扬州，就拥戴秦彦当淮南节度使。正巧毕师铎的门客毕慕颜从城内逃出，对毕师铎说：“城内军心涣散，吕用之忧愁困窘，如果我们坚守这里，不出数日，城内就会自行崩溃的。”毕师铎听了，这才转忧为喜。

吕用之从高骈那里退下后，思来想去，觉得众将都是自己的仇敌，去了之后，一定会对自己不利，十一日，就挑选了本部讨击副使许戡携带着高骈的书信、吕用之的盟誓以及美酒佳肴，来到毕师铎的军中。起初，毕师铎也巴望着高骈能够派老将前来慰问，也好一泄胸中的怨愤，得以说出吕用之的罪恶，等见到来人是许戡后，禁不住破口大骂，说道：“梁缵、韩问都到哪里去了？竟然派了这个肮脏的家伙！”还未等许戡开口，毕师铎就命人将其拉下去斩首了。十二日，毕师铎把书信射入城内，吕用之也不打开，就命人将书信烧了。

十四日，吕用之率领一百余名全副武装的士兵来到延和阁下，面见高骈。高骈见状大吃一惊，藏在卧室之内，过了很久才敢出来，说道：“节度使的住所，无故率军进入，是想造反吗？”命令侍从们将这些士兵们赶出去。吕用之顿时害怕起来，出了内城南门后，用马鞭指着城门说道：“我不会再进这道城门了。”从此以后，高骈和吕用之二人才公然决裂。当晚，高骈把侄儿左金吾卫将军高杰召来商议对策。十五日，高骈任命高杰担任都牢城使，哭着勉励高杰，又把五百名亲兵交给高杰指挥。吕用之在城内命令众将四处抓丁，不管是官员还是书生，一概不能幸免，全部武装起来登上城墙防守，从早晨一直到晚上，不得休息。吕用之又担心这些人与毕师铎联络，屡屡更换他们站岗的地方，家人去送饭总也找不到人，城内百姓也开始希望毕师铎能早一点入城了。高骈派遣大将石鄂带着毕师铎的幼子，连同毕师铎母亲和自己的书信来到毕师铎那里解释，毕师铎当即把他的幼子送回，并带口信说：“大帅只用杀了吕用之、张守一，我不敢忘恩负义，情愿把妻子送入城中做人质。”此时高骈已经对吕用之无可奈何，只能派人把毕师铎的母亲、妻子安排到自己的衙门内，以防被吕用之所杀。

十八日，宣歙观察使秦彦派遣部将秦稠率领三千人来到扬子（今江苏省扬州市南），与毕师铎之军会合。十九日，秦稠领兵进攻扬州南门，但没有成功。二十日，秦稠再次进攻扬州外城东南角，有好几次城池差一点就陷落了。二十一日，外朝西南角的守军焚烧防御工具，向毕师铎投降，毕师铎从毁坏的城墙处领兵进入外城。吕用之率领一千余名亲兵在三桥（今江苏省扬州市西南角）与毕师铎激战，毕师铎之军几乎要溃败，而恰在这时，高杰从内城杀出，想生擒吕用之交给毕师铎，吕用之见状，自知大势已去，遂打开应急通道向北逃窜。高骈召来梁缵率领一百余名昭义军戍守内城。二十二日，毕师铎纵兵大肆劫掠，高骈不得已下令撤出警备，与毕师铎在延和阁下见面。双方相互行礼，如同主人与宾客一般，继而，高骈任命毕师铎为淮南节度副使、行军司马，又代行皇帝职权加尚书左仆射，并给郑汉章等人也一一加官晋爵。

左莫邪都虞候申及原本是徐州的将领，他请求拜见高骈，劝说道："毕师铎的同党并不多，城内各门还无人把守，请大人挑选三十名心腹，趁夜从教场门逃出城去，等毕师铎发现后，也追不上了。然后，大人征调各镇军队，夺回扬州，这是一条转祸为福之计，如果等一两天内城内安定下来，就难办了，届时我也不会待在大人身边了。"申及边说边哭，高骈听了，却犹豫不决，不予采纳。申及担心自己的话被泄露到毕师铎耳中，遂逃出城去，投奔驻扎东塘的张雄了。

七一五　江淮大乱（二）

光启三年四月二十三日，毕师铎果然派兵把守各个城门，搜捕吕用之的亲信们，全部予以诛杀。毕师铎入驻节度使衙门，秦稠率领一千宣歙军分别把守扬州城内仓库和节度使宅院。

二十四日，高骈自请解除节度使一职，推举毕师铎兼管淮南军政事务。毕师铎派遣孙约来到宣城，催促秦彦过江上任。有人劝阻道："大人起兵，是因为吕用之他们奸邪骄横，高相国坐在那里，既聋又瞎，不能治理，所以才顺应民心除去一方之害。如今，吕用之已经失败，军府安定，大人应该重新尊奉高相国，作为他的辅佐，只需掌握全部的兵权，以高相国的名义号令各地，谁敢不听？吕用之不过是淮南的一个叛将而已，公文所到之处，很快就可被斩杀。如此一来，大人对外有拥护老上级的美名，对内又兼得夺取实权的好处，即便朝廷听说后，也没有损害你作为臣子的操守。假设高相国聪明，一定会心怀愧疚，主动让贤；如果他仍不觉悟，也不过是你案板上的一块死肉而已，为何把到手的功业拱手让人呢？如此，不仅将会受制于人，而且恐怕将来会反目成仇、相互厮杀的。前日，我看秦稠先占据了仓库，就说明他们已经对大人产生了疑心，况且，就算让秦彦当淮南节度使，寿州张翱、庐州杨行密岂敢听命于他？我已经看到淮南将会战火纷飞了，不仅淮南百姓会肝脑涂地，而且大人成败恐怕也在两可之间了。不如趁现在赶忙制止秦彦过江，他如果稍稍知道安危，就不肯轻率而来，即便将来他责备我们违约，我们至少还是高家的忠臣啊。"谁知，毕师铎听了，却大不以为然，次日，他把那人的建议告诉了郑汉章。郑汉章说道："那可是一位聪明人啊。"分头派人去找，但那人害怕惹祸，竟然再也不出现了。

四月二十五日，高骈全家从官邸搬出，住进城南的别墅，毕师铎派遣一百名士兵保护，实际上是把高骈软禁了起来。当天，宣歙军因没有满足他们的要求，纵火焚烧了储存进贡给朝廷财物的两座高楼、数十间房屋，仓库中的财物全部化为灰烬。二十六日，毕师铎开始在衙门处理政务，他下令凡是没有兵权的官吏全部官复原职，又把高骈迁往城东宅邸。自从扬州陷落后，各军不分昼夜大肆劫掠财物，至此，毕师铎任命先锋使唐宏担任静街使，下令予以禁止。高骈以前兼任盐铁使，多年截留江淮地区进贡朝廷的赋税、囤积的财物堆积如山；高骈举行大型活动给六军织造的华丽仪仗衣服以及各种器皿、用具，都是镶嵌着金银珠宝，刻龙画凤，共计有数十万件，也都被乱兵劫掠一空，散落在民间，摆在普通百姓家中。

二十七日，毕师铎的士兵们找到了诸葛殷，用棍棒打死，将尸体丢弃在路旁。其仇家剜掉他的双眼，割断他的舌头，众人用瓦块投到尸体上，瞬间堆成一座坟茔。吕用之逃出扬州后，其同党郑杞最先投靠毕师铎，毕师铎任命其为海陵监事。郑杞到了海陵以后，暗中查访海陵镇遏使高霸的过失，想向毕师铎禀报。高霸截获了这份书信，将郑杞杖打一顿，砍断手足，挖去眼睛，截断舌头，然后将其斩首。二十八日，高骈偷偷把金子送给看守人员，毕师铎得知后，二十九日，又将高骈送回修道院内，并逮捕了高氏子弟十余人，一并囚禁起来。

毕师铎在进攻广陵（今江苏省扬州市）时，吕用之伪造高骈的公文，晋升庐州刺史杨行密为行军司马，命其率军救援。庐江人袁袭劝杨行密说："高大人昏庸糊涂，吕用之奸诈邪恶，毕师铎忤逆犯上，三个恶人聚集在一起，而向我们借兵，这是上天要把淮南交给大人啊，赶快前去。"杨行密遂出动庐州全部军队，又向和州刺史孙端借兵，共计有数千人一起赶赴扬州。

五月，杨行密之军行至天长（今安徽省天长市）。郑汉章追随毕师铎后，把家眷留在了淮口（今江苏省淮安市淮阴区西南），从扬州逃出的吕用之率众进攻，十余日未能攻克，郑汉章领兵救援。吕用之听说杨行密进至天长的消息后，就率军与杨行密会合。张神剑向毕师铎索要财物，毕师铎回复称，需要等秦彦的指示，张神剑大怒，就率众投奔了杨行密。海陵镇遏使高霸、曲溪（今江苏省淮安市盱眙县西南）人刘金、盱眙人贾令威也各自率众投奔杨行密，杨行密的部众增加到一万七千人。张神剑还从高邮送来了粮食。

五月二十一日，秦彦率领三万余名宣歙军队乘着竹筏顺江而下，张雄的部将赵晖在上元（今江苏省南京市江宁区）截击，杀伤敌人过半。二十三日，秦彦进入广陵城，自称权知淮南节度使，仍以毕师铎为行军司马，提拔池州刺史赵鍠为宣歙观察使。二十五日，杨行密领兵进抵广陵城下，构筑八个营寨围困广陵，秦彦、毕师铎紧闭城门固守。

六月十六日，当遥远的凤翔发生李昌符兵变时，广陵城内的秦彦命令毕师铎、秦稠率领八千人马出城，向杨行密的军队发起进攻，结果战败，秦稠被杀，有十之七八的士兵战死。广陵城内缺少粮食，出城砍柴的道路也被杨行密之军切断，宣歙军士兵开始以人肉充饥。七月十二日，淮南将领吴苗率领本部八千人翻越城墙，向杨行密投降。

秦彦见东塘的张雄兵力强大，想请他来帮助自己，就把尚书仆射的委任状送给了张雄，又把三份尚书的委任状送给张雄部将冯弘铎等人。广陵军民纷纷拿出金银珠宝送给张雄军换取粮食，一条通犀腰带可换五升大米，一条锦绣棉被可换五升粗粮。张雄的士兵们富有之后，都不愿再替秦彦出战了，不久，反而站到了杨行密一边。八月二十六日，当宣武的朱全忠正与朱瑄、朱瑾兄弟酣战之时，秦彦也出动城内全部军队共计一万两千人，派遣毕师铎和郑汉章统领，在广陵城西排下阵势，连绵数里，军威甚盛。杨行密悠闲地躺在大帐之中，对部下说道："等敌人近前了再告诉我。"牙将李宗礼说道："众寡不敌，应该坚守营垒，再想办法慢慢撤退。"李涛发火道："我们以顺讨逆，说什么众寡不敌！大军既然来到此地，撤退以后能跑到哪里？我愿意率领本部人马充当先锋，一定能替大人击破敌人！"杨行密遂把军中金帛、粮食都囤积在一座营寨之内，命老弱之兵守护，在这座营寨旁边埋伏了很多人马，然后，他亲自率领一千多人朝敌人的大阵发起冲锋。双方刚一交手，杨行密就佯装不敌，向后撤退，毕师铎等人指挥军队从后面追杀，一直追到那座空营之内。广陵追兵一见空营内全是金银财宝，纷纷丢下武器，开始抢夺，突然，杨行密布置的伏兵从四面八方杀出，广陵兵大败，几乎全部被杀，尸体长达十里，沟渠之内全被填满，毕师铎和郑汉章仅仅逃出一命。经此一战，秦彦再也不敢主动出战了。

高骈被囚禁在修道院内，秦彦给其供应的粮食很少，高骈的侍从没有东西可吃，只能焚烧神像，煮熟皮带吃，甚至有人相互残杀吃掉。秦彦和毕师铎屡战屡败，怀疑全是高骈用了妖术，加之外面包围越来越急，十分担心城内有人会响应。一个名叫王奉仙的妖尼对秦彦说："扬州一带要有大灾，一定会死一个大人物，只要这个大人物死了，以后就吉祥了。"九月四日，秦彦派遣部将刘匡时杀害了高骈，连同其子弟、外甥、侄儿全部被杀，并埋在一座坟墓之中。次日，杨行密得知这一消息，命令全军身穿白色孝服，对着广陵城大哭了三天。十月，秦彦派遣郑汉章率领五千步骑出城进攻张神剑、高霸的营寨，将其击破，张神剑逃往高邮，高霸逃往海陵。

七一六　江淮大乱（三）

杨行密包围广陵将近半年，秦彦和毕师铎与其大大小小打了数十次战斗，大多失利。

广陵城内断粮，每斗米价格五十串钱，城内树木、草根都被饥饿的军民吃光了，人们又把黏土烤成饼子充饥，城内饿死了一多半人。宣歙军劫掠城中百姓，像贩卖牲口一样送到集市里卖掉，屠夫们像屠宰牲口一样宰割活人，尸骸布满街坊，鲜血到处都是。毕师铎和秦彦也无可奈何，只能听之任之，啧啧叹息而已。城外的围攻越来越猛烈，二人只是忧愁愤懑，相对抱膝，终日无言。此时，城外的杨行密也因一直未能攻下广陵而心生退意，打算撤围而去。十月二十九日夜晚，天上刮起狂风，下起了暴雨，吕用之的部将张审威率领麾下三百人埋伏在城西的壕沟之内，一直等到清晨，趁着城中守军交班，放松警惕之时，偷偷摸上了城墙，打开城门，迎接外面的军队入城。城内守军早已懈怠，不战而逃。秦彦和毕师铎素来迷信尼姑王奉仙，会战日期以及对将士们的赏罚轻重，都要听命于她，至此，二人又问王奉仙该如何应对。王奉仙回答："走为上策。"二人听了，不假思索，即从开化门逃往东塘。

杨行密率领一万五千围城军队顺利进入广陵城，以梁缵对高骈不忠而将其斩杀于辕门之外。杨行密以高骈的堂孙高愈为代理节度副使，命其改葬高骈及其家眷。城内残存的百姓只有数百家，已饿得不成人样，杨行密送来大米进行赈济，自称淮南留后。

光启元年五月秦宗权被朱全忠从豫北赶走之后，也密切注视着江淮地区的局势。在接下来的几个月里，朱全忠腾出手来企图夺占郓州和兖州，也给了秦宗权得以喘息的机会，而江淮之乱也进入了高潮，在这种情况下，秦宗权决定火中取粟，发兵进攻江淮，与杨行密争夺扬州。

光启元年十月，当朱全忠部将朱珍正在郓州城下激战时，秦宗权就以弟弟秦宗衡为主将、孙儒为副将率领一万人马渡过了淮河，秦宗权军中名将张佶、刘建锋、马殷以及秦宗权的堂弟秦彦晖也都随行。十一月二日，也就在杨行密刚刚进入广陵的第四天，秦宗权的大军就来到了广陵城西，进驻杨行密原来的营寨，杨行密所部还未来得及运进城内的辎重，也全部被秦宗权的军队缴获。秦彦和毕师铎逃往东塘后，张雄却拒不接纳，二人打算南渡长江，逃回宣州，而恰恰在这时，秦宗衡派人请二人一起对付杨行密，二人遂率部与秦宗衡会合。当秦宗衡的军队还未对广陵发起进攻，朱全忠因进攻郓州失利而又转兵蔡州，蔡州吃紧，秦宗权派人调回秦宗衡大军返回蔡州，抵御朱全忠。孙儒已经看出秦宗权不会有什么出息，就谎称得病，拒不从命。秦宗衡屡屡催促其上路，结果把孙儒给惹怒了，十一月五日，孙儒在与秦宗衡喝酒时，在酒宴上突然拔出佩刀，亲手将秦宗衡杀死，将其人头送给了朱全忠。经此一乱，秦宗衡的部将、沙陀人安仁义率部投降了城内的杨行密，杨行密对安仁义十分看重，把自己的骑兵部队都交给安仁义统领，地位也排在田頵之上。

孙儒分兵到扬州各地劫掠粮食、人口，不久，队伍就扩充至数万人，因广陵附近缺粮，遂与毕师铎、秦彦一起率众奔袭高邮。十一月十二日，高邮镇遏使张神剑率领部下二百人逃回扬州。十七日，孙儒领兵将高邮屠城。十九日，高邮剩下的七百残兵突破孙儒的包围，逃回扬州，杨行密担心这些人会发生兵变，将他们分配到众将手下，在同一天晚上把他们全部活埋了。二十日，又杀掉了张神剑。杨行密担心孙儒乘胜攻取海陵，二十一日，他又下令海陵镇遏使高霸率领本地军民全部撤回广陵，并严令："有谁胆敢违抗，一律灭族！"于是，数万海陵军民丢弃家产，焚烧房屋，扶老携幼迁至广陵。二十九日，高霸与弟弟高晤、部将余绕山、前常州刺史丁从实来到广陵，杨行密走出城外迎接，与高霸兄弟结拜为异姓兄弟，把海陵的士兵们安置在法云寺内。

十一月三十日，秦宗权又攻克了郑州。朝廷因淮南大乱，闰十一月，任命朱全忠兼任淮南节度使、东南面招讨使。

杨行密打算派遣高霸进驻天长（今安徽省天长市）抵御孙儒，但袁袭说："高霸是高骈的旧将，一向首鼠两端，如果我方取胜，他就会投靠我们；如果我们失利，他就会背叛我们。如今，假如把他放在天长，是断了我们的退路，不如杀了他们。”杨行密表示同意。闰十一月十日，杨行密设下伏兵，逮捕了高霸、丁从实和余绕山，将三人一并杀死，接着，又派遣一千骑兵赶往法云寺，把三人的部众全部杀害。当天，天降大雪，法云寺内被杀数千人，鲜血从寺内流出，附近数个街坊的地面都被血水染红。高睢逃走，次日，也被抓获杀掉。吕用之在天长与杨行密会合时，曾欺骗杨行密说：“我在扬州城内的住所里埋藏了五万锭白银，城破之日，我愿意拿出来作为您的部下喝酒之资。”在诛杀了高霸等人的次日，杨行密检阅军队，回头对吕用之说：“你承诺给这些士兵们的白银，怎么食言了呢？”遂命人将其拉下马来，套上枷锁，命田颗审讯。经过审讯，吕用之供出了郑杞、董瑾二人杀害高骈的计划，具体是：在中元节（七月十五日）夜，邀请高骈到吕用之家中举行奉迎天神、地仙、人鬼三界祭祀赎罪大会，趁其入静之时，将其勒死，然后谎称是升天了，遂命令莫邪都将率领众将推举吕用之为节度使。当天，杨行密下令腰斩了吕用之。吕用之被杀后，其仇家拥到尸体上剥皮剜肉，瞬间就什么也没剩下了，又诛杀了吕用之全家以及同党。士兵们挖掘吕用之家的大厅，发现一个桐木雕刻的人像，胸前写着高骈的名字，用枷锁铐着，钉子钉满了全身。

袁袭对杨行密说：“广陵饥馑穷困，已到了极点，秦宗权如果再来，百姓势必更加穷困，不如暂且躲避一下。”闰十一月十五日，杨行密命令和州刺史延陵宗率领本部两千人返回和州，次日，又命令指挥使蔡俦率领一千人、辎重数千辆返回庐州。赵晖在上元，因镇海发生薛朗之变，镇海很多溃散的士兵都投靠了赵晖，很快，赵晖手下就拥有数万之众。随着实力的增强，赵晖就开始自大起来，命人重修南朝时期的台城（今江苏省南京市），自己迁居那里，服饰用度也日益奢华起来。张雄在东塘，赵晖也开始不再听命于张雄了，二人很快反目。张雄率军逆流而上，赵晖发兵切断了长江航道，张雄大怒，闰十一月十九日，张雄指挥军队进攻上元，并一举将其攻克。赵晖逃奔当涂（今安徽省当涂县），途中为部下所杀，余众投降了张雄，但被张雄下令全部活埋了。

朱全忠派遣内客将张廷范将朝廷任命其兼任淮南节度使的命令传达给了杨行密，并任命杨行密为淮南节度副使，又任命宣武行军司马李璠为淮南留后，派遣牙将郭言率领一千人马送李璠上任。感化节度使时溥自以为是前辈，官至都统，加上感化军与淮南相邻，却未被朝廷任命为淮南节度使，而朱全忠却当上了淮南节度使，这令其十分恼火。朱全忠派人给时溥送去书信，请求借道，但时溥不同意。李璠等人行至泗州，时溥派兵袭击，郭言经过一番苦战才侥幸逃回汴州，从此，朱全忠与时溥二人结下了深仇。

十二月二十五日，秦宗权任命的山南东道节度使赵德諲出兵攻克了荆南，杀掉朝廷荆南节度使张瓌，留下部将王建肇驻守荆南，此时的江陵已饱经战乱，城内仅存数百家百姓。同月，饶州刺史陈儒攻克了衢州；秦宗权的另一部将冯景章攻克了蕲州。本年年初，镇海发生薛朗之变后，新任杭州刺史钱镠就以讨伐薛朗为由，于五月派遣东安都将杜稜、浙江都将阮结、静江都将成及率军北上，趁机蚕食镇海的土地。在长江北岸的广陵激战正酣之时，钱镠的军队也在常州激战，到本年十月，杜稜等人攻克了常州，丁从实逃奔海陵。钱镠将周宝接回杭州，以部将之礼对其予以厚待。攻克常州之后，钱镠任命杜稜为常州制置使，命令阮结等人率军继续北上，进攻润州，十二月二十八日，钱镠军攻克润州，刘浩逃走，薛朗被擒。前此一日，周宝在杭州去世，一说其为钱镠所杀。至此，钱镠兼并了镇海大部地区。

七一七　昭宗继位

光启四年（公元888年）一月十六日，脱离了秦宗权的孙儒杀掉秦彦、毕师铎、郑汉章三人。秦彦等人投奔秦宗衡时，手下尚有两千余部众，其后，逐渐被孙儒吞并。秦彦部将唐宏看出大事不妙，唯恐一并为孙儒所杀，就诬告秦彦等人暗中勾结朱全忠，孙儒遂以此为借口将秦彦等人诛杀，晋升唐宏为马军使。张守一与吕用之一起投靠了杨行密，又替众将配制仙丹，还想干涉军政事务，杨行密大怒，遂将其斩杀。同月，秦宗权部将石璠率领一万余人进攻陈州、亳州，朱全忠派遣朱珍、葛从周率领数千骑兵将其生擒。二十五日，朝廷取消了时溥的都统一职，改任朱全忠为蔡州四面行营都统，各镇讨伐军均受其指挥。张廷范来到广陵后，杨行密对其很是礼遇，但当听说李璠前来担任留后之后，就勃然大怒，显出不愿接受的神色。张廷范秘密派人返回汴州，向朱全忠禀报，并建议朱全忠亲自率领大军前来上任，朱全忠同意了。当朱全忠领兵行至宋州时，张廷范从广陵逃回，说道："杨行密不好对付。"二十六日，李璠也从泗州逃回，称时溥的军队切断了南下的道路，朱全忠这才作罢，只好率军返回。二十八日，钱镠斩杀了薛朗，挖开其心祭奠周宝，以阮结为润州制置使。二月，朱全忠上奏举荐杨行密为淮南留后。

当江淮大乱之时，一直较为安定的四川也发生了动荡。陈敬瑄担心东川节度使顾彦朗与阆州刺史王建亲密，会一起对付自己，就向田令孜问计。田令孜说道："王建，是我的养子，不为杨守亮所容，才当了强盗。如今，只需我一封书信，就可以把他召到麾下。"遂派人给王建送去一封书信，召其来成都。王建接到田令孜的书信后，大喜，遂来到梓州与顾彦朗见面，说："十军观军容使老爹相召，我当前去拜谒。顺便拜见陈太师，求他给我一个大一点的州，如果能够如愿，我就心满意足了。”遂把自己的家眷留在梓州，率领麾下两千精兵，与堂侄王宗钫，养子王宗瑶、王宗弼、王宗侃、王宗弁一起朝成都而来。王宗瑶，原名姜郅；王宗弼，原名魏弘夫；王宗侃，原名田师侃；王宗弁，原名鹿弁。

王建一行来到鹿头关（今四川省德阳市以北），西川参谋李乂对陈敬瑄说："王建，是一头凶猛的老虎，为何要把他召入家门？此人岂能甘心居于大人之下？"陈敬瑄一听，顿时觉得有理，遂后悔起来，赶忙派人前去阻止，并加强成都的守备。王建闻讯大怒，命令军队攻克关卡，继续前进，在绵竹击败汉州刺史张顼，遂攻克汉州，而后进军学射山（在今四川省成都市以北），在蚕北（今四川省成都市北）击败西川将领句惟立，又攻克了德阳（今四川省德阳市）。陈敬瑄派人责备王建，王建回答："我老爹召我前来，却被拒于门外，又受到大人的猜疑，叫我进退两难，无家可归了。"田令孜登上城楼安慰王建等人，王建与众将在清元桥（成都南门外护城河桥）上剃光头发叩拜，说道："我们如今已无路可走，现告别老爹，从此当强盗了。"

顾彦朗任命弟弟顾彦晖为汉州刺史，派兵帮助王建，向成都发起猛烈的进攻。王建等人接连进攻成都三天，未能破城，只好退回汉州。陈敬瑄向朝廷告急，僖宗派遣中使前来和解，又命令李茂贞给双方写信劝解，但双方均不听从。

自从李茂贞平定了李昌符之乱后，虽然各地一片大乱，但凤翔乃至关中地区在光启三年下半年相对还是比较安定的。然而，到了光启四年（公元888年）二月七日，也就是朱全忠举荐杨行密担任淮南留后前后，僖宗突然病倒了。也许是他已经自感来日无多，起码在临死前回到京师，十四日，他下令从凤翔出发，赶回长安。二十一日，僖宗君臣终于再次回到了长安。次日，他宣布大赦天下，改元为文德元年，任命韦昭度兼任中书令。

原本河阳节度使李罕之与河南尹张全义曾割臂为盟，十分亲密。李罕之勇而无谋，又贪婪残暴，很看不起张全义，听说张全义十分勤俭，一心农事，嘲笑说："真是个庄稼汉！"张全义听了，全然不放在心上。李罕之屡屡向张全义索要粮食，张全义总是设法予以满足，然而，李罕之变本加厉，得寸进尺，河南尹无法满足他的要求，一旦自己的要求得不到满足，李罕之总会派兵把河南尹的下属官吏押至河阳，用棍棒痛打一顿，令河南尹的文武官员个个是义愤填膺。张全义安抚众人说："李罕之要的，为何不给呢？"竭力满足李罕之的各种要求，一副惧怕他的样子，更让李罕之愈发傲慢起来。李罕之所部也不种田，全靠劫掠为生，缺粮时，就吃人充饥，至此，他又率众进攻绛州，绛州刺史王友遇投降；又进攻晋州，护国节度使王重盈暗中派人与张全义联络，计划一起对付李罕之。张全义乘虚偷偷调兵，偷袭河阳，黎明时分，河南军占领了河阳三城，李罕之翻越城墙而逃，张全义将其全家俘虏，遂自己兼任河阳节度使。李罕之逃往泽州，向河东节度使李克用求救。

李克用以其部将康君立为南面招讨使，统领李存孝、薛阿檀、史俨、安金俊、安休休五将率领七千骑兵，帮助李罕之反攻河阳。张全义登城固守，城中粮食吃光，遂向朱全忠求救，将妻子送给朱全忠当人质。朱全忠派遣部将丁会、葛从周、牛存节率领数万人马西进，救援张全义。李存孝命令李罕之率领步兵攻城，自己率领河东骑兵在温（今河南省温县）迎击宣武军，结果，河东军战败，安休休害怕受到惩处，逃奔蔡州，投靠了秦宗权。宣武军取胜之后，分兵切断了太行山各个通道，康君立等人担心后路被切断，只好率军撤回。朱全忠上表朝廷以丁会担任河阳留后，以张全义为河南尹。张全义对朱全忠救了自己十分感激，从此以后，遂全心归附了朱全忠，朱全忠每次出战，张全义都会给其提供粮草、武器。

李罕之逃到泽州后，就自封为泽州刺史，兼任河阳节度使。他把儿子李颀留在太原，当李克用的部下，自己则回到泽州，只是在怀州、孟州、晋州、绛州数百里之内四处劫掠。在李罕之的劫掠下，这一区域州郡没有刺史，县里没有县令，田野不见麦苗，村镇没有炊烟，将近十年之久。在河中和绛州之间有一座摩云山，百姓们聚集在山顶自保，一般的盗贼都无法接近，李罕之率军最终攻克了这座百姓们最后的据点，当时的人们都称李罕之为李摩云。

文德元年三月二日，刚刚回到长安十余天的僖宗再次发病。五日，就进入弥留阶段。僖宗共有七个兄弟，其中吉王李保最贤能，年龄最大，群臣都希望他能继承皇位，唯独十军观军容使杨复恭建议拥立僖宗七弟、寿王李杰。同日，僖宗下诏册立寿王李杰为皇太弟，监军国事。右军中尉李季述奉命领兵在六王宅迎接李杰，入宫居住于少阳院，外廷群臣前往拜见。三月六日，僖宗在灵符殿驾崩，时年二十七岁。遗诏改寿王李杰为李敏，以宰相韦昭度为摄冢宰。李敏就是唐昭宗，时年二十二岁。《中朝故事》记载，昭宗“体貌端明，人望伟如也。虽运钟艰险，智量过人。每与侍臣言论，商较时政，曾无厌倦”。《资治通鉴》称：他“体貌明粹，有英气，喜文学，以僖宗威令不振，朝廷日卑，有恢复前烈之志，尊礼大臣，梦想贤豪，践祚之始，中外忻忻焉”。《耆旧传》记载，在僖宗逃往西川时，李敏也步行跟随，行至斜谷，他一只脚鞋袜跑掉了，光着脚趴在大石头上喘息。田令孜在队伍后面督促，驱赶李敏。李敏起身对田令孜说：“走不动了，给我一匹马吧。”田令孜回答：“这荒郊野外的，哪里能弄来马？”说完，一鞭下去，打在李敏的身上。李敏当时虽然嘴上什么也没说，但对田令孜是怀恨在心。《容斋三笔》称，《昭宗实录》记载，昭宗在即位之初，就给曾指斥宦官专权而为田令孜所杀的左拾遗孟昭图、右补阙常浚予以追赠，分别追赠二人为起居郎和礼部员外郎。

七一八　即位之初（一）

昭宗即位之初，天下已呈瓦解之势。

西川：王建进攻彭州，陈敬瑄发兵救援，王建遂撤围而去，并大肆劫掠西川各地，西川十二州均受其患。陈敬瑄忙于与王建交战，中断了向朝廷进贡。王建见成都军力尚强，野外又劫掠不到粮食，就萌生了退意。周庠、綦毌谏认为不行，周庠说道：“邛州城墙坚固，粮食足以支撑数年，可以攻取作为大本营。”王建说道：“我在军中时间长了，观察那些用兵之人如果不依仗天子，军心就容易离散。不如上书指斥陈敬瑄的罪过，请求朝廷命令大臣担任统帅，我们担任辅佐，如此功业也许会成。”遂命周庠起草奏疏，请求讨伐陈敬瑄以赎罪，并请朝廷任命自己为邛州刺史。顾彦朗也上书请求赦免王建的罪过，把陈敬瑄调往别处，以安定东西两川。

淮南：四月，孙儒领兵偷袭扬州，将杨行密从扬州赶走，孙儒遂自称淮南节度使。杨行密将要逃奔海陵，袁袭劝其返回庐州老巢，再思进取，杨行密遂听从了。

中原：朱全忠一面对付秦宗权，一面救援张全义，而正要回师南讨秦宗权，魏博方面又发生了变故。魏博节度使乐彦祯骄横不法，征调六州百姓修筑魏州外城，方圆八十里，百姓们都苦不堪言。其子乐从训尤其凶悍，自从其劫杀王铎之后，魏博军民对其都很厌恶。乐从训纠集了五百余名无赖之徒组成一支卫队，称之为子将，引起魏博军队的不安。乐从训担心发生兵变，逃出魏州，滞留魏州附近，乐彦祯就任命其为相州刺史。乐从训派人从魏州往相州运送大量的武器、铠甲、金帛，令魏博军人更加恐惧。乐彦祯见行将发生兵变，也害怕起来，就请求辞职，居住于龙兴寺内削发为僧，魏博将士就推举都将赵文玠为知魏博留后事。

乐从训率领三万人马返回魏州，赵文玠不敢出战，众人又将其诛杀。当时，魏州有人称："见白须翁，言弘信当为地主"，赵文玠被杀后，众人齐声高呼："谁想当节度使？"罗弘信出来应声道："白须翁已经任命我来当了。"众人遂立其知留后事。罗弘信率军出战，将乐从训击败。乐从训收拾残兵败将，退守内黄，罗弘信发兵将其团团围住。

前不久，朱全忠打算讨伐秦宗权，曾派牙将雷邺送给魏博一万两白银换粮，魏博军队驱逐乐彦祯后，在馆驿内杀害了雷邺。等乐从训战败后，就向朱全忠求救。当乐从训的使者来到时，朱全忠正率领大军进驻宋州，接到乐从训的求救信，朱全忠临时改变了主意，领兵北上，来到滑州，分兵两路，一路由都押牙李唐宾等将率领三万步骑南下讨伐蔡州秦宗权，另外一路则由都指挥使朱珍等人领兵救援乐从训。宣武军从白马渡过黄河，相继攻克了黎阳（今河南省浚县）、临河（今河南省濮阳市西）、李固（今河北省大名县西）三镇，推进到内黄（今河南省内黄县），击败一万余名魏博军队，生擒魏博将领周儒等十人。刚刚救了乐从训，张全义就来向朱全忠告急，于是就发生了前述的朱全忠发兵救援河阳之战。在此期间，乐从训领兵进驻洹水（今河南省安阳市安阳河），罗弘信派遣部将程公信进攻乐从训，临阵将其斩杀，与其父乐彦祯一起在军门前斩首示众。四月二十六日，罗弘信给朱全忠送来很多财物劳军，并请求和好，朱全忠这才召回军队。刚刚登基的昭宗任命罗弘信为权知魏博留后。朱全忠已经得到了孟州和洛阳，没有了西顾之忧，就调集各路大军向秦宗权发起总攻，在蔡州以南大破秦宗权，并攻克了蔡州北关门。秦宗权退守蔡州中城，朱全忠分众将建立二十八座营寨，将其团团围住。

荆南：归州刺史郭禹领兵进攻荆南，将王建肇驱逐，王建肇逃奔黔州（王建肇占领荆南事，见七一六节）。昭宗下诏任命郭禹担任荆南留后。荆南数次遭受兵灾，等郭禹入城后，城内仅剩十七家百姓。郭禹励精图治，招抚流民，鼓励农耕，重视商业，到郭禹晚年荆南百姓恢复到一万户。当时，各地藩镇只知道兴兵作战，不关心百姓，唯独华州刺史韩建劝课农桑，招抚流民，数年之间，百姓富足，军队粮饷充裕，当时的人们把韩建和郭禹并称为北韩南郭。秦宗权的部将常厚据守在夔州（今重庆市奉节县），郭禹与其部将许存将夔州攻下。很久以后，朝廷任命郭禹为荆南节度使，以王建肇为武泰（今重庆市彭水县）节度使，郭禹上奏恢复了自己的本名成汭。秦宗权的山南东道节度使赵德諲在失去荆南之后，预感到秦宗权必败，五月六日，向朝廷投降，并结好朱全忠。朱全忠上表请以赵德諲为自己的副将，朝廷下诏改山南东道为忠义军，以赵德諲为忠义军节度使，充蔡州四面行营副都统。

放下进攻秦宗权的朱全忠，回到长安的昭宗。

当昭宗即位之后，就曾派人前往西川，去当西川的监军，但遭到了田令孜的拒绝，这让昭宗非常气愤，一方面昭宗早已对田令孜怀恨在心，另一方面，昭宗一直痛恨藩镇跋扈，想趁即位之初一改僖宗纵容藩镇的做法，以杀一儆百，恢复朝廷的威信，因此，当他接到王建和顾彦朗的奏表之后，就于六月任命韦昭度为兼中书令，充西川节度使，兼任两川招抚制置等使，而将陈敬瑄召回朝廷，改任为龙武统军，想以此去掉田令孜的后盾。

王建驻军新都（今四川省成都市新都区）。当时，绵竹（今四川省绵竹市）当地豪强何义阳、安仁（今四川省大邑县东南）豪强费师懃等人各自拥兵自保，多的拥有上万人马，少的也有上千人。王建派遣王宗瑶前去说服，这些人纷纷率众前来投靠，并送来很多粮草，王建之军从困境中走出，又重新振作起来。陈敬瑄和田令孜听说韦昭度即将入川，赶忙整修城防，加强成都的防御。当初，感义军（今陕西省略阳县）节度使杨晟丢掉凤州、兴州之后，退守文州、龙州、成州、茂州四州，王建进攻西川时，田令孜因杨晟是自己的旧部，就任命其为威戎军节度使，让其驻守彭州（今四川省彭州市）。王建进攻彭州，陈敬瑄的眉州刺史山行章率领五万人马进驻新繁（今四川省成都市新都区西北）救援。

文德元年十二月二十四日，昭宗任命韦昭度为行营招讨使，山南西道节度使杨守亮为副使，东川节度使顾彦朗为行军司马；割出邛州（今四川省邛崃市）、蜀州（今四川省崇州市）、雅州（今四川省雅安市）、黎州（今四川省汉源县）设置永平军，治所设在邛州，以王建担任永平军节度使，充行营诸军都指挥使。次日，昭宗下诏免去陈敬瑄的一切官爵。同日，山南西道节度使杨守亮率部攻克了夔州（今重庆市奉节县）。

文德元年下半年，昭宗发起了对西川陈敬瑄的讨伐战争，与此同时，全国各地军阀还在继续作战。六月，昭宗在洛阳设置佑国军，以张全义为佑国军节度使。七月，李罕之率领河东之兵骚扰河阳，被朱全忠部将、河阳留后丁会击退。同月，昭宗下令在凤州（今陕西省凤县）设置军镇，割兴州（今陕西省略阳县）、利州（今四川省广元市）隶属于凤州，以凤州防御使满存为凤州节度使、同平章事。以权知魏博留后罗弘信为魏博节度使。八月三日，朱全忠的军队攻克蔡州南城。九月，朱全忠因军粮不足，加之秦宗权已被打得无还手之力，遂下令撤离蔡州收兵，开始移兵讨伐徐州。二日，朱全忠派遣朱珍率领五千人马护送楚州（今江苏省淮安市淮阴区）刺史刘瓒前去上任，趁机将手伸向淮南。十月，时溥的军队截击朱珍、刘瓒，朱珍等人率军将其击败，并乘胜夺取了徐州的沛县、藤县，斩杀俘虏上万人。十一月，时溥亲自率领七万步骑进驻吴康镇（今江苏省丰县以南），朱珍率军迎战，大破时溥；朱全忠又派遣部将进攻宿州（今江苏省宿州市），时溥宿州刺史张友投降。在朱全忠转兵徐州时，秦宗权趁机派遣部将再次攻克了许州，生擒忠武留后王蕴，但好景不长，十二月，蔡州内部发生兵变，秦宗权部将申丛扣押了秦宗权，将其双足打断，囚禁了起来，并向朱全忠投降，朱全忠任命申丛为蔡州留后。

在中原大战的同时，江淮地区杨行密、孙儒、钱镠也在不断角力。退到老巢庐州（今安徽省合肥市）的杨行密自知不敌强悍的孙儒，打算离开庐州，率领轻装部队长途奔袭洪州（今江西省南昌市）。袁袭劝阻道："钟传平定江西迄今已经七年之久了，兵强粮足，很难对付。赵鍠刚刚得到宣州（今安徽省宣城市宣州区）一年，残暴无道，人心不服，大人应该写封措辞谦卑的书信，劝诱和州（今安徽省和县）的孙端、上元（今江苏省南京市江宁区）的张雄让他们从采石（今安徽省当涂县西北长江渡口）渡江，入侵宣州，如此一来，赵鍠肯定会出兵迎战，大人再从铜官（今安徽省铜陵市西北）渡江，与他们会师，就一定能将赵鍠击败。"杨行密采纳了袁袭的建议，命令蔡俦留守庐州，自己率领众将从糁潭（今安徽省无为县西南）渡江南下。

孙端和张雄却被赵鍠击败，赵鍠的部将苏塘、漆朗率领两万人马驻扎曷山（今安徽省宣城市宣州区西南）。袁袭对杨行密说："大人速速率军前往曷山，坚壁不战，敌求战不得，一定认为我们怯弱，趁其懈怠可一举将其击败。"杨行密听从了袁袭的建议，果然大败苏塘等军，遂包围了宣州。赵鍠的哥哥赵乾之率军从池州来援，杨行密命部将陶雅在九华（今安徽省青阳县西南）大破赵乾之之军，赵乾之逃往江西，杨行密以陶雅为池州制置使。九月，钱镠命令堂弟钱銶领兵进攻苏州的徐约（去年赶走了张雄）。

七一九　即位之初（二）

公元889年一月一日，昭宗下令改元为龙纪元年，大赦天下。

据《大唐杂记》记载，当天，昭宗驾临武德殿，只见一缕紫气从昭德殿东角升起，昭宗命宦官前去察看，发现了一枚长五寸多的金龙子，群臣皆贺。昭宗说道："朕不以此为祥瑞，以平息干戈为祥瑞。爱卿们应该继续尽忠，令朕满意。"遂改元为龙纪元年。

昭宗晋升翰林学士承旨、兵部侍郎刘崇望为同平章事。此时，朝中重臣分别是：司空孔纬（仍兼任同平章事），同平章事杜让能、张濬、刘崇望，招讨使韦昭度，度支使杜让能，盐铁转运使孔纬，观军容使杨复恭。刘崇望，字希徒，咸通十五年登进士科。曾历任宣歙观察使王凝、户部侍郎裴坦、忠武节度使崔安潜等人的幕僚，后入朝担任长安尉、直弘文馆、监察御史、右补阙、起居郎、弘文馆学士等官。僖宗时，晋升其为谏议大夫，命其说服王重荣，返回后，刘崇望被晋升为翰林学士，累迁户部侍郎、翰林学士承旨，后转为兵部侍郎。

龙纪元年（公元889年）一月，朱全忠部将庞师古率军攻克宿迁（今江苏省宿迁市），驻军吕梁（在今江苏省徐州市东南）。时溥率领两万人马前来迎战，庞师古出营交战，斩杀徐州两千余人，将时溥打得大败，时溥退回徐州。二十日，蔡州将领郭璠又杀了申丛，将秦宗权送至汴州，对朱全忠说："申丛打算重新拥立秦宗权。"朱全忠遂以郭璠为淮西留后。二十八日，永平节度使王建在新繁大破山行章所部，杀死俘虏近万人，山行章侥幸逃脱。威戎军节度使杨晟畏惧，退守三交（今四川省彭州市西），山行章驻守濛阳（今四川省彭州市东），与王建相持。

三月，朱全忠将秦宗权送至长安，昭宗下令将其斩杀在长安西市的独柳之下。京兆尹孙揆监斩，临刑前，秦宗权在囚车中对孙揆说道："大人明察，我秦宗权岂是造反之人？只是一颗忠心，投效无门罢了！"周围的人们听了都哈哈大笑起来。三月，昭宗加封朱全忠为兼中书令，晋爵东平郡王。朱全忠平定秦宗权之后，军威更盛。昭宗又加封奉国节度使赵德諲为中书令，加封蔡州节度使赵犨同平章事，充忠武节度使，以陈州为治所。赵犨生病，上书请求退休，将军府事务都交由其弟赵昶处理，昭宗遂以赵昶为忠武节度使。不久赵犨就去世了。五日，钱镠堂弟钱銶攻克苏州，徐约逃至大海而死，钱镠遂以海昌都将沈粲权知苏州。四月，昭宗赐陕虢军号为保义军。五月，润州制置使阮结去世，钱镠以静江都将成及继任润州制置使。此后，朝廷以给事中杜孺休（杜佑重孙）担任苏州刺史，钱镠得知后，很不高兴，以沈粲为制置指挥使。

龙纪元年的战火主要集中在四个地区四场激战：一是李克用与孟方立之间的争夺战；二是朱全忠与时溥之间的攻防战；三是杨行密对宣州的围攻战；四是王建与陈敬瑄的拉锯战。

先说李克用与孟方立之间的争夺战。李克用一直试图拿下孟方立，在河北平原上建立据点，让其成为进攻朱全忠的跳板，然而，孟方立也不甘示弱，在去年十月还曾派遣部将奚忠信率领三万大军主动出击，进攻辽州（今山西省左权县），但被李克修截击，奚忠信被擒。到龙纪元年五月，李克用调集大兵，派遣李罕之与李存孝一起进攻孟方立，六月，河东军队相继攻克了洺州和磁州两州。孟方立派遣大将马溉、袁奉率领数万人马抵御，双方在琉璃陂（今河北省邢台市西南）会战，孟方立之军大败，马溉、袁奉被生擒，河东大军乘胜进攻邢州。孟方立本性猜忌，至此，众将都不肯为其尽力，孟方立既羞愧又害怕，喝下毒药而死。其弟、代理洺州刺史孟迁素来很得人心，被众人拥立为留后，并向朱全忠求援。朱全忠请求借道魏博，却遭到罗弘信的拒绝，不得已，朱全忠只好派遣大将王虔裕率领数百精锐战士，从小路赶赴邢州协防。李克用包围邢州大半年之久，到次年（大顺元年，公元890年）一月，邢州城内粮食吃尽，孟迁遂逮捕王虔裕以及宣武士兵，向李克用投降。李克用以安金俊为邢洺团练使。

朱全忠的主力放在夺取徐州方向。朱珍在六月攻克萧县，与时溥之军相持，朱全忠想亲自赶赴前线督战。朱珍命令各军整修马厩，以备朱全忠到来，而李唐宾的部将严郊却行动迟缓，受到军吏的处罚，李唐宾大怒，向朱珍陈诉。朱珍与李唐宾都是朱全忠手下有勇有谋的良将，但二人素来不和。还是在两年前朱珍、李唐宾进攻濮州时，朱珍没有禀报朱全忠就擅自派人从大梁把妻子接到了军中，朱全忠知道后，勃然大怒，追回其妻，斩杀了守门官，并命令心腹蒋玄晖到军中召回朱珍，以李唐宾接管朱珍的军队。朱全忠的馆驿巡官敬翔赶忙劝谏道：“朱珍不可轻易拿下，恐怕会激出事变。”朱全忠听了，就收回了成命。朱珍果然心生疑虑，在军中设宴款待众将，李唐宾担心朱珍会趁机杀了自己，就逃回了大梁，朱珍也丢下军队单枪匹马赶回大梁。朱全忠对二人都没降罪，让他们返回濮州。经过那场变故之后，朱珍与李唐宾二人之间的关系更加紧张了，当朱珍见李唐宾到大帐中对自己指手画脚，顿时也是火冒三丈，拔出宝剑，将李唐宾斩杀，派遣骑兵向朱全忠禀报，谎称李唐宾谋反，自己已将其斩杀。朱珍的使者来到大梁时，敬翔担心仓促之间朱全忠猛然听后乘怒处置失宜，一直等到傍晚，敬翔才徐徐对朱全忠说出，果然，朱全忠一听大吃一惊，敬翔遂献计，假装逮捕了李唐宾的家眷，然后派遣骑兵前往军中安抚朱珍。七月，朱全忠赶赴萧县，还未到的时候，朱珍前往迎接，朱全忠命令武士当场将其拿下，以擅自诛杀大将之罪将其诛杀。军中众将霍存等数十人叩头替朱珍求情，朱全忠大怒，拿起床板朝众人扔了过去，众将这才退下。七月十七日，朱全忠来到萧县，以庞师古代替朱珍担任都指挥使。八月十五日，朱全忠命令各军向时溥的营垒发起进攻，不巧的是正遇上天降大雨，只好领兵而去。朱全忠借口军中缺粮，请求兼任盐铁转运使，宰相孔纬独自反对，他对朱全忠的使者说道：“朱大人如果要想当上此职，除非他举兵向朝才行！”朱全忠只好作罢。

在朱全忠与时溥交兵的同时，渡过长江的杨行密也在围困宣州。宣州被围数月，城内粮食吃尽，发生了人吃人的惨剧，指挥使周进思又把赵鍠赶跑。赵鍠出城之后，打算投奔广陵的孙儒，却被杨行密部将田頵追上抓获，不久，城内将士又生擒周进思向杨行密投降。杨行密进入宣州后，众将纷纷抢夺金银玉帛，唯独徐温领兵控制了米仓，煮稀粥解救饥民。赵鍠部将周本勇冠三军，杨行密抓获周本后，任命其为裨将。赵鍠失败后，身边的随从都四散而逃，唯独李德诚留在他的身边，杨行密把同族之女嫁给他为妻。杨行密向朝廷上表，昭宗遂任命其为宣歙观察使。朱全忠与赵鍠是老友，派人请杨行密放了赵鍠。杨行密征求袁袭的意见，袁袭建议：“不如杀了他，把人头送给朱全忠。”杨行密听从了，此事不久，袁袭也死掉了。杨行密哭吊袁袭说：“上天不想让我成就大功吗？为何让我损失了左膀右臂！我喜欢宽大，袁袭常劝我杀伐，这难道就是他短寿的原因吧！”孙儒趁杨行密大军过江、庐州空虚之际，也派兵向庐州发起进攻，蔡俦自知不敌，只好投降。

杨行密打下宣州之后，就向东发展，企图夺取富庶的浙江一带。十月，他派遣马步都虞候田頵等将率领大军，向常州发起进攻。十一月，田頵等将在城外开挖地道，深夜，杨行密的军队通过地道出现在钱镠部将、常州制置使杜棱的卧室之内，遂将其生擒，夺占了常州，杨行密留下三万人马驻守常州。十二月二十一日，孙儒率军从广陵南渡长江，二十五日，孙儒大军来到常州城下，将田頵从常州赶走，留下刘建锋驻守，孙儒返回广陵。刘建锋又把润州的钱镠部将成及赶走，夺取了润州。也就在这时，朱全忠听说孙儒与杨行密、钱镠二人混战的消息，就命令庞师古丢下时溥，领兵从颍上（今安徽省颍上县）直扑淮南，要抄了孙儒的后路。庞师古号称十万大军，打出解救杨行密的旗号，于大顺元年（公元890年）一月相继攻克了天长、高邮，孙儒赶忙从江南抽回主力，迎战宣武军，二月十三日，宣武军与孙儒在陵亭（今江苏省兴化市南）会战，庞师古兵败而还。

王建与陈敬瑄的拉锯战也经历了一年有余，到该年年底，王建在广都（今四川省成都市双流区东南）击败山行章以及西川骑将宋行能，宋行能逃归成都，山行章退守眉州，不久投降王建。

七二〇　即位之初（三）

龙纪元年十一月，昭宗李敏改名李晔。

昭宗即位后，面对一片乱局，有心重振朝纲，挽回大唐国运。据记载，一次，他对观军容使杨复恭说道：“我没有什么德行，是您力排众议，拥立我当上了皇帝，所以，生活上不要太奢华，要以节俭来展示天下。”过去，像懿宗、僖宗皇帝都是每天都要换一身新衣服，太常寺要献上一首新曲，昭宗认为这毫无必要，就下令免掉了，还削减了宫中很多不必要的开支。他还一心想要找到“名实相符”“艺文具美”之人来辅佐自己，为了扭转崇佛的世风，他还大力提倡道教和儒教，认为：“有国之规，无先学校；理官之要，莫尚儒学。”要求各地要兴办学校，崇尚儒学，然而，在大乱之际，昭宗君臣这种号召所产生的效果可谓是微乎其微。

昭宗当亲王时，素来痛恨宦官专权，等到即位之后，杨复恭又自恃有拥立之功，目无王法，让昭宗很是不满，一改僖宗只与宦官商议军国大事、疏远外朝群臣的做法，政事多与宰相们商议。宰相孔纬、张濬趁机劝说昭宗效仿宣宗朝的旧例，开延英殿议事，不让宦官插手军国事务。杨复恭经常坐着小轿来太极殿，一次，昭宗与宰相们谈及天下造反之人，孔纬说道：“陛下身边就有要谋反的人，就别提天下造反之人了。”昭宗听了，顿时吓了一跳，忙问是谁，孔纬就指着杨复恭说道：“杨复恭不过是陛下家中的奴才，竟然坐着小轿来上朝，还蓄养了很多壮士当养子，以养子统领禁卫军，或者当方镇节度使，这不是要造反又是什么呢？”杨复恭反驳道：“养子们都是壮士，我这样做是为了收揽人心，保卫国家，怎么会是要造反呢？”昭宗说道：“爱卿要是要保卫国家，为何不让他们姓李而姓杨呢？”杨复恭无言以对。

杨复恭的一个养子、天威军使杨守立，原名胡弘立，勇冠三军，人人都对他很是畏惧。昭宗打算对付杨复恭，就对杨复恭说："朕想让你那个姓胡的养子侍卫在身边。"杨复恭就让杨守立来见昭宗，昭宗当即将其赐名为李顺节，命其掌管禁军的钥匙，不出一年，昭宗就提拔他为天武都头，领镇海节度使，又加同平章事。谢恩之日，官吏请求率领群臣在中书省集中参见，孔纬批示不必。等李顺节兴高采烈地来到中书省后，却发现冷冷清清的，很不高兴，此后，李顺节在孔纬面前提及此事，孔纬说道："宰相，是百官之长，才有率领百官晋见之礼，大人身为都头，却要求在政事堂与百官一起见面，你难道就觉得心安理得吗？"李顺节遂不敢再言。

昭宗即位之后，虽然对杨复恭有所裁抑，但当他面对庞大的宦官集团时，又不得不进行一定程度的让步。龙纪元年十一月，昭宗即将祭祀上天，根据旧例，神策军中尉和枢密使都是身穿开襟上衣随从，到僖宗时，宦官们已改穿长袍，手持笏板，至此，宦官们又让有关部门织造官服。孔纬以及谏官、礼官们纷纷上书提出反对，昭宗亲笔写下手诏道："你们所言都十分正确，但是，遇事还需权宜，不要因为一些小小的瑕疵而妨碍了大事。"从此以后，宦官们遂开始佩带宝剑，随从祭祀。当初，宰相张濬是靠着杨复恭才受到朝廷的重用，继而杨复恭被排挤，张濬又投靠了田令孜，而疏远了杨复恭，再到杨复恭重掌朝廷大权后，就对张濬非常痛恨。昭宗知道张濬与杨复恭有矛盾，对张濬非常亲近，张濬也以建功立业为己任，常自比为谢安、裴度。李克用讨伐黄巢、驻军河中时，张濬曾任都统王铎的判官，李克用瞧不起他的为人，等听说张濬当了宰相后，私下对中使说道："张大人喜欢说大话，并无什么真才实学，不过是一个成事不足败事有余之人。主上听其虚名而对其委以重任，将来祸乱天下的，一定就是此人。"张濬听了，遂对李克用怀恨在心。昭宗问张濬古今治乱之源，张濬回答："陛下如此英明，而内外受制于强臣，这是臣日夜痛心疾首之事啊。"昭宗问当今急迫之事，回答："最急需的就是建立一支强大的军队以威服天下。"于是，昭宗下令在京师广为招募，组织起一支十万人的大军。

公元890年一月一日，群臣上昭宗尊号圣文睿德光武弘孝皇帝，昭宗宣布改元为大顺元年。一月十五日，永平节度使王建进攻邛州，陈敬瑄派遣大将杨儒率领三千人马前去救援，邛州刺史毛湘出战，屡战屡败。杨儒登上城墙，见王建的军队声势浩大，叹息道："唐朝国运已尽，王大人治军严明而不残暴，大约能够庇护百姓吧！”遂率部投降了王建。王建把他收为养子，改名为王宗儒。十八日，王建留下永平节度判官张琳为邛州招安使，率领主力返回了成都附近。陈敬瑄分兵在犀浦（今四川省成都市郫都区东南）、郫（今四川省成都市郫都区）、导江（今四川省都江堰市东）等地布防，城中百姓每户征调一名壮丁，白天开挖壕沟，采伐竹子、树木，运送砖石，夜里则登上城墙，敲打木梆巡逻，没有片刻休息。韦昭度在唐桥（今四川省成都市东南）安营，王建则在东闾门（今四川省成都市东），王建对韦昭度毕恭毕敬。二十四日，简阳（今四川省简阳市）发生兵变，州将杜有迁逮捕刺史员虔嵩，向王建投降，王建任命杜有迁为简州知州事。二月三日，资州（今四川省资中市）州将侯元绰逮捕刺史杨戡投降王建，王建以侯元绰为知州事。四月十日，陈敬瑄派遣蜀州刺史任从海率领两万人马前去救援邛州，战败，打算以蜀州向王建投降。陈敬瑄知道后，杀死了任从海，另派徐公鉥为蜀州刺史。十一日，嘉州（今四川省乐山市）刺史朱实以城投降于王建。二十一日，僰道（今四川省宜宾市）豪强文武坚逮捕戎州刺史谢承恩向王建投降。六月三日，茂州（今四川省茂县）刺史李继昌率众救援成都，五日，王建率部斩杀了李继昌。七日，资简都制置应援使谢从本杀掉雅州（今四川省雅安市）刺史张承简，举城向王建投降。八月，王建从成都退去，移驻汉州（今四川省广汉市）。陈敬瑄设置征督院，搜刮富人财物充作军饷，严刑拷打，命富人自行填报财产数额；如果瞒报，就视为赃物，全部予以没收。

邛州刺史毛湘是田令孜的心腹，王建围攻邛州多日，城内粮食吃尽，而救兵却一直不见到来。闰九月九日，毛湘对都知兵马使任可知说道：“我不忍背叛田军容，可是城内的军民又有什么罪！你可以砍下我的人头送给王建。”遂沐浴更衣，从容等任可知砍杀。任可知杀死毛湘及其两个儿子，向王建投降，城内军民都忍不住流下泪来。二十一日，王建高举永平军节钺进入邛州，任命节度判官张琳为知留后，整修城池，安抚山蛮。十月一日，王建率领主力返回成都附近，蜀州将领李行周驱逐徐公鉥，向王建投降。

有了朝廷的撑腰，整个大顺元年西川的战事，朝着有利于王建的方向发展着，而江浙一带的战乱却令人眼花缭乱。

大顺元年年初，当朱全忠部将庞师古率领十万大军南渡淮河之后，孙儒赶忙从江南调回军队迎敌，宣歙观察使（此时已被朝廷赐号为宁国军）杨行密乘虚派遣部将马敬言率领五千人马又袭占了润州，又派遣李友率领两万人马进驻青城

（今江苏省常州市以北），将要进攻常州。安仁义、刘威、田頵等将在武进击败了孙儒部将刘建锋，马敬言、安仁义、刘威进驻润州，切断了江北孙儒主力与江南刘建锋所部的联系。为了避免两线作战，孙儒派人向朱全忠求和，朱全忠上书推荐孙儒为淮南节度使，但不久，不知为何，朱全忠又诛杀了孙儒的使者，二人又成为仇敌。此时，朱全忠已将注意力集中于李克用，孙儒得以喘息，到八月十三日，孙儒率军朝润州发起进攻。此时，朝廷任命的苏州刺史杜孺休也来到了苏州，钱镠暗中指使沈粲杀害了他。不久，杨行密的部将李友又攻克了苏州，沈粲逃回杭州，钱镠把杀害杜孺休归罪于沈粲，打算杀了沈粲，沈粲得知后，逃奔了孙儒。杨行密以其部将张行周为常州制置使，闰九月，孙儒派遣刘建锋率众攻克了常州，诛杀了张行周，并乘胜包围了苏州。十二月八日，孙儒攻克苏州，诛杀了李友。安仁义等听说后，焚毁了润州房舍，趁夜弃城而逃。孙儒命沈粲驻守苏州，又派遣部将归传道驻守润州。

当西川、江淮兵连祸结之际，李克用与周围藩镇之间的矛盾也更加激化了。朱全忠原本想先全取淮南，控制相对富足的江淮地区，然后再拿下徐州，与李克用决战，但事与愿违，庞师古在年初被孙儒击败，这不得不让朱全忠重新思考用兵方向。就在这时，即大顺元年四月，宿州守将张筠驱逐了刺史张绍光，向时溥投降。朱全忠亲率大军前去讨伐，杀一千余人，张筠坚守不战。时溥乘虚出兵劫掠砀山（今安徽省砀山县），朱全忠派遣长子、牙内都指挥使朱友裕领兵截击，杀敌三千余人，生擒李克用派来支援时溥的骑兵将领石君和等三十人，全部拉到宿州城下斩首。而此时的李克用已经消灭了孟方立，全取了昭义镇，为了解除后顾之忧，他又转兵北向，把矛头对准了云州（今山西省大同市）防御使赫连铎。李克用兵锋甚盛，很快就攻克了云州东城。赫连铎向卢龙节度使李匡威求救，李匡威率领三万人马前去救援。李克用主力北上之后，后方却发生了变故：邢洺团练使安金俊中箭而死；河东万胜军使申信叛降于赫连铎。见卢龙援军赶到，李克用只好撤围而还。《旧五代史·武皇纪》则称："战于城下，燕军大败。"回到太原后，李克用又马不停蹄地南下巡视潞州，见弟弟李克修招待不周，顿时大怒，对弟弟破口大骂，挥鞭就是一顿痛打，李克修又羞又气，竟然于三月气死了。李克用又上表任命其另外一个弟弟、决胜军使李克恭担任昭义留后。

七二一　错讨克用（一）

如今的关东军阀已基本形成了以李克用、朱瑄兄弟、时溥、孙儒等人为一方，与以朱全忠、李匡威、赫连铎、杨行密等人为另一方的两大对立阵营。李克用对孟方立的吞并以及对赫连铎的打击，让朱全忠阵营感觉到了李克用咄咄逼人的攻势。

大顺元年四月，当朱全忠进击宿州之时，赫连铎和李匡威上书朝廷请求昭宗下诏讨伐李克用，朱全忠也上书称："李克用最终会成为帝国的祸患，如今趁其战败，臣请求率领汴州、滑州、孟州三军，与河北三镇一起消灭了他，请求朝廷派遣大臣担任统帅。"朱全忠的意图很明显：借讨伐李克用之机，以战养战，增强自己的实力，扩大自己的地盘，同时，削弱朝廷方面以及河北藩镇的实力，还能消灭李克用这个死敌，可谓是一石三鸟。

接到朱全忠等人的奏表，昭宗命令三省、御史台四品以上官员讨论方案，有十之六七的人反对讨伐李克用，宰相杜让能和刘崇望也持这一观点，而张濬不仅与李克用有过节，而且还与杨复恭有矛盾，就想借藩镇之力排挤杨复恭，遂对昭宗说道："先帝两次出逃山南，都是李克用所为。臣经常担心他与河北三镇沆瀣一气，朝廷就难以控制了。如今，两河藩镇一致请求讨伐李克用，这是千载难逢的机会，只请陛下交给臣兵权，不出一个月臣即可将其平定，失去今天的机会，后悔就来不及了。"孔纬也说："张濬所说极是。"杨复恭反对道："先帝逃难，虽然有藩镇跋扈的原因，但也有朝廷大臣处置不当的因素。如今，朝廷刚刚安定，不宜再开战端。"昭宗也对张濬、孔纬的说法有些怀疑，他说："李克用立下了收复长安、平定黄巢的大功，如今趁其危急而发兵进攻，天下之人将会怎么看我？"孔纬说道："陛下所言，是一时的仁慈，而张濬所说则是帝国万世之利。昨天，我估算了用兵、粮运、赏赐等费用，一两年内也不至于朝廷匮乏，关键就在于陛下能否决断。”昭宗看两位宰相言之凿凿，最终勉强同意下来，说道：“此事事关重大，朕今日将其交给你们二位，别令朕蒙羞！”

五月，就在西川韦昭度、王建还在与田令孜、陈敬瑄打得不可开交之时，昭宗另外开辟了第二战线，下诏免去了李克用的一切官爵、皇室户籍，任命张濬为河东行营都招讨制置宣慰使，京兆尹孙揆为副使，以镇国军（今陕西省华县）节度使韩建为都虞候兼供军粮料使，以宣武节度使朱全忠为南面招讨使，成德节度使王镕为东面招讨使，平卢节度使李匡威为北面招讨使，赫连铎为副使，打响了全面讨伐李克用的战争。张濬上奏以牛僧孺之孙、给事中牛徽为行营判官，牛徽说道：“国家在丧乱之后，却要大举发兵，横挑强邻，离散诸侯之心，我已经看到其颠沛流离的结局了。”遂自称衰老有病，坚决推辞了。

李克修生前勤俭，为政简易，且无罪而死，潞州军民对他都十分怀念，而李克恭却不懂军事，因此，当听到朝廷发兵讨伐李克用时，潞州顿时军心离散。当初，潞州背叛孟方立时，牙将安居受等人引来李克用的河东军队夺取了潞州，等孟迁以邢州、洺州、磁州归降李克用后，李克用对其很是看重，以其为军城都虞候，孟迁的旧部也都升任要职。安居受等人既感到李克用对自己赏赐太薄，又害怕受到孟迁等人的报复，遂密谋背叛。昭义镇有一支精锐部队，号称后院兵，李克用夺得山东三州之后，准备夺取河朔，就命令李克恭挑选后院军中尤其骁勇的五百人送往晋阳，以备下一步的战争，这些人离开潞州时，都心存牢骚。李克恭派遣牙将李元审以及小校冯霸率领这五百猛士前去，行至铜鞮（今山西省沁县西南），冯霸鼓动众人发动叛乱，沿着山麓一路南下，行至沁水，已经拥有三千人马。李元审出军截击，反被冯霸打伤，逃归潞州。五月十五日，李克恭前往李元审的驻地探望，安居受等人趁机作乱，纵火焚烧，李克恭、李元审二人均被杀害。安居受派人召回冯霸，但冯霸不予理睬，安居受心生恐惧，逃出潞州，途中为流民所杀。冯霸这才率军回到潞州，自称潞州留后。

朝廷听说李克恭已死，都很高兴。朱全忠派遣河阳留后朱崇节率军进入潞州，权知留后。李克用闻讯，连忙派遣康君立和李存孝率军将潞州团团围住。五月二十七日，张濬率领朝廷五十二都以及邠州、宁州、鄜州、夏州各少数民族军队共计五万人，从长安出发，昭宗驾临安喜楼饯行。张濬支开昭宗的亲随，对昭宗说道：“等臣平定了外患，然后再替陛下清除内患。”但张濬的这番话被杨复恭偷听到了。神策两军中尉在长乐坂给张濬饯行，杨复恭给张濬敬酒，张濬以喝醉推辞。杨复恭嘲笑他道："大人手握尚方宝剑，何必做出这番忸怩之态呢？"张濬回答："等我平定了河东回朝，你才知道什么叫忸怩之态！"杨复恭听了，更是不安起来。二十八日，昭宗下诏免去李罕之的官爵。六月，任命孙揆为昭义节度使，充招讨副使。五年前，义昌发生兵变，德州刺史卢彦威赶走了义昌节度使杨全玫，自称留后，向朝廷索要节钺，朝廷一直没有答应，至此，成德节度使王镕、魏博节度使罗弘信因讨伐李克用，替卢彦威向朝廷求情，朝廷遂任命其为义昌节度使。张濬所部与宣武（汴州）、镇国（华州）、静难（邠州）、凤翔（凤翔）、保大（鄜州）、定难（夏州）等镇的军队在晋州（今山西省临汾市）会师。十七日，因避讳朱全忠之父朱诚之名，朱全忠请求朝廷改义成镇为宣义军，朝廷答应下来，并任命朱全忠为宣武、宣义两镇节度使。朱全忠原本建议朝廷任命孙儒为淮南节度使，朝廷也答应了朱全忠的请求，可是，朱全忠这时又反悔了，因为，他虽然没有兼任义成节度使，但义成节度使胡真是其心腹，义成镇完全在他的控制之下，如果把自己兼任的淮南节度使让给孙儒，等于自己主动放弃了一个扩大地盘的机会，并且，朝廷把已经属于自己的义成（宣义）又给了自己，自己还需把主要兵力用到对付李克用，可谓是享虚名而受实祸，因此，朱全忠推辞了朝廷的任命，建议让胡真担任宣义节度使，自己仍然兼任宣武、淮南节度使，把主要精力放在对付徐州时溥、扬州孙儒上，扩大自己的实际地盘，而让朝廷和河北藩镇与李克用相互拼消耗。朝廷原本指望着朱全忠与李克用对打，如今却发现上了朱全忠的当，但也无可奈何，答应了朱全忠的请求，任命胡真为节度使。胡真担任节度使后，一切军政事务都受制于朱全忠，还像朱全忠的下属一样。不过，朱全忠的心思也引起了昭宗的警惕，数年后，昭宗下令将胡真调回朝廷，依然任命朱全忠兼任了宣义、宣武节度使，而最终免去了他兼任的淮南节度使一职。

虽然朱全忠有心消耗朝廷和其他藩镇的实力，但样子还是要做做的。七月，张濬率领的军队已推进到阴地关（今山西省灵石县西南），朱全忠派遣部将葛从周率领一千骑兵偷偷从壶关（今山西省壶关县）趁夜进抵潞州，突破康君立和李存孝的包围，进入城内。朱全忠又派遣部将李谠、李重胤、邓季筠率军进攻泽州的李罕之，派遣张全义、朱友裕进驻泽州以北地区，声援葛从周所部。朱全忠上奏朝廷道："臣已经派兵协防潞州，请孙揆前去上任。"张濬也担心潞州被朱全忠控制，就连忙派遣孙揆率领两千人马赶赴潞州。

八月十二日，孙揆从晋州出发，李存孝听说后，率领三百骑兵埋伏于长子（今山西省长子县）西面的山谷之中。孙揆命令前导高举招讨副使大旗，身穿长袖官服，坐在有伞盖的大车之上，威风凛凛，浩浩荡荡而来。见孙揆一行进入伏击圈，李存孝突然杀出，孙揆的军队顿时陷入大乱，孙揆以及中使韩归范、五百亲兵全部被擒，孙揆的其余部众也仓皇而逃，李存孝一阵追杀，追至刁黄岭（今山西省长子县西南）将他们全部杀死。李存孝把孙揆和韩归范打入囚车，拴住脖子，拉到潞州城下说道："朝廷任命孙揆当潞州节度使，命韩中使送来符节，葛大人可速速返回大梁，让孙大人上任。"又把孙揆捆绑着送给了李克用。李克用派人引诱孙揆，想让他担任河东节度副使。孙揆说道："我乃天子大臣，兵败而死，这是我的本分，岂能侍奉藩镇！"李克用大怒，命人用锯锯死孙揆，但铁锯没锯入孙揆的身体。孙揆骂道："狗奴才！锯人要把人用木板夹起来，你怎么会知道这些！"行刑队这才用木板把孙揆夹了起来，一直锯到死，孙揆仍骂不绝口。

七二二　错讨克用（二）

张濬六月就已经进抵晋州，七月，朱全忠派兵包围了泽州，但一直到九月十三日，朱全忠才亲自率领大军来到河阳。

泽州的李罕之向李克用告急，李克用派遣李存孝率领五千骑兵南下救援。当初，宣武军包围泽州时，曾对李罕之说："相公经常自恃有太原（指李克用势力）给你撑腰，轻易冒犯我们。如今，张大人已经包围了太原，葛从周也已进入了潞州，十余日内，沙陀人再无藏身的洞穴，相公又能去何处求生呢？"等李存孝来到泽州城下后，挑选五百精骑，绕着宣武军的营寨大喊："我，就是找洞穴的沙陀人！要来吃了你们的肉充饥，你们派肥壮的出来，跟我相斗！"

李存孝是唐末五代赫赫有名的猛将，史称："存孝每临大敌，被重铠櫜弓坐槊，仆人以二骑从，阵中易骑，轻捷如飞，独舞铁檛，挺身陷阵，万人辟易，盖古张辽、甘宁之比也。"宣武军的邓季筠也是一员猛将，听到李存孝叫阵，立马率军出战。李存孝见邓季筠杀出，立即挥舞长枪，杀入宣武军阵中，一枪将邓季筠刺于马下，活捉回来，又缴获战马一千匹。当晚，李谠、李重胤率众逃去，李存孝、李罕之领兵追杀，追至马牢山（今山西省晋城市东南），大破宣武军，斩杀俘虏上万人，一直追杀到怀州（今河南省沁阳市）才收兵。解了泽州之围后，李存孝又领兵返回潞州，葛从周、朱崇节放弃潞州逃回。九月二十五日，朱全忠斥责众将败军之罪，斩杀了李谠、李重胤，撤回了大梁。

李克用以康君立为昭义留后，李存孝为汾州刺史。李存孝自认为有生擒孙揆、解救李罕之、攻克潞州之功，理当镇守潞州，而康君立却最终得到了潞州，气得一连数日一口饭也不吃，盛怒之下，大肆劫掠潞州百姓，焚烧民居。李存信与李存孝不和，二人争功，势同水火，李存孝认为是李存信在排挤自己，言出泪流，并开始产生了背叛李克用之心。在击败南线的朱全忠之后，李克用又转兵北上，反击赫连铎和李匡威。当时，李匡威已经拿下了蔚州（今河北省蔚县），生擒刺史邢善益，赫连铎则率领吐蕃、黠戛斯数万之众在进攻遮虏军（今山西省岢岚县东南），杀了遮虏军使刘胡子。李克用派遣部将李存信北上抵御，但被赫连铎击败；李克用再派李嗣源担任李存信的副将增援，这才击退了敌人。在解除了南线威胁之后，李克用遂亲自率领大军北上，李匡威和赫连铎遂纷纷败退，河东军生擒李匡威的儿子、武州刺史李仁宗以及赫连铎的女婿，斩杀俘虏上万人。

李嗣源，原本无姓氏，名邈佶烈，懿宗咸通八年（公元867年）九月九日出生，其父霓系李国昌手下爱将。李克用镇守雁门时，霓去世，邈佶烈年仅十三岁，善骑射，李国昌见而收在身边，后改隶李克用，被李克用收为养子，取名李嗣源。《北梦琐言》称，李嗣源雄武谦和，每次凯旋，诸将都是相互夸耀，争功不已，唯独李嗣源默不作声，徐徐说道："诸位喜欢用嘴巴来打敌人，我只用手杀敌。"众人都羞愧而止。

十月三日，朱全忠从河阳前线回到滑州，派遣使者前往魏州，一方面请求罗弘信送些粮食、战马，另一方面想借道魏州，从东面进攻河东，但罗弘信不答应。朱全忠又派人向成德王镕提出请求，王镕也予以拒绝。朱全忠遂率军从黎阳（今河南省浚县）渡过黄河，向魏博发起进攻。同月，张濬的大军从阴地关出击，游击部队进入汾州（今山西省汾阳市）。李克用派遣薛志勤、李承嗣率领三千骑兵在洪洞（今山西省洪洞县）扎营，李存孝率领五千人马进驻赵城（今山西省霍州市西南）。镇国节度使韩建率领三百壮士趁夜偷袭李存孝的军营，李存孝发觉后，提前设下了埋伏，韩建出师不利，静难、凤翔之兵不战自溃，神策军也随之崩溃。河东军队趁机追杀，一直进抵晋州西门。张濬率军出战，又被河东军击败，唐军被杀近三千人。静难、凤翔、保大、定难之军率先渡过汾河西逃，张濬尚有禁卫军以及宣武军近万人，与韩建一起闭门固守，从此再也不敢出战了。

李存孝率军进攻晋州后方的绛州（今山西省新绛县），十一月，绛州刺史张行恭弃城而逃，接着，李存孝又反身杀回晋州。进攻三日后，李存孝对众将说道："张濬总算还是个宰相，就算俘虏了他也没什么用处；城内是天子的禁卫军，也不宜加害。"遂撤退三十里。张濬、韩建从含口（今山西省绛县西南）逃走，李存孝遂夺取了晋州、绛州，又大肆劫掠慈州（今山西省吉县）、隰州（今山西省隰县）。

李克用送回韩归范，命韩归范随身带上奏表，向朝廷鸣冤，奏表上称：“臣父子三代，受恩四朝，击破庞勋，消灭黄巢，废黜襄王，保全易州定州，以至于陛下今日登基称帝，未必不是臣的功劳。如果说臣进攻云州有罪，那么拓跋思恭夺取鄜州、延州，朱全忠入侵徐州、郓州，朝廷为何不予以讨伐？朝廷赏赐他们而唯独惩处我，臣岂能不言！况且，朝廷在危难之际，把臣夸成是韩信、彭越、伊尹、吕尚，等局势稍稍转好，就骂臣是戎、羯、胡、夷。陛下这样，今天手握重兵立下大功之人，难道不会担心陛下来日也会这样谩骂他们吗？就算臣有罪，陛下发六军征讨，自有国法，何必要等臣衰弱之际前来？如今，张濬已经出兵，自然难以收手，臣已经调集蕃汉五十万大军，要直抵潼关、蒲城，与张濬厮杀，如果我战败了，甘心情愿接受陛下的惩罚。不然的话，臣将率领轻装骑兵直出长安，在金銮殿上叩头，在陛下面前控诉奸臣们的行径，把先帝赐给我的诏书送还宗庙，然后自我捆绑，交由有关部门惩处。”李克用的奏表送到长安时，张濬已经战败的消息，也已传到朝廷，朝廷上下一片震恐。张濬和韩建翻越王屋山才逃到河阳，拆去民房制作木筏，南渡黄河，其间，所部几乎损失殆尽。

此战，朝廷方面原本是依靠朱全忠和河朔三镇，可是，等张濬来到晋州时，朱全忠还在徐州、郓州与时溥、朱瑄兄弟作战，虽然派遣部将进攻泽州，但他自己并没有赶到前线。张濬大军向镇州的王镕、魏州的罗弘信征兵、征粮，但二人却把李克用当作自己对付朝廷的屏障，持观望态度，拒不出兵，只有华州、邠州、凤翔、夏州的军队与张濬会师。朝廷大军还没与李克用的主力交手，副使孙揆就已经被擒，幽州李匡威和云州赫连铎也已战败，杨复恭又从中破坏，令朝廷之军全无斗志，望风溃败。

十二月，当江淮孙儒又重新夺回润州、苏州之际，二十日，宣武将领丁会、葛从周发起了对魏州的进攻，相继攻克了黎阳（今河南省浚县）、临河（今河南省濮阳市西）；庞师古、霍存则攻克了淇门（今河南省卫辉市东北）、卫县（今河南省卫辉市）。朱全忠率领大军随后进发。

大顺二年（公元891年）一月，罗弘信驻军内黄。一月五日，朱全忠率军发起进攻，会战五次，全部取胜，进逼永定桥（今河南省内黄县南），斩杀上万人。罗弘信害怕起来，派人向朱全忠求和。朱全忠下令各军禁止焚烧劫掠，返还俘虏，撤至黄河岸边，从此以后，罗弘信开始臣服于朱全忠。九日，昭宗下诏将太保、门下侍郎、同平章事孔纬罢相，贬为荆南节度使，将中书侍郎、同平章事张濬贬为鄂岳观察使；任命翰林学士承旨、兵部侍郎崔昭纬为同平章事，御史中丞徐彦若为户部侍郎、同平章事。崔昭纬，清河人，是前宰相崔慎由的堂侄，进士及第。史称，其为人“性奸纤，忌前达。内结中人，外连籓阃。属朝廷微弱，每托援以凌人主。昭宗明察，心不能堪”。徐彦若，前宰相徐商之子。咸通十二年进士及第，后历任尚书郎知制诰、中书舍人。

孔纬被贬后，杨复恭又派人在长乐坡（长安以东）劫掠，将孔纬的节度使大旗砍断，财物洗劫一空，孔纬仅仅逃出一命。李克用又派人上书指斥张濬、孔纬，称：“张濬用陛下万代之业，来赌自己一时之功，知道臣与朱全忠有深仇大恨，他们相互勾结。臣如今没有了官爵，是个罪人，不敢返回陛下的藩镇，打算在河中客居。该去何处，请陛下指示。”昭宗下诏再次将孔纬贬为均州刺史，张濬贬为连州刺史；赐李克用诏书，恢复其所有官爵，命其返回晋阳。二月，又加李克用守中书令，恢复了李罕之的官爵，再将张濬贬为绣州司户。张濬行至蓝田，逃奔华州，投奔韩建，与孔纬一起暗中向朱全忠求救。朱全忠上书替二人鸣冤，朝廷不得已，令二人自便。孔纬行至商州而回，也逃至华州。

邢洺节度使安知建暗中与朱全忠联络，李克用知道后上书请求以李存孝接替安知建。安知建逃奔青州，朝廷改任其为神武统军。安知建率领麾下三千人将要西返，途经郓州，朱瑄正结好李克用，遂在黄河岸边设伏，将安知建斩杀，把人头送至晋阳。

七二三　夺得西川

为什么说昭宗君臣讨伐李克用是错误的呢？

这是因为，一是，昭宗继位不久，长安也是疮痍未复，在这种情况下，朝廷方面只能慢慢恢复威信，引而不发，养威蓄势，这是最为有利的。二是，西蜀一直是唐朝的后院，自从玄宗避难西川以来，几位皇帝都曾逃难至此，如今，朝廷方面需要做的就是要稳定后院，把西川牢牢控制在自己手中。三是，西川讨伐陈敬瑄之战还在进行，朝廷方面应当集中精力打赢这场战争，不仅得到实利，而且对全国其他藩镇也是一种威慑，在西川之战尚未结束之时，又开辟第二战场，显然是不利的。四是，两河藩镇之间最大的矛盾是朱全忠与李克用二人之间的矛盾，在僖宗时代，朝廷就采取了不在藩镇争斗中选边站的策略，如今，昭宗在张濬、孔纬等人的蛊惑下，站在了朱全忠一方，从策略上来看是失策的。李克用收复长安、消灭黄巢，朱全忠则平定了秦宗权，二人的功劳可谓伯仲之间，同时，二人也都借机扩大自己的地盘，朱全忠先是进攻朱瑄兄弟，继而夺占滑州，后又与时溥交恶，李克用则夺占昭义山东三镇，又进攻云州，很难说二人的是非曲直。朝廷最佳战略是利用二人的矛盾削弱他们各自的实力，而非为他们任何一方所用，替他们去消灭另外一方，这不仅得罪另外一方，即便取胜也会大大削弱自己的力量，更何况朝廷又为朱全忠所卖，成为对付李克用的主力，且又在战斗中被李克用击败，刚刚建立起来的一点威信和军力又丧失殆尽了。

在被李克用打败之后，昭宗君臣又走到另一个极端，看到韦昭度统领十余万大军讨伐陈敬瑄三年，竟然仍然未能取得决定性胜利，粮运不济，朝廷也开始讨论在西川罢兵了。大顺二年三月，昭宗下诏恢复陈敬瑄的官爵，命令顾彦朗和王建各自率众返回本镇。成都城内粮食将要吃尽，大街小巷到处都是丢弃的婴儿，饿死的人比比皆是。有些百姓经过城外唐军军营偷偷向城内贩卖大米，被巡逻士兵抓获，禀报给韦昭度。韦昭度说道：“成都满城挨饿，岂能忍心不伸手相救！”遂释放了这些百姓。也有人向城内的陈敬瑄禀报，陈敬瑄说道：“我只恨没有办法救活这些挨饿之人，他们能来相救，就不要禁止了。”于是，前往城内贩运粮食的人越来越多了，然而，能偷运进来的也不过几升几斗，运进城后，用一寸半的竹子截成深五分的竹筒，每筒米一百余钱。由于饥饿，城内治安大坏，军民相互殴斗，官吏诛杀也无法禁止，陈敬瑄改用更加严酷的刑罚，要么腰斩，要么斜劈，每天被处死的人一个接着一个，但犯法的人还是层出不穷，人人看惯了这些酷刑，也早已麻木了。城内官民一天比一天绝望，纷纷盘算着出城投降，陈敬瑄便下令将这些人以及他们的亲族全部逮捕，用尽各种酷刑将他们杀掉。内外都指挥使、眉州刺史徐耕为人仁爱，救活了数千人，田令孜说道：“大人手握生杀大权，却不处死一人，难道你心怀异志吗？”徐耕听后，很是害怕，连夜命人将逮捕的唐军俘虏全部斩杀了。

王建看到朝廷罢兵的诏书，说道：“大功即将告成，为何要放弃呢！”遂与周庠商议对策。周庠建议王建请求朝廷让韦昭度回朝，由自己领兵攻下成都，据为己有，王建遂上表称：“陈敬瑄、田令孜罪不可赦，我希望全力以赴，完成大功。”韦昭度没有表态，王建劝说韦昭度道：“如今，关东诸侯相互兼并，这才是心腹之患，大人应该早早返回朝廷，与天子谋划应对之策。陈敬瑄不过是疥癣之疾，花点时间即可将其制服，交给我王建就能搞定。”韦昭度依然犹豫不决。四月二十一日，王建暗中指使东川将领唐友通等人在韦昭度的住地门外把韦昭度的心腹骆保抓住，千刀万剐吃掉，声称其盗取了军粮。韦昭度大惊，连忙称病，把符节交给了王建，用公文任命王建担任西川节度使、招安使、制置使三使留后，并兼任行营招讨使，当天，韦昭度就出发北返了。王建把韦昭度送到新都，跪在韦昭度的马前，举杯敬酒，洒泪而别。韦昭度刚出了剑门关，王建即命令军队封锁了关门，不再令北方军队进入西川了。韦昭度回到长安后，被朝廷改任东都留守。

送走韦昭度后，王建向成都发起猛攻，围绕成都构筑起方圆五十里的烽火台、壕沟。一个名叫王鷂的杀狗小贩，请求王建派自己混入城内，散布谣言，令城内军民军心瓦解，王建答应了。王鷂假装犯罪，逃入城中，面见陈敬瑄、田令孜，对二人说：“王建军队已精疲力尽，行将逃脱了。”等他出来后，到成都街市上卖茶，就暗中对成都军民称赞王建英武，军队强盛，如此一来，陈敬瑄、田令孜等成都高层都心生懈怠，城内下层军民却惊恐不安。王建又派遣郑渥诈降，陈敬瑄以其为部将，命其在城墙上守城，不久，郑渥又诈术顺利逃出城外，向王建禀报了城内的虚实，王建遂以郑渥为都指挥使，将其改名为王宗渥。

王建进攻成都越来越猛烈，陈敬瑄每次出战总是战败，下辖州县全被王建占领。威戎节度使杨晟时不时给成都送来粮食，王建派兵进驻新都，切断了彭州与成都的联系。陈敬瑄出来慰问守军，将士们无人响应。八月二十四日，田令孜登上城墙，对王建说道："老夫昔日对你不薄，为何把我围困到如此地步？"王建回答："父子之恩，我岂敢忘记！只是朝廷命令我来讨伐那个不接受调职之人，不得不如此。倘若太师改变主意，王建我还能有什么要求呢？"当晚，无计可施的田令孜亲自携带西川节度使符节出城，来到王建大营，交给王建，王建将士们纷纷高呼万岁。王建哭着拜谢，希望回复昔日的父子之情。次日，陈敬瑄打开成都城门迎接王建。

过去，王建经常引诱部下们说："成都城内非常繁华，等攻下成都，你们可以肆意抢夺金帛、美女，节度使一职，你我轮流去当！"等陈敬瑄投降后，王建任命部将张勍为马步斩斫使，命其率军先进入城内，而后才对将士们说道："我与你们大家苦战三年，经历了大大小小上百次战斗，如今刚刚拿下成都，你们将来不愁不会富贵，千万不要焚烧劫掠市场。我已经委派张勍前去保护了，如果万幸他逮捕了你们，交给我处理，我尚能赦免你们，但是一旦他先斩后奏，我也无法救你们了。"不久，就有士兵违反了军令，张勍逮捕一百余人，全部锤击前胸而后斩杀，将尸体堆积在市场之上，从此无人再敢抗命，时人称张勍为"张打胸"。

八月二十六日，王建进入成都，自称西川留后。小校韩武屡屡在节度使大厅上跨上战马，有关人员前去制止，韩武却怒道："司徒曾答应我轮流当节度使，上马又算什么！"王建听说后，就派人将其暗杀了。王建把部队分散到西川各州，就地征粮补给，将文武坚改名为王宗阮，谢从本改名为王宗本，对于陈敬瑄的旧部，凡是有才能的人均一一加以任用。王建上表举荐陈敬瑄的儿子陈陶为雅州刺史，命陈敬瑄随陈陶一起前往雅州，次年，又把陈陶免官，把陈敬瑄安置在新津，用该县的田赋供养陈家。

王建得到了西川，朝廷方面只好承认既成事实，经过这一番折腾，朝廷浪费了兵力、粮食，换回的不过是另外一个比陈敬瑄更有能力的割据势力而已，与讨伐李克用一样是得不偿失的，由此可见，昭宗君臣的治国才能甚至连僖宗君臣都不如。十月六日，昭宗任命王建为西川节度使，次日，取消了永平军。王建得到西川后，留心政务，虚心纳谏，谦恭节俭，好贤乐士，使得下属人尽其才，但其疑心很重，果于杀伐，一些有名望的有功将领往往受到他的猜疑而被处死。

十二月，朝廷任命顾彦晖为东川节度使，派遣中使宋道弼赐予符节。山南西道节度使杨守亮派绵州（今四川省绵阳市）刺史杨守厚囚禁了宋道弼，夺去了符节，发兵进攻梓州。十二月二十七日，顾彦晖向王建求救。次日，王建派遣部将华洪、李简、王宗侃率军救援东川。王建暗中对众将叮嘱："你们击败敌人之后，顾彦晖肯定会犒赏你们，你们在行营答谢，届时在宴会上拿下他，就不用我们再麻烦一次了。"王宗侃击破杨守厚七座营寨，杨守厚退回绵州。顾彦晖果然准备了丰厚的礼物款待西川众将，众将答谢，王宗弼偷偷把王建的计划泄露给了顾彦晖，顾彦晖遂称病推辞了出城相见。

七二四　大顺不顺

大顺二年除了王建夺取成都，其他各地军阀也在你争我夺。

继去年年底重新夺取润州之后，孙儒决定一举消灭杨行密，在江东站稳脚跟，然后再与朱全忠争夺中原。大顺二年一月二十二日，他率领江淮地区的全部人马南渡长江，从润州一路南下，相继击退田頵、安仁义等杨行密部将，杨行密所属城池的守军均望风溃散。孙儒部将李从立率军杀至宣州东溪，当时，杨行密的防守尚未完成，军心惶恐，当夜，杨行密派遣部将台濛率领五百人进驻东溪西岸。台濛命令士兵们来回呼喊，往返数次，李从立误以为杨行密的大军来到，连忙率军退去。孙儒的先头部队进抵溧水，杨行密命令都指挥使李神福率众抵御。李神福佯装退去，示弱于敌，孙儒军遂放松了警惕，当夜，李神福率领精兵偷营，斩杀俘虏了一千敌人。

四月，杨行密派遣部将刘威、朱延寿率领三万人马在黄池（今安徽省芜湖市东）进击孙儒，刘威、朱延寿大败，孙儒进屯黄池。五月，暴发洪水，孙儒各营均被大水淹没，孙儒不得不停止进攻，退回扬州，命其部将康暀占据和州，安景思占据滁州。杨行密率军反攻，派遣部将李神福偷袭和州、滁州，康暀投降，安景思逃走。

七月，朱全忠派人与杨行密联络，约定一起进攻孙儒。孙儒自恃兵强，打算先灭掉杨行密之后，再回过头来对付朱全忠，遂向各镇发布檄文，历数朱全忠和杨行密的罪过，并称：“等我平定了宣州和汴州之后，当率军入朝，清除君王身边的奸臣。”于是，他命令焚烧了扬州的房舍，驱赶扬州百姓一起南渡长江，杀掉老弱之人充当军粮。杨行密秘密派遣部将张训、李德诚潜入扬州，扑灭余火，得到数十万斛粮食赈济饥民。泗州刺史张谏请求杨行密借给数万斛粮食供应军队，张训奉命如数送去，张谏对杨行密十分感激。与此同时，朱全忠派遣部将丁会进攻宿州，攻克了宿州外城。

八月十八日，孙儒从苏州进驻广德（今安徽省广德县），杨行密派兵抵御。孙儒包围了杨行密的营寨，杨行密部将李简率领一百余人拼死苦战，冲入孙儒的包围圈，才把杨行密从营寨中解救了出来。到大顺二年年底，孙儒又焚烧劫掠了常州、苏州，率军进逼宣州，钱镠再次派兵占领了苏州。孙儒屡屡击破杨行密的军队，旌旗、辎重绵延一百余里。杨行密向钱镠求救，钱镠遂给其送去粮食，派去援军。

孙儒放弃扬州，试图一举将杨行密消灭，面对气势汹汹的孙儒，江南孙儒、杨行密、钱镠这三股势力的决斗行将见出分晓。

与此同时，河东的李克用和汴州的朱全忠也没有闲着。

继大顺元年击退朝廷各路讨伐军之后，到大顺二年，在稳定了邢洺方向之后，李克用就开始部署对云州赫连铎的进攻了。四月，李克用向赫连铎发起大规模的进攻，在击败赫连铎军队之后，很快就包围了云州。七月，李克用率军向云州发起猛烈的进攻，赫连铎城内粮食吃尽，逃奔吐谷浑部，不久又再度逃往幽州。李克用上表任命部将石善友担任大同防御使。占领大同之后，邢洺节度使李存孝建议李克用乘胜进攻镇州（今河北省正定县），李克用答应了。八月，李克用巡视泽州、潞州，进入怀州、孟州境内。到了十月，李克用进攻王镕，在龙尾岗（今河北省临城县西北）大破王镕的军队，斩杀俘虏上万人，并攻克临城（今河北省临城县），接着又进攻元氏、柏乡。幽州节度使李匡威领兵救援王镕。李克用大肆劫掠一番后，退守邢州。

在李克用进攻大同、成德两镇的同时，朱全忠则把注意力放在了江淮地区。他与杨行密约定一起进攻孙儒之后，就派遣部将丁会向宿州发起了进攻，试图打通南下的通道。到同年十月，宿州刺史张筠投降。十一月，曹州都将郭铢杀死刺史郭词（《旧五代史·太祖本纪》称，是曹州裨将郭绍宾杀刺史郭饶），向朱全忠投降。泰宁节度使朱瑾率领一万余人进攻宣武所属的单州（今山东省单县）。十九日，感化节度使时溥的猛将刘知俊率领两千人向朱全忠投降，朱全忠任命刘知俊为左右开道指挥使，从此以后，时溥军队士气低落，无力与朱全忠抗衡了。二十五日，寿州孙儒部将刘弘鄂不能忍受孙儒的残暴，以寿州投降于朱全忠。十二月，朱瑾率领三万人马入侵单父，九日，朱全忠部将丁会、张归霸与朱瑾在金乡决战，大破朱瑾，将朱瑾的两万余人几乎全歼，朱瑾单人匹马逃脱。经过一年的战斗，朱全忠已经将手伸向了江淮，并且把身边的时溥和朱瑾打得无还手之力。

同年，远离战火的淄青也发生了内斗。两年前，也就是昭宗龙纪元年（公元889年）十月，平卢节度使王敬武去世，其子、年仅十六岁的王师范被军中拥立为平卢留后，但棣州刺史张蟾拒不从命。昭宗见有机可乘，就下诏任命太子少师崔安潜为兼侍中，充平卢节度使，打算与张蟾一起讨伐王师范。接下来的大顺元年，朝廷正全力讨伐李克用，崔安潜和张蟾也一直没有行动，到大顺二年年初，王师范派遣都指挥使卢弘领兵进攻张蟾，谁知卢弘一旦兵权在手，反而率军返回，想取王师范而代之。王师范派人给卢弘送去很多财物，并称："师范我年幼无知，不堪重任，我情愿让贤，只要能保全脑袋，就是大人的恩典啊。"卢弘不知是计，以为王师范小小年纪，说的肯定是真，就放松了警惕。王师范秘密对小校刘鄩说道："你如果能刺杀了卢弘，我就让你当大将。"卢弘入城之后，王师范在家中设下伏兵，宴请卢弘等人，在宴席上，刘鄩亲手杀死了卢弘及其同党数人。王师范出面安抚将士们，与众人一起盟誓，赏赐了很多金钱，遂亲自领兵进攻棣州，活捉了张蟾，将其斩杀；崔安潜逃归长安。王师范又任命刘鄩为马步副都指挥使，昭宗只好下诏任命王师范为平卢节度使。王师范宽和严谨，十分好学，每当益都的县令上任时，他总是安排仪仗前去拜谒，县令往往不敢接受。王师范则命人将县令搀扶到座位上，自称："百姓王师范"，在厅堂上叩拜。幕僚们劝他不必如此，王师范却说："我敬重地方官，就是教育子孙们不可忘本啊！"

大顺元年讨伐李克用失败后，主战派张濬、孔纬被赶出了朝廷，杨复恭的势力更大了。此时，杨复恭官居六军十二卫观军容使、左神策军中尉，统领禁卫军，他的很多养子都被任命为节度使、刺史，又把六百名宦官也都收为养子，派这些人都当了各地驻军的监军。杨复恭的养子龙剑（今四川省武平县东南）节度使杨守贞、武定（今陕西省洋县）节度使杨守忠从来不向朝廷缴纳赋税，还上书嘲讽朝廷。昭宗的舅舅王瓌想当一个节度使，昭宗征求杨复恭的意见，杨复恭不同意，王瓌大怒，当面辱骂杨复恭。王瓌经常出入宫廷，插手朝政，令杨复恭十分不满，就上奏请求任命王瓌担任黔南节度使。昭宗答应后，王瓌满心欢喜前去上任，行至吉柏津（今四川省广元市东南），杨复恭又让养子、山南西道节度使杨守亮派人凿沉渡船，将王瓌及其家眷、随行宾客全部淹死，谎称船只损坏所致。昭宗情知是杨复恭所为，对其切齿痛恨。李顺节受到昭宗的重用之后，与杨复恭开始争权夺利，遂把杨复恭的一些丑事都向昭宗和盘托出，昭宗遂将杨复恭调任凤翔监军。杨复恭大怒，不肯上任，称病请求退休。九月八日，昭宗顺水推舟，答应了杨复恭的要求，下诏以杨复恭为上将军的官衔退休，赏赐给手杖。使者向杨复恭宣布诏命后，杨复恭又派心腹张绾在途中将其刺杀了。

杨复恭的家距离玉山营不远，其养侄杨守信担任玉山军使，经常前去探望，于是就有人向昭宗告发杨复恭要与杨守信一起谋反。十月八日，昭宗驾临安喜门，集结禁卫军护驾，命令天威都将李顺节、神策军使李守节率军进攻杨复恭宅邸。张绾率领杨复恭的家丁抵御，杨守信又领兵救援，李顺节等人竟然无法得手。九日，驻守含光门的禁军打算等宫门一打开，就大肆劫掠长安东、西两市，正遇到宰相刘崇望，刘崇望停下警告他们道："天子亲自在街东督战，你们都是宿卫天子之兵，正该在城楼前杀贼立功，不要贪图小利，自取恶名！"众人都答应了，遂跟着刘崇望一起来到街东。杨守信的军队见到又来了一支生力军，遂四散而逃。杨守信与杨复恭携带家眷从通化门逃出长安，直奔兴元，永安都将权安领兵追赶，生擒张绾，将其斩杀。杨复恭辗转来到兴元后，杨守亮、杨守忠、杨守贞以及绵州刺史杨守厚以讨伐李顺节为名，同时兴兵对抗朝廷。

赶走了杨复恭，朝廷内部又出现了新的矛盾。天威都将李顺节自恃有昭宗的宠信，日益骄横，出入朝廷经常随身带着卫兵。左右神策军中尉刘景宣、西门君遂对他十分厌恶，就禀报昭宗称李顺节可能会发动兵变。十二月十二日，二人以昭宗之命召来李顺节，李顺节行至银台门时，二人邀请李顺节到营舍聊天，供奉官似知先趁李顺节不备，从背后一刀将其人头砍下，李顺节的随从大喊着逃出，于是，天威、捧日、登封三都之军大肆劫掠永宁坊，一直到日暮才安定下来，百官以李顺节已死向昭宗道贺。当初，李茂贞的养子李继臻占据金州（今陕西省安康市），均州刺史冯行袭领兵攻克，昭宗下诏任命冯行袭为昭信防御使，治所就设在金州。杨守亮想从金州、商州偷袭长安，冯行袭领兵迎战，大破杨守亮之军。

同年，昭宗给泾原军赐名彰义军，增领渭州、武州二州。福建观察使陈岩生病，派人给泉州刺史王潮写信，想把观察使一职交给王潮，王潮还未到福州，陈岩就去世了。陈岩的内弟、都将范晖暗示将士们推举自己担任留后，领兵抵御王潮。

七二五　景福之年（一）

面对日益恶化的局势，昭宗似乎热衷于不停地改元，以期从心理上得到一丝安慰。公元892年一月二十一日，他再次下诏宣布大赦天下，并改元为景福元年。

新年伊始，凤翔（今陕西省凤翔县）节度使李茂贞、静难（今陕西省彬县）节度使王行瑜、镇国（今陕西省华县）节度使韩建、同州（今陕西省大荔县）节度使王行约、秦州（今甘肃省秦安县西北）节度使李茂庄上书昭宗称，山南西道节度使杨守亮收容叛臣杨复恭，请求昭宗下诏发兵讨伐，并请求加封李茂庄为山南西道招讨使。朝廷群臣认为一旦李茂贞打败了杨守亮，取得了山南西道，将更难以控制，昭宗遂下诏命他们和解，但各方均不从命。

在李茂贞等人打算南下讨伐杨守亮的同时，杨守亮与威戎（今四川省彭州市）节度使杨晟等人则约定着一起进攻刚刚得到西川的王建。二月二日，杨晟出兵劫掠新繁（今四川省成都市新都区西北）、汉州（今四川省广汉市）等地，派遣部将吕荛率领两千人马与绵州（今四川省绵阳市）刺史杨守厚一起进攻梓州，王建派遣行营都指挥使李简领兵进攻吕荛，将其斩杀。与此同时，李茂贞、王行瑜不等昭宗的诏书，即擅自兴兵南下朝兴元杀来。李茂贞不断上书请求朝廷任命自己为招讨使，并给宰相杜让能和神策军中尉西门君遂写信，百般嘲弄，对朝廷极尽凌辱之能事。昭宗得知后，勃然大怒，驾临延英殿召见宰相、谏官商议对策。当时，朝中有一些支持李茂贞和王行瑜的宦官，宰相们你看看我，我看看你，不敢多言，昭宗见状，更是不悦。给事中牛徽说道：“先朝多难，李茂贞确实有护驾之功；杨姓节度使们一起对抗朝廷，李茂贞又迅速出兵征讨，其心意也不过是疾恶如仇，只是不该不等朝廷命令罢了。我听说他们的军队进入山南以后，杀伤很多，陛下如果不授予其招讨使一职，用国法予以约束的话，臣担心山南的无辜百姓会被其杀伤殆尽了。”昭宗想了想，说道：“你这话说得对。”遂授予李茂贞为山南西道招讨使。

二月二十六日，西川节度使王建派遣同族侄儿、嘉州刺史王宗裕，雅州刺史王宗侃，威信都指挥使华洪，茂州刺史王宗瑶率领五万人马进攻彭州，杨晟率军迎战被击败，王宗裕等人将彭州团团围住。杨守亮派遣部将符昭领兵救援杨晟，直扑成都，在三学山（今四川省金堂县东北）安营扎寨。王建急忙召回华洪，华洪领命火速赶回，他赶回后，未等后军赶到，就率领数百人在距离符昭营寨数里的地方，频繁地命人打更。符昭误以为西川大军已经赶到，遂趁夜撤去。左神策勇胜三都都指挥使杨子实、杨子迁、杨子钊，都是杨守亮的养子，从渠州（今四川省渠县）领兵救援杨晟，他们预计杨守亮一定会失败，三月八日，三人率领两万部众投降了王建。杨晟给杨守贞、杨守忠、杨守厚写信，请三人发兵进攻东川，以解彭州之围，三人答应了。神策督将窦行实领兵驻守梓州，杨守厚暗中引诱其充当内应，而后领兵直扑涪城，不料窦行实的阴谋败露，顾彦晖将其斩杀，杨守厚只好退去。杨守贞和杨守忠的军队随后赶到，在绵州和剑阁之间盘桓，王建派遣部将吉谏偷袭杨守厚之军，将其击破。三月十九日，西川将领李简在钟阳（今四川省绵阳市东北）截杀杨守忠部，斩杀俘虏三千余人。四月，李简又领兵在铜锌（今四川省绵阳市东）击破杨守厚部，斩杀三千余人，招降一万五千人。杨守忠和杨守厚也都狼狈逃去。

天威军使贾德晟因李顺节被杀一事而心怀不满，西门君遂觉察后，上奏昭宗请求将其诛杀。贾德晟得知后，率领麾下一千余骑兵逃奔凤翔，李茂贞的力量也更加强盛起来。

五月，昭宗加封静难节度使王行瑜兼中书令。王建包围彭州，迟迟未能攻下，百姓们都纷纷躲进山谷。各个营寨每天都四处劫掠财物、妇女，已习以为常，号称“淘虏”，长官先挑选那些美貌的妇女和珍贵的财物，剩下的则由士兵们分享。有个名叫王先成的士兵，是新津人，原本是个书生，天下大乱之后参了军，他自忖只有北寨的都将王宗侃最为贤能，就前去劝说王宗侃道：“彭州原本就是西川的辖地，陈敬瑄和田令孜召来杨晟，遂割出四个州成立了威戎战区，擅自任命节度使，与他们一起对抗朝廷。如今已经平定了陈敬瑄和田令孜，而杨晟尚且盘踞此地，当地百姓都知道西川是他们的首府而司徒王建大人是他们的主公，所以，当大军刚到时，百姓们没有进入彭州城内，而是选择了躲避到山谷之中，为的就是等待朝廷的招安。如今，我军已经来到数月，还没有发布招安的命令，将士们反而争相劫掠，与强盗无异，抢夺他们的钱财，强占他们的牲畜，把老弱、妇女当作奴婢，令其父兄子弟流离失所，愁苦怨恨，那些躲在山中的百姓们暴露在酷暑、暴雨之中，被狼虫虎豹残害，孤苦危险，又饥又渴，无处申诉。他们原本认为杨晟不是他们的主公，并不服从，如今王司徒不予安抚，他们就会反而怀念杨晟了。”王宗侃听了，顿生恻隐之心，不知不觉间把自己的座位移到王先成跟前，询问详情，王先成又说：“更有甚者，如今各营每天清晨都会出动六七百人，进山淘虏，直到傍晚才回营，毫无戒备之心。幸好城内没有能人，万一出来一名能人替杨晟出谋划策，建议其乘虚杀出城来，先在城内组织一千精兵，看到淘虏之军远去之后，以弓弩手、石炮手各一百人，进攻一座营寨的一角，再以五百人背负干柴、泥土填平壕沟，然后杀出一千精兵，焚烧我军营寨；再在另外三面城下各自派兵示威，各营都会自顾不暇，根本无力相救，城中得以继续增兵强攻，我们怎能不败？”王宗侃大吃一惊，说道：“一旦出现这种情况，将如何是好？”

王先成请求写出文稿逐条列明向王建禀报，王宗侃遂命王先成起草，王先成起草后，由王宗侃交给了王建，内容大致是：“如今建议之事，要四面军营一起执行，王宗侃我仅仅负责北面，如果建议尚可，请求通令全军施行。其一，希望招安山中百姓。其二，希望严禁各寨士兵出营淘虏，各营七里之内方许砍柴、放牧，越过七里之外一律斩首。其三，请求设立招安营寨，营内可以收留数千人，安置招安来的百姓，我愿意挑选本部能干的将领担任招安将，命其率领三十人日夜巡逻、守卫招安营。其四，招安一事必须交由一人负责，如今一旦命令下发，各营一定会派遣将士进山招安，百姓见了无不惊恐，就像老鼠见到猫一样，谁还肯来？要想招安百姓，就要有办法，希望让我具体负责此事。其五，请求大人命令四寨指挥使，把前些时日俘获的彭州男女老幼全部在广场上集中起来，有父子、兄弟、夫妇相认的，就让他们团聚，登记人数全部送往招安营，胆敢私藏一人的，一律斩首；还请命令成都各军严查，凡是从彭州前线送回的，酌量发放粮食，也送至招安营。其六，在招安营中设置九陇行县（彭州县），任命前南郑县令王丕暂时担任县令，设置衙门，治理百姓，挑选壮丁发给他们文书令其进山召来他们的亲戚；山中之人得知司徒严禁劫掠，昔日被官军劫掠之人如今都很安全，一定会欢呼雀跃，纷纷下山，就像是孩子投到母亲的怀抱一样，不久就会全部回来的。其七，彭州土地适宜种麻，百姓没有逃入山中之前，在水中藏了很多麻，应命令县令告知百姓，让他们取出这些麻，卖掉换回粮食，一定会逐渐恢复旧业。”王建看到后，大喜，当即下令执行。次日，王建的命令颁布之后，无人敢违抗，三天过后，山中百姓相继下山，招安寨中人满为患，只好扩建，逐渐形成集市，又拿出麻贩卖。百姓们见自己的村落再无官军劫掠，慢慢辞别县令，回到了家中，恢复了农业生产。一个月之后，百姓们都从招安营回到了各自家中。

七月二十七日，李茂贞率部攻克凤州（今陕西省凤县），感义军节度使满存逃往兴元（今陕西省汉中市）。李茂贞随后又夺取了兴州（今陕西省略阳县）、洋州（今陕西省洋县）二州，以其子弟担任州长，兵锋进逼兴元。八月三十日，李茂贞攻克兴元，杨复恭、杨守亮、杨守信、杨守贞、杨守忠、满存等人逃奔阆州。李茂贞上表以其儿子李继密权知兴元府事。逃至阆州的杨复恭等人又受到王建的夹击，十二月十二日，王建派遣部将华洪进攻阆州，击破杨守亮的军队。王建派节度押牙郑项出使汴州，朱全忠询问剑阁形势，郑项极力形容其险要。朱全忠不信，郑项说道：“如果我不如实禀报，恐怕会令大人作出错误的判断。”朱全忠听了，不禁大笑。

七二六　景福之年（二）

李茂贞夺占兴元之后，在汉中、两川这一区域就形成了五股势力：兼有凤翔、兴元的李茂贞，西川的王建，东川的顾彦晖，彭州的杨晟以及逃往阆州的杨复恭、杨守亮等人。

王建正全力围攻彭州的杨晟，李茂贞则试图消灭阆州的杨复恭等人，在李茂贞看来，王建是自己的一个强有力的对手，要想成为川中霸主，就难免与王建一战，而实力相对弱小的东川留后顾彦晖就是自己需要争取的对象了。自从王建企图以诈术夺取东川之后，顾彦晖就与他化友为敌、心存芥蒂了，为了拉拢顾彦晖，到景福二年（公元893年）年初，李茂贞就上书请求朝廷正式任命其为东川节度使，昭宗遂下诏答应了，同时，李茂贞又奏请派遣知兴元府事李继密领兵救援梓州（东川治所）。此时的东川并未受到王建的进攻，李茂贞此举就是想把手伸向两川，不久，王建派兵在利州（今四川省广元市）击败了东川和凤翔的联军。迫于形势，顾彦晖向王建求和，并自请与李茂贞断绝来往，王建答应下来了。与此同时，李茂贞请求镇守兴元，昭宗下诏任命其为山南西道节度使兼武定（洋州）节度使，而以中书侍郎、同平章事徐彦若为同平章事，充凤翔节度使，又割果州（四川省南充市）、阆州隶属于武定军。李茂贞并不想因此失去凤翔，遂拒不奉诏。为了制约李茂贞，昭宗遂于景福二年二月五日，加封王建为同平章事。王建屡屡上书请求诛杀陈敬瑄和田令孜，但昭宗不同意。四月七日，王建命人告发称陈敬瑄密谋作乱，遂派人将其在新津诛杀；又命人告发田令孜暗中与李茂贞勾结，将其打入大牢处死。王建西川节度使判官冯涓替王建给朝廷起草的奏表，替王建辩护称："打开栅栏，放出猛虎，孔夫子不责备别人；斩杀道路上的两条蛇，孙叔敖不是为了别人。我如果不在地方上擅自诛杀，恐怕会错失了先机。"

随着力量的强大，李茂贞自恃功劳，变得日益骄横，上书朝廷以及给杜让能写信，都是言辞傲慢无礼。昭宗长期以来积聚了一腔怒火，对李茂贞已忍无可忍，终于想要再次爆发了，而恰在这时，李茂贞再次上表，对昭宗极尽羞辱，内容大致是："陛下虽然贵为天子，却不能保护自己的舅舅；富有四海，却不能处死杨复恭这个小人……如今，朝廷方面只是坐观强弱，再也不辨是非了……对于力量薄弱的藩镇，就趁机执行刑罚；遇到力量强大的藩镇，就因而加官晋爵。评估事态，锱铢必较；因人而异，赏罚不同……军心容易变化，军队难以驾驭，臣唯一担心的是：一旦再次发生变故，陛下又将到何处避难！"

接到李茂贞的奏表后，昭宗怒不可遏，决定发兵讨伐李茂贞，下令由宰相杜让能专门负责此事。杜让能劝谏道："陛下登基不久，天下尚未平定，而李茂贞就在京师门口，臣认为不可与之结怨，万一失利，后悔就来不及了。"昭宗回答："王室日益卑微，号令不出国门，这正是有志之士气愤痛恨之事啊！《书经》上说：'吃药吃不到目眩神迷，病就治不好。'朕不能甘心做一个懦弱之主，昏聩度日，坐看王朝一天天衰败下去。你只需替朕调运军粮，军务朕自会交给诸王负责，成败都与你无关！"杜让能又说："陛下如果决心干这件事，就该让朝廷内外大臣同心协力，完成陛下的大志，不该独任臣一人。"昭宗说道："你身为首相，与朕休戚与共，不该遇事推诿！"杜让能哭着说道："臣怎敢推诿！何况陛下要做的，正是宪宗要办的大事，只是时机不可，形势又不允许啊！只恐将来臣白白招来像晁错那样的杀头之祸，而又不能替朝廷消除七国之乱那样的灾难。既然陛下如此说来，臣敢不奉诏，以死报效！"昭宗遂将杜让能留在中书省筹划，一个多月没有回家。另外一位宰相崔昭纬暗中与静难军和凤翔军勾结，充当两镇的耳目，杜让能在朝中所说的每一句话，两镇很快就知道了。李茂贞命令手下在长安纠集了数百上千人，围住观军容使西门君遂的马头控诉道："李茂贞无罪，朝廷不该讨伐，令生灵涂炭。"西门君遂说道："这是宰相的事，不是我职权范围。"这些人又拦住崔昭纬和郑延昌的轿子控诉，二人说道："这事是皇上交给杜太尉一手处理，我等并不知情。"人们向二人的轿子投掷砖头瓦块，二人吓得下轿逃窜，藏匿百姓家里，大印和朝服都在慌乱中丢失，仅仅逃出一命。昭宗得知后，下令逮捕了领头之人，斩首示众，用兵的意志因之更加坚决了。长安民心一片惶恐，人们纷纷逃出长安，藏匿山谷中躲避，朝廷发布严厉的法令也无法禁止。八月，昭宗任命覃王李嗣周为京西招讨使，以神策大将军李鐬为副使。

九月十日，昭宗发起的讨伐李茂贞之战正式打响。覃王李嗣周率领三万禁卫军护送新任凤翔节度使徐彦若上任，进驻兴平（今陕西省兴平市）。李茂贞和王行瑜合兵一处，组织起一支六万人的大军，驻扎盩厔（今陕西省周至县）抵御。禁卫军都是新近招募的长安市井子弟，而李茂贞和王行瑜的军队都是身经百战的边防军，实力悬殊。十七日，李茂贞和王行瑜率领大军逼近兴平，李嗣周的禁卫军望风溃散，不战而逃，李茂贞、王行瑜乘胜进攻三桥（在今陕西省西安市西北），长安城内一片惊恐，百姓再次围住宫门，请求诛杀最先提议用兵之人。崔昭纬意欲除掉太尉、门下侍郎、同平章事杜让能，暗中给李茂贞送信道："此次用兵并非出自陛下之意，全是杜让能的主意。"十九日，李茂贞进驻临皋驿（今陕西省西安市西），上表请求诛杀杜让能。杜让能对昭宗说道："臣早就给陛下说过这种结果，请求陛下杀掉臣以消除危险。"昭宗泪如雨下，无法自制，说道："与爱卿永别了！"当天，昭宗下诏将杜让能贬为梧州刺史，诏书指责杜让能道："丢掉宰相的谋略，挑起朝廷与藩镇之间的误会，在向其咨询之际，其决心反而更加坚决。"又将西门君遂流放到儋州，内枢密使李周潼流放到崖州，段诩流放到驩州。次日，昭宗驾临安福门，下令诛杀了西门君遂、李周潼和段诩三人，再将杜让能贬为雷州司户，又派人对李茂贞说道："迷惑朕用兵的，是这三人，与杜让能无关。"任命李茂贞认可的内侍骆全瓘、刘景宣为左、右神策军中尉。二十七日，昭宗提拔东都留守韦昭度为司徒、门下侍郎、同平章事，御史中丞崔胤为户部侍郎、同平章事。崔胤，字昌遐，是前宰相崔慎由之子。曾任河中节度使王重荣的从事。此人表面上宽和而内心奸险，与崔昭纬二人相互勾结，因此才得以拜相。崔胤的叔父崔安潜对亲戚们说道："我们兄弟们辛辛苦苦建立起来的家业、声望，最终会被缁郎（崔胤的小名）败坏的！"《北梦琐言》《玉堂闲话》《南部新书》虽各说有异，但都记载崔胤出生与佛教传说有关。大体上说，崔慎由四十余岁还膝下无子，有位高人就对他说让他夫人去终南山翠微寺（一说长安寺庙）内向一位得道高僧求子，如果高僧接受了布施，等老僧去世后，就会托生为其子。果然，高僧接受了布施，数年后，高僧去世，崔慎由之妻生下了崔胤。崔胤生下后，身上有纹理，显示高僧之名，崔慎由就将其取了小名衲僧，又称缁郎。后来，高人又给崔胤相面，对其父说道："虽然尊贵过于大人，但恐怕不得善终。"《海录碎事》称，等崔胤尊贵后，人们为了避其父崔慎由的名讳，改称油为麻膏，因此，也戏称崔胤为麻膏相公。

李茂贞并不听昭宗的解释，一直要求杀掉杜让能才领兵回镇，崔昭纬又从中给昭宗施加压力，昭宗不得已，于十月下诏将杜让能及其弟弟、户部侍郎杜弘徽赐死；又下诏向天下宣布，称："杜让能任用奸臣，打击忠良，仅凭一时爱憎，卖官鬻爵，聚敛大量钱财。"从此以后，朝廷的一举一动都要听命于李茂贞和王行瑜，南衙北司的要员们往往依附于二镇，以在朝中换取高官厚禄。崔鋋和王超二人是两镇的判官，凡是昭宗的一些命令，一些没有得到满足的人往往向二人投诉，二人再让李茂贞和王行瑜向朝廷上表反对，朝廷一旦稍不同意，二镇就会言语不逊。昭宗下诏收回成命，以徐彦若为御史大夫，又以李茂贞为凤翔节度使兼山南西道节度使、守中书令，于是，李茂贞全取了凤翔、兴元、武定（洋州）、天雄（秦州）等十五州之地。

邠宁节度使、守侍中兼中书令王行瑜向朝廷提出要求当尚书令，韦昭度偷偷向昭宗上奏称："太宗皇帝以尚书令而登基称帝，从此以后，朝廷不再将此官授予臣子，只有郭子仪因大功而被拜为尚书令，但他终身避嫌辞让，王行瑜岂可轻易当上此官！"昭宗遂拜王行瑜为太师，赐号尚父，并赏赐铁券。

这是川陕局势，在这两年里，关东、江淮诸侯也在持续混战。

七二七　景福之年（三）

先说关东诸侯。

继上一年（大顺二年，公元891年）李克用打下云州、赶走赫连铎、将兵锋转向成德王镕之后，到景福元年年初，幽州节度使李匡威发兵救援王镕，李克用退守邢州，王镕、李匡威连兵十余万发起反攻，进攻尧山（今河北省隆尧县），李克用派遣部将李嗣勋迎战，大破成德、幽州联军，斩杀俘虏三万人。李克用与义武节度使王处存合兵一处，进攻王镕，到三月九日，攻克天长镇（今河北省井陉县西），十四日，双方在新市（今河北省新乐市南），王镕大破李克用、王处存联军，杀死俘虏三万余人，十七日，李克用退守栾城（今河北省栾城县）。昭宗下诏和解河东、镇州、定州、幽州四镇。不久，李匡威避实击虚，从幽州发兵西进，进攻云州、代州，李克用这才于四月二十九日从河北前线撤回。

回到太原后，李克用领兵北巡，行至天宁军（今山西省代县以北），听说李匡威和赫连铎率领八万人马进逼云州，遂派遣部将李君庆从晋阳增援。李克用暗中进入新城（今山西省山阴县东北），在稍北的神堆设下埋伏，生擒三百吐谷浑的巡逻骑兵，李匡威等人听说李克用赶到的消息后，不禁大吃一惊。八月二十五日，李君庆的大军赶到，李克用率部进入云州。次日，他率军出城，向李匡威等人发起总攻，大破敌人。二十八日，李匡威等人烧毁营垒而逃，李克用乘胜追击，追至天成军（今山西省天镇县），杀伤俘虏敌人数不胜数。李存孝和李存信都是李克用的养子，二人素来不和，李存信很得李克用的宠爱，而李存孝在邢州时，想建立大功胜过李存信，就建议李克用用兵镇州、冀州，而李存信却从中破坏，结果李克用在与王镕、李匡威的作战中未能得手，等到王镕包围尧山时，李存孝领兵救援，未能取胜，李克用就任命李存信为蕃汉马步都指挥使，与李存孝一起进攻王镕，但二人相互猜疑，逗留不进，李克用不得已只好另派李嗣勋等将击破了王镕。李存信回来后，暗中派人在李克用面前诬陷李存孝无意杀敌，怀疑他与王镕私下勾结。李存孝听说后，认为自己为李克用立下很多战功，却没有得到李克用的宠信，内心十分不满，遂暗中与王镕和朱全忠联络，上书请求以邢州、洺州、磁州三州归于朝廷，请朝廷赐给符节，并会同各道军队一起讨伐李克用。昭宗下诏任命李存孝为邢州、洺州、磁州三州节度使，但不同意其发兵。

李存孝的背叛，让李克用火冒三丈，到景福二年年初，李克用即率领大军东进，包围了邢州。王镕派遣牙将王藏海携带书信，建议李克用与李存孝和解，李克用大怒，下令斩杀了王藏海，并发兵进攻王镕，在平山（今河北省平山县）击败了王镕的军队。二月十二日，李克用进攻天长镇，打了十余日未能攻克。王镕派遣三万军队前来救援，李克用领兵在叱日岭（今河北省井陉县西）大破王镕军，斩杀一万余级。李克用之军军粮不足，将尸体晒成肉干充饥。叱日岭大捷后，李克用乘胜攻克了井陉，李存孝领兵救援王镕，遂进入镇州城内，与王镕一起商议军事。王镕又向朱全忠求救，当时，朱全忠正与时溥激战，无力西顾，只是给李克用写信，称："邺城近郊有雄兵十万，在我的压制下，没有出战。"李克用复信称："你邺城之下如果真有十万军队，就请他们出动；倘若要决一雌雄，甘愿与你在常山脚下角斗。"二月二十五日，李匡威率军南下救援王镕，在元氏（今河北省元氏县）击败李克用之军，李克用领兵返回邢州。王镕在藁城（今河北省藁城市）慰问李匡威，用大车给其送去二十万金帛。

李匡威在发兵救援王镕之前，与家人道别，其弟李匡筹的妻子貌美如花，李匡威趁醉将其奸淫。等李匡威从镇州返回时，行至博野（今河北省蠡县），李匡筹占领军府，自称留后，发出军符命令行营之兵返回。李匡威之众顿时崩溃，他只与身边心腹逗留深州（今河北省深州市），无处可去，遂派遣判官李抱真赶往长安，请求入朝。当时，长安屡经大乱，百姓闻讯，顿时惊慌失措，声称："金头王要来夺取天下！"长安百姓有的逃出城去，藏匿山谷之中。王镕觉得李匡威因为救自己而失去了根据地，就把他迎入镇州，替他构筑宅邸，像对待父亲一样对待他。就这样，李匡威在镇州住了下来，一开始尽心尽力替王镕做事，替王镕修筑城防工事，打造铠甲兵器，训练士兵，把王镕当成自己的儿子看待，时间一长，李匡威的心态就发生了变化，认为王镕年少，又觉得镇州的环境要比幽州好多了，就生出夺取镇州之心。李抱真从长安回来后，替李匡威出谋划策，暗中拉拢镇州将士，但是，王镕一家在镇州割据已历七十三年之久，很得镇州军心，人们并不听从李匡威的，于是，李匡威就决定用武力夺取镇州。李匡威父母忌日，王镕前往李匡威家中吊唁，李匡威身穿孝服，提前设下伏兵，劫持王镕。王镕慌忙投入李匡威的怀抱，说道："王镕为李克用所困，镇州险些灭亡，幸赖大人出手相助，王镕才有今日，大人想要得到镇州四州，这原本就是我的心愿，不如一起与大人回到军府，把职务让给大人，这样一来将士们就没法抗命了。"李匡威不知是计，觉得王镕说得有理，就与王镕并肩骑马，在变兵的严密戒备下进入军府。当时，正巧刮起了大风，顿时雷鸣电闪，大雨倾盆，房瓦震动。李匡威从东偏门进入军府，王镕的亲兵即刻将大门关闭，一个名叫墨君和的屠夫从墙壁的缺口处突然跃出，奋拳猛击李匡威的卫兵，把王镕从马背上拉下，背着王镕跃上房顶。镇州将士们见王镕已经脱险，遂向李匡威发起进攻，将李匡威及其同党一并杀死。当年王镕年仅十七岁，身体瘦弱，墨君和在夹持时用力过猛，王镕脖子扭伤，一连数日头歪着。李匡筹上奏朝廷称王镕杀了自己的哥哥，请求兴兵报仇，昭宗下诏不许。幽州将领刘仁恭领兵驻守蔚州，轮休日期已过，也未轮休，将士思念家乡，军心不稳。正遇上李匡筹夺位，将士们就推举刘仁恭为主，反攻幽州，行至居庸关，反被幽州府兵击败。刘仁恭逃往河东，投靠李克用，李克用对其十分厚待。

如今昭宗的诏书如同一纸空文，李匡筹像其他军阀一样，根本不听昭宗的话，仍然出兵南下，进攻王镕的乐寿（今河北省献县）、武强（今河北省武强县），替哥哥"报仇"。此时，李克用正在进攻邢州的李存孝，王镕发兵救援邢州，李克用在平山击败了王镕的援军，又于七月六日离开邢州，再次进攻镇州。如今的王镕得罪了李克用和李匡筹两人，镇州真正面临生死存亡的危机，王镕权衡利弊，最终决定出卖李存孝，与李克用和解，派人请求送给李克用五十万钱、二十万石军粮，并派兵帮助李克用进攻邢州，李克用答应了，于是，李克用在栾城整顿军队，会合王镕的三万军队一起进驻任县（今河北省任县），李存信进驻琉璃陂（今河北省邢台市西南）。

就在昭宗下令讨伐李茂贞之际，李克用对李存孝的打击也到了最后阶段。李存孝趁夜领兵偷袭李存信大营，俘获奉诚军使孙考老。李克用亲自领兵进攻邢州，挖掘壕沟，构筑堡垒，将邢州团团围困。李存孝时不时出兵骚扰，河东军的壕沟、堡垒迟迟未能修成。河东军牙将袁奉韬秘密派人对李存孝说："大王一旦等到壕沟堡垒修好就会返回晋阳，尚书您忌惮的只有大王一人，诸将都不是您的对手。大王如果返回晋阳，区区壕沟又能把您这么样呢？”李存孝信以为真，遂按兵不动。不出十余日，城外的壕沟堡垒修成，飞禽走兽都无法越过，李存孝才知上当，但已无能为力。朱全忠的部将邓筠追随李克用进攻邢州，趁乱从军中逃回汴州，朱全忠大喜，命其统领亲兵。

邢州围城战一直打到次年（公元894年，昭宗乾宁元年）的三月，邢州城内粮食吃尽，三月二十一日，李存孝登上邢州城楼，对李克用说道：“孩儿蒙大王恩典取得富贵，如果不是受人诬陷，岂肯舍弃父子之情而追随仇人？希望能与大王见上一面，死而无恨！”李克用命刘夫人与李存孝相见。刘夫人领着李存孝出城来见李克用，李存孝叩头谢罪，说道：“孩儿多少立下一些功劳，李存信逼迫孩儿，才走到这步田地。”李克用怒斥道：“你给朱全忠、王镕信中，对老子百般辱骂，这难道也是李存信教你的！”遂下令将其囚禁起来，返回晋阳，在府门之前五马分尸。李存孝素来骁勇异常，李克用军中诸将无人能及，临阵杀敌，经常身披重重铠甲，腰带弓箭，胯带长枪，手持流星锤，率领骑兵担任先锋，所向无敌；每次都带两匹战马，一匹稍稍疲惫，就在战阵中换骑另外一匹，出入百万军中，如入无人之境。李克用爱惜他的才干，原本以为临刑之际，一定有人会替他求情，然后顺水推舟，饶其一命，然而，众将都嫉妒李存孝的威猛，竟然没有一人替他说情。李存孝被杀后，李克用十分痛心，十余日不理政务，内心对众将非常怨恨，唯独没有责备李存信一言。另有一名叫薛阿檀的猛将，与李存孝不相上下，也受到众将的排挤，曾暗中与李存孝来往，等李存孝被杀后，薛阿檀担心败露，也吓得自杀了。从此以后，李克用的实力逐渐衰弱，天下藩镇只有朱全忠一家独大了。李存孝被杀后，李克用以马师素为邢洺节度使。

七二八　景福之年（四）

在李克用与王镕、李匡威、李存孝、赫连铎混战之际，朱全忠则把主攻方向放在了东线战场，主要用于对付朱瑄、朱瑾兄弟和时溥上。

景福元年二月，当李克用在尧山大破王镕、李匡威之后，李茂贞、王行瑜发起讨伐杨守亮之战时，三日，朱全忠也出兵发起了讨伐朱瑄的战斗，派遣其子朱友裕领兵担任先锋，进驻斗门（今河南省濮阳市东南）。九日，朱全忠率领大军进驻卫南（今河南省滑县东）。当天，一只鸟落在碉楼之上，叫声凄厉。副使李璠说道："恐怕会有不如意之事。"果然，当天晚上，朱瑄率领一万步骑偷袭斗门，朱友裕丢弃营寨逃走，朱瑄占据朱友裕营寨。朱全忠对此还不知情。十日，朱全忠领兵朝斗门而来，先期抵达的士兵全为朱瑄人马所杀。朱全忠退往瓠河（流经山东省鄄城县东南），遂在村落之间休息。当时，朱瑄还在濮州，领兵将要返回郓州，十二日，他领兵向朱全忠发起反击，大破朱全忠。朱全忠策马狂奔，前有深沟，后有追兵，他跃马跳过深沟，幸赖张归厚在后面拼死抵抗，朱全忠才得以逃脱，节度副使李璠等人全部被杀。战后，朱全忠上书请求贬谪河阳节度使赵克裕，朝廷遂以佑国军节度使张全义兼任河阳节度使。

朱全忠连年进攻时溥，徐州、泗州、濠州百姓不能耕种收获，兖州朱瑾、郓州朱瑄、河东李克用发兵救援，均未能取得决定性胜利，到该年又遭遇水灾，徐州百姓死了十之六七。时溥走投无路，向朱全忠求和，朱全忠说道："只有你离开徐州方可。"时溥答应了，朱全忠遂上书朝廷，请求把时溥移镇他处，由朝廷派遣大臣镇守徐州，昭宗下诏任命门下侍郎、同平章事刘崇望为同平章事、充感化军节度使，以时溥为太子太傅。时溥担心被朱全忠以诡计诛杀，遂拒不奉诏，刘崇望行至华阴，得知此情后又返回了长安。困顿的时溥率军南下寻找出路，行至楚州（今江苏省淮安市），杨行密的部将张训、李德诚在寿河（在淮安市东南）将其击败，遂占领了楚州，活捉楚州刺史刘瓒。

时溥逼迫监军上奏称感化军将士们挽留自己，十月，朝廷又收回成命，重新任命其为侍中、感化军节度使。朱全忠上奏请求朝廷收回命令，昭宗下诏命双方和解。十一月，时溥任命的濠州刺史张璲、泗州刺史张谏献出城池，向朱全忠投降。同月，朱全忠派遣其子朱友裕率领十万大军进攻濮州（今山东省鄄城县），一举攻下了城池，逮捕濮州刺史邵伦，而后，命令朱友裕转兵东南，进攻时溥。

见朱全忠大军赶来，时溥一方面向朱瑄、朱瑾求救，一方面决定先拔掉宿州这颗钉子。景福二年一月，时溥派兵进攻宿州，朱全忠部将、宿州刺史郭言战死。继而，朱瑾率领两万人马救援徐州，朱全忠早已派遣部将霍存率领三千骑兵进驻曹州防备。听说朱瑾南下，霍存立即领兵杀来，与朱友裕的大军一起在石佛山（今江苏省徐州市西）下大破徐州、兖州军队，朱瑾逃回兖州。二月二十二日，徐州军队又从城内杀出，霍存战死。当李克用进攻镇州王镕时，朱友裕的大军正包围着彭城的时溥，因此，王镕向朱全忠求救，朱全忠根本无力北上，只能给李克用写信恐吓，李克用情知朱全忠已无兵可派，也没拿朱全忠的恐吓当回事。

朱友裕围攻徐州已数月之久，时溥时不时派兵杀出城外，朱友裕不敢迎战，紧闭营门不战。朱瑾战败逃回时，朱友裕也没有发兵追击，都虞候朱友恭给朱全忠写信，诬陷朱友裕通敌。朱全忠接到书信后大怒，派使者给都指挥使庞师古，命其代替朱友裕担任统帅，并将朱友裕逮捕起来。可是，送信的人误将命令送给了朱友裕，朱友裕见信后大惊失色，率领二十名骑兵逃入山中，偷偷回到了砀山老家，藏匿大伯父朱全昱家中。朱全忠的夫人张氏听说后，派人让朱友裕单人匹马来到汴州，面见朱全忠。朱友裕拜伏于大庭之上，朱全忠命令亲随按住他的脖子，将要拉出去斩首。张夫人跑下台阶，抱住朱友裕，哭道："你离开军队，单身回来，就说明你没有二心。"朱全忠顿时醒悟，不再追问，任命其为权知许州。朱友恭，原名李彦威，寿春人，自幼为朱全忠家童，被朱全忠收为养子，取名朱克让，后改名朱友恭。张夫人，砀山富家女，其父曾为宋州刺史。朱全忠久闻张氏美貌，曾非常倾慕，等到驻军同州时，在军队劫掠的妇女中得到了张氏，纳为夫人。张夫人贤明有礼，又有谋略，朱全忠对她很是敬重、佩服，即便军府大事，也总是与其商量；有时朱全忠已领兵出城，途中，张夫人认为不可，派遣使者请求回师，朱全忠会立即班师。

庞师古接管统帅一职后，领兵攻克了敌军的石佛山营寨，从此以后，徐州军队再也不敢出城寻战了，然而，在进攻徐州时屡屡受挫，没有进展。通事官张涛给朱全忠写信称：“只因出兵的日子不吉利，所以才无法取得成功。”朱全忠表示同意。敬翔进言道：“如今我们已经进攻了数月之久，耗费很大，徐州人已经是强弩之末，早晚就能拿下徐州，假如前线将士们听说了这话，就无心再战了。”朱全忠赶忙烧毁了张涛的书信。四月十五日，朱全忠亲自率领大军赶赴徐州督战。二十日，庞师古领兵终于攻克了徐州，时溥带着全家人登上燕子楼自焚而死。时溥驱逐支详，割据徐州十三年，至此灭亡。二十一日，朱全忠进入徐州，任命宋州刺史张廷范为知感化留后，上奏朝廷请求任命文臣担任感化军节度使。

消灭时溥之后，朱全忠下令庞师古率军北上，进攻兖州，朱瑾领兵迎战，但屡屡被庞师古击败。就在这时，陷于李克用军中的邓筠逃回汴州，朱全忠大喜过望。十二月，朱全忠请求朝廷把盐铁署迁至汴州，以便满足军需。宰相崔昭纬认为朱全忠刚刚击破徐州、兖州，兵力倍增，如果再让其兼管盐铁，朝廷将难以控制，昭宗遂下诏用委婉的言辞予以拒绝。同月，朱全忠部将葛从周领兵进攻齐州（今山东省济南市）刺史朱威，朱瑄、朱瑾兄弟领兵救援。

如果说景福这两年间李克用最大的收获是夺取了云州，瓦解了成德幽州之间的军事同盟，收复了邢州、洺州、磁州三州，那么朱全忠最大的收获就是消灭了时溥、拿下了徐州这一连接南北的军事要地。从这里，朱全忠可以北上威胁到兖州、郓州乃至平卢，南下则可以轻松夺占江淮，实力得到进一步增强，相对于朱全忠的稳定发展，李克用虽然取得了一定胜利，却失去了猛将李存孝，河东军内讧加剧，可谓得失参半。

说完了李克用和朱全忠，我们再来看这两年来江淮局势的发展。

大顺二年孙儒放弃扬州根据地，率领全军南渡长江，试图与杨行密决一死战，孙儒这一意气之举实际上给了杨行密、钱镠一个机会。面对气势汹汹的孙儒大军，杨行密与众将商议对策，他说：“孙儒之兵超过我们十倍，我军屡屡失利，我打算退守铜官（今安徽省铜陵市西北），大家看怎么样？”刘威、李神福说道：“孙儒倾巢而来，速战速决对其最为有利，我们应当占据险要，坚壁清野，拖垮他们，并时不时出动轻装骑兵劫掠他们的粮道，夺取他们的财物和俘虏。他们前进不能与我交战，退却又没有粮食，到时候只能坐以待毙。”戴友规说道：“孙儒与我军相持了数年之久，双方胜负大致相当。如今他率领全军想与我决一死战，我们如果望风溃逃，就正中了他的奸计。淮南百姓追随大人南渡长江以及从孙儒投降我们的都很多，大人应该先派部将把这些人护送回淮南，让他们恢复农业生产，孙儒军人听说淮南安定之后，一定会个个心生思乡之情，军心动摇，岂能不失败呢？”杨行密大喜，遂听从了众人的意见。

孙儒调集大军向杨行密的老巢宣州发起了总攻，杨行密一方面固守宣州，另一方面则避实击虚，派遣部将跳出包围圈，反攻孙儒的后方。当初，孙儒大将刘建锋驻守常州，孙儒围攻宣州后，就调刘建锋赶赴前线，而改任甘露镇使陈可言率领本部一千人马进驻常州。杨行密派遣部将张训领兵突然杀到城下，陈可言仓促出城迎战，被张训亲手斩杀，遂夺回了常州。杨行密的部将又趁机夺回了润州。与此同时，杨行密还派遣部将北渡长江，回到了淮南故地，也就是这时，时溥看到淮南无主，也想率军夺取，却被捷足先登的杨行密部将张训、李德诚击败。

七二九　景福之年（五）

在正面战场上，杨行密也屡屡击败失去根据地的孙儒大军，并击破孙儒广德（今安徽省广德县）大营，张训则又进驻安吉（今浙江省安吉县），切断了孙儒的粮道。

孙儒军中粮食吃尽，军中暴发大规模的传染病，只好派遣部将刘建锋、马殷分别劫掠各县，筹措粮饷。景福元年六月，杨行密得知孙儒军中发生传染病的消息，遂于六日向孙儒军发起总攻。当天，天降大雨，天地一片昏暗，孙儒军大败，杨行密部将安仁义击破孙儒五十多座营寨，田頵临阵斩杀孙儒，将其人头传送京师，孙儒之众很多都投降了杨行密。刘建锋和马殷搜集七千败兵，向南逃往洪州，途中推举刘建锋为统帅，以马殷为先锋指挥使，以行军司马张佶为参谋长，等到他们行至江西，已经拥有十余万人马。

二十五日，杨行密率众前往扬州，七月十四日，进入扬州，上表奏请以田頵为宣州刺史，以安仁义为润州刺史。过去，扬州是全国最富裕的地区，唐朝有“扬一、益二”之说，等到经历了秦彦、毕师铎、孙儒、杨行密数年的混战后，江淮之间方圆一千里内已经面目全非，房屋、庄稼早已荡然无存了。景福元年八月，昭宗任命杨行密为淮南节度使、同平章事，以田頵为知宣州留后，安仁义为润州刺史。孙儒的降兵中大多出身蔡州，乃百战之余，杨行密从中挑选五千名尤其勇猛的士兵，组成一支敢死队，给其丰厚的待遇，士兵们均用黑色战袍裹在铠甲之外，号称“黑云都”，每次作战均由“黑云都”最先出战，四邻藩镇对他们都很畏惧。

杨行密因用度不足，打算用茶叶和食盐从民间换取布匹。掌书记高勖劝谏道：“战火之后，十家不存一家，如今又对百姓进行压榨，势必再度叛离。不如与邻道交易，拿我们有的东西去换取我们没有的物品，就足以满足军队的需要。选拔贤能之士担任各地县令，鼓励百姓从事农业生产，数年之后，物资自然会丰裕起来的。”杨行密采纳了高勖的建议。田頵听说后，说道：“贤者之言，能带来长远的利益啊！”杨行密武略不行，骑马射箭都不擅长，但其为人颇为宽厚，处事简易，足智多谋，善待将士，与士兵们同甘共苦，对手下推心置腹，很少无端猜忌他人。一次，他清晨外出，随从趁着天黑把马鞍连接马尾的皮带弄断，盗取上面的金子，杨行密知道后，并未追究，此后照样早出，众人都佩服他的度量。淮南战事持续了六年之久，百姓流离失所，各地已无人烟，杨行密刚回到扬州时，每次赏赐给将士们的布帛不过数尺，钱财不过数百，但他勤俭节约，还能勉强维持日常用度，除非因公宴会从未在吃饭时奏乐。他招徕流民，轻徭薄赋，经过数年努力，百姓逐渐富裕起来，江淮地区的经济也得到了一定程度的恢复。

孙儒被杀后，其残部王坛攻陷婺州（今浙江省金华市），婺州刺史蒋瓌逃往越州。蒋瓌九年前依靠钱镠占领婺州，至此被赶走。庐州刺史蔡俦原为杨行密部将，光启三年（公元887年）杨行密刚刚打下广陵，秦宗权就派遣孙儒等人赶来争夺，杨行密最终决定放弃广陵，让蔡俦率部返回老巢庐州，两年后，到龙纪元年（公元889年）六月，杨行密留下蔡俦驻守庐州，率领大军南渡长江争夺宣州，孙儒趁机进攻庐州，江北孤立无援的蔡俦只好投降。如今，孙儒已死，但杨行密与蔡俦已势不两立，结下了深仇。景福元年年底，蔡俦挖了杨行密祖父的坟墓，与舒州刺史倪章联合，派人给朱全忠送上印绶，向其求救。朱全忠觉得蔡俦是个反复小人，接受了他们的印绶，但拒不发兵，并告知了杨行密。杨行密很是感激，遂派遣行营都指挥使李神福领兵进攻蔡俦。

从景福元年年底到景福二年上半年，当朱全忠全力进攻徐州之际，李神福也将庐州围得水泄不通，但迟迟未能攻下。四月二十六日，杨行密亲自率军赶到庐州，又命田頵从宣州领兵前来会师。过去，蔡州人张颢曾在秦宗权帐下为将，以骁勇闻名，后来又追随孙儒，等孙儒被杀后，就归降了杨行密，杨行密对其十分优待，命其领兵协防庐州，等蔡俦背叛杨行密后，张颢又变节，替蔡俦效力。眼看庐州危急，张颢翻越城墙归降，杨行密命其隶属银枪都使袁稹。袁稹认为张颢反复无常，就建议杨行密杀了他，杨行密唯恐袁稹擅自处死张颢，就把张颢安排在自己的侍卫亲军中。七月三十一日，杨行密攻克庐州，斩杀了蔡俦。有人建议他也发掘蔡俦的祖坟，杨行密却说：“蔡俦就是因此而受到惩罚的，我为何要效仿他呢？”

消灭蔡俦之后，杨行密派遣部将田颓率领两万宣州军队进攻歙州（今安徽省歙县）。朝廷派来的歙州刺史裴枢（肃宗时期宰相裴遵庆的曾孙）固守城池，田颓迟迟未能攻克。当时，杨行密手下的众将很多人在担任刺史以后，就为非作歹，无法无天，唯独池州团练使陶雅宽厚，很得民心，歙州军民就说：“如果能让陶雅当我们的刺史，我们就投降。”杨行密遂任命陶雅担任歙州刺史，歙州人就投降了。陶雅对裴枢很是礼遇，将他送归朝廷。十月，舒州刺史倪章弃城而逃，杨行密遂任命李神福担任舒州刺史。

经过这两年的战斗，杨行密消灭了孙儒，收复了扬州、庐州、润州、常州等地，在江淮一带重新站稳了脚跟。在这两年里，同在江南的钱镠坐山观虎斗，似乎远离于孙、杨相斗之外，景福元年，昭宗在杭州设置武胜军，以钱镠为武胜军防御使。景福二年闰五月，昭宗加封其为苏杭观察使。同时，昭宗因李茂贞跋扈，考虑到武将难以控制，想解除他们的兵权，改由诸王亲领禁军，就任命护跸都头曹诚为黔中节度使、耀德都头李鋋为镇海节度使、宣威都头孙惟晟为荆南节度使。六月，又任命捧日都头陈珮为岭南东道节度使，四人均为同平章事，命四人前去上任，但四人最终没有成行。七月，钱镠调发二十万民工以及十三都将士修筑杭州外城，方圆七十里。割据七年的升州（今江苏省南京市）刺史张雄去世，其部将冯弘铎接替其担任刺史。因四将未能成行，昭宗只好又于同年九月任命钱镠担任镇海节度使。

这两年遥远的福建地区也在内讧。福建观察使陈岩去世后，其内弟范晖继任留后。范晖骄横奢侈，不得人心。景福元年年初，泉州的王潮见有机可乘，就任命堂弟王彦复为都统，弟弟王审知为都监，率军进攻福州。泉州百姓自愿拿出粮食供应军队，平湖以及滨海的山蛮也都纷纷提供战舰帮助王潮军队。王彦复和王审知从景福元年年初围攻福州，一直打到次年上半年，迟迟未能攻下。范晖向威胜节度使董昌求救。董昌与陈岩二人有姻亲关系，就调派温州、台州、婺州五千兵马前往救援。王彦复和王审知见福州城墙坚固，援军即将到来，军中将士死伤很多，就禀报王潮，请求退兵，再等时机，但王潮不答应。二人又请求王潮亲临前线，王潮回信道：“士兵死完，我就给你们增兵；战将死完，我就给你们添将，等兵将全部战死，我自当亲自前去。”王彦复、王审知见信后，很是害怕，遂亲临督战，朝福州发起了猛烈的进攻。五月，城内粮食吃尽，范晖知道无法守住，遂将印绶交给监军，趁夜逃出福州，董昌的援军听说后，也撤回本镇。二日，王彦复等人进入福州。三日，范晖逃至滨海兵营，为将士所杀。其后，王潮进入福州，自称留后，身穿白色衣服埋葬了陈岩，把自己的女儿嫁给了陈岩的儿子陈延晦，对陈家很是优待。福州陷落后，汀州（今福建省长汀县）、建州（今福建省建瓯市）相继投降，山区、海滨的二十余股强盗也被王潮消灭了。十月，朝廷承认既成事实，任命王潮为福建观察使。

僖宗光启二年（公元886年）衡州刺史周岳夺取了潭州（今湖南省长沙市），自任武安（今湖南省长沙市）节度使。邵州（今湖南省邵阳市）刺史邓处讷听说后，对被杀的前节度使闵勖十分同情，对众将说："我与你们都受过仆射（指闵勖）的大恩，如今周岳无礼，我想与你们一起竭尽我们一州之力，替仆射报仇，你们同意吗？"众将都纷纷表示同意，从此以后，开始加强战备，训练士卒，八年过后，邓处讷与朗州刺史雷满一起进攻潭州，并一举拿下潭州，斩杀了周岳，邓处讷遂自称武安军留后。

七三〇　改元乾宁（一）

公元894年一月一日，昭宗宣布大赦天下，再次改元为乾宁元年。面对日益纷乱的天下，昭宗寄希望于不断地改元，似乎年号的改变会带来一个全新的政治局面，这也反映出他的无奈。在他登基的次年照例改元龙纪，龙纪年号刚用了一年，又改元为大顺，大顺年号用了两年，再改为景福，景福用了两年，又改为如今的乾宁。

昭宗以僖宗文德元年（公元888年）三月继位，时年二十二岁，迄今仅仅过去七年，但时局早已今非昔比。想当初，昭宗以成年继位，“体貌明粹，有英气，喜文学……有恢复前烈之志，尊礼大臣，梦想贤豪，践祚之始，中外忻忻焉”，然而，七年过去了，帝国局势不仅毫无改观，相反还变得越来越糟。造成这一局面，虽说是世事使然，但与昭宗君臣的不当作为也是密不可分的。

昭宗即位之初，与其祖父宣宗一样都是亲王继位，素无根基，其首要任务就是要巩固自己的地位，在朝廷内外培植自己的亲信，假以时日，待自己能够牢牢地控制朝中大权之后，才能施展平生抱负，不管是削藩也好，还是对付宦官也罢，清除朋党也好，才能顺利实施，天下也有可能逐渐安定下来，而昭宗上任仅仅三个月，就作出了调回陈敬瑄这一重大决定，显然过高地估计了朝廷的威信，也没有认真评估此事的后果。昭宗此举把矛头直接对准了田令孜和陈敬瑄，不仅反映其个人心胸狭隘，而且举措鲁莽。宦官专权由来已久，田令孜在僖宗晚年确实已经是众矢之的，但等昭宗即位后，他也意识到自己在朝中已无法存身，依附于哥哥陈敬瑄，说明其对昭宗已经低头，况且，陈敬瑄盘踞西川，但尚未失去臣节，一直给朝廷进贡，这与两河藩镇大不相同。当时，王建正与陈敬瑄交战，致使西川无法及时向朝廷进贡，这都是客观因素限制，并不能说明田、陈二人决心与朝廷对立，割据一方。

这一点恰恰被形同强盗、四处劫掠的王建利用，上书朝廷请求朝廷方面取陈敬瑄而代之，而王建的上书正合昭宗本意，头脑简单的昭宗就这样轻易地为王建所利用，下诏调回陈敬瑄，并在田、陈拒不从命时，命韦昭度领兵入川讨伐，此举非常轻率。首先，攘外必先安内。这个内和外的关系是随时可以转变的，比如，对于河朔三镇而言，全国其他听话的藩镇就是内；对于不太听话的藩镇而言，听话的藩镇就是内；对于西川而言，朝廷就是内，等等，昭宗刚刚即位，朝廷内部尚未安稳，就急于出兵讨伐陈敬瑄，就不符合先安定内部、而后平定外部这一原则的。其次，就全国局势而言，当时最大的矛盾是如何消灭称帝的秦宗权，唯有平定了公然与朝廷对立的秦宗权及其余党，才能在一定程度上提高朝廷的威信，然后再对付一些趁乱上位的地方节度使，协调好宣武的朱全忠和河东李克用，给蠢蠢欲动意欲兼并邻道的节度使们树立规矩，而不是另开战端，既削弱朝廷自己的实力，又把朝廷威信寄希望于一场豪赌上。最后，藩镇割据和宦官专权，是长期以来形成的顽疾沉疴，要想彻底解决这两个问题，都需要很大的政治智慧和军事实力，昭宗即位之后，也曾组建自己控制的军队，但这些军队形成战斗力尚需时日，根本无法与百战之余的藩镇军队相抗衡，而宦官集团也是盘根错节，只能假以时日，采取分化瓦解等措施逐步予以解决，而昭宗的一系列做法都缺乏深谋远虑，过于急躁了。

昭宗中了王建之计，下令韦昭度讨伐陈敬瑄之后，王建的军事行动就不太积极了，致使讨伐陈敬瑄的行动历经三年无果，而与此如出一辙，大顺元年昭宗同样又中了朱全忠的奸计，公然与河东李克用翻脸，等于拿朝廷刚刚组建之军与强悍的沙陀军较量，结果，唐军大败，朝廷颜面尽失，内讧加剧，实力大损，与李克用隔阂加深。如前所述，昭宗讨伐李克用完全是被朱全忠在朝中的代理人牵着鼻子走。如果说李克用进攻孟方立、赫连铎不当，那朱全忠进攻时溥、朱瑄、朱瑾等人又有多少适当的借口呢？面对纷乱的关东局势，由朝廷发布休战令，要求各地全部休战，未经朝廷命令不得轻启战端，如有违抗则号召诸侯一起讨伐，尽管这种休战令的实际效果可能微乎其微，但至少表明朝廷的态度，即是非曲直要先禀明朝廷，且朝廷不站在任何一方立场，这起码比站到前台与某一方诸侯直接对抗要稳妥一些，然后，养精蓄锐，等待时机。

被李克用打败之后，朝廷方寸已乱，又分别给李克用和朱全忠加官晋爵，还调回了韦昭度，致使王建在西川坐大。接下来，昭宗又不计后果，强行赶走杨复恭，把中枢政争公开化，让外藩对朝政产生觊觎之心。原本昭宗采取瓦解杨复恭的办法已初见成效，相对于前朝的鱼朝恩、仇士良等跋扈宦官而言，杨复恭其实已经收敛了很多，昭宗公然挖了他的墙脚，把他的养子改名李顺节，收为己用，杨复恭也没敢怎么样。照这样下去，随着时间的推移，等杨复恭老去之后，其众多养子也会逐渐重新寻找新的主子，投入昭宗的怀抱，但前提是，双方要斗而不破，因为昭宗还年轻，时间在他的手里，他又有帝王之尊，何必急于摊牌呢？如果斗而不破，众多心怀叵测的外藩就无法插手朝中政治，而一旦把矛盾公开化，势必引发一系列新的战争，就算除去了杨复恭等人，不知又会产生多少新的杨复恭来，对于朝廷又有多少好处呢？肯定是得不偿失的。对于关东而言，川陕就是朝廷的内部，川陕一乱，长安不稳。昭宗总是后知后觉，等他驱逐杨复恭之后，李茂贞、王行瑜坚持讨伐杨守亮等人时，他才明白了这一点，又站出来和解双方，但为时已晚，于是，本不该发生的川陕大乱又与川中大乱叠加起来，让朝廷彻底失去了川陕各个藩镇。再等李茂贞坐大之后，昭宗再次愤恨不已，不顾杜让能的劝阻，一意孤行，以乌合之众与李茂贞、王行瑜强悍之兵交手，朝廷再次受到羞辱，朝中屈指可数的忠于朝廷的宰相杜让能被杀。

回顾昭宗这几年来的所作所为，大致可以看出他有以下几个性格特点：一是急功近利；二是愤不思难；三是冲动急躁；四是虎头蛇尾。如果说年号在一定程度上昭示着在任皇帝一个时期内的执政纲领的话，昭宗的年号由龙纪而大顺，由大顺而景福，由景福而乾宁，意象虽一，但变动频繁，也意味着昭宗心态的浮躁。面对晚唐乱局，如果没有像太宗、玄宗一样的命世之才，没有像李德裕、李光弼这样的名臣良将真是难以收拾，而昭宗却是先天不足，登基之后与其祖父宣宗一样，既没有藩邸势力，又没有谋臣良将，更重要的是他本人不仅无法望太宗、玄宗之项背，就连宣宗的细密、谨慎、隐忍都没有，假如能有宣宗的才能，他也可以轻松搞定宦官，起码不会在乱世之中无端添乱了，只可惜昭宗空有一腔平定乱世的雄心，却既无胸怀，又无才能，只能眼睁睁地看着帝国沉沦下去了。

回到朝廷。想必在乾宁元年新年一开始，昭宗的心情就是沉重的，因为，就在新年伊始，山南西道兼凤翔节度使李茂贞就率领大批军队来到了长安。李茂贞此行当然是向朝廷示威，他在长安逗留数日之后，才返回了本镇。同月，昭宗任命右散骑常侍郑綮为礼部侍郎、同平章事。郑綮，进士及第，历任监察御史、殿中侍御史，仓部、户部员外郎，金部、刑部、右司郎中。因家贫请求外派，被朝廷外派为庐州刺史。黄巢义军从岭南北上后，路过淮南，郑綮给黄巢写信，请求义军不要侵犯庐州，黄巢看后大笑，竟然答应了，庐州因而未受劫掠，郑綮因此受到僖宗的嘉奖。郑綮擅长写诗，诗风诙谐，往往讽刺时事，当时的人们称之为“郑五歇后体”，比如，他在离开庐州时，与众人离别时写下“唯有两行公廨泪，一时洒向渡头风。”郑綮入朝后，历任兵部郎中、给事中，后任左散骑常侍。因得罪宰相杜让能而称病请假。当时朝政有什么弊端，他总能上书指出，引起宰相（应为杜让能）的不满，将他调任国子祭酒，后引起朝中其他势力的不满，又重新任命其为右散骑常侍。如今，郑綮还是一如既往地写了很多讽喻诗，宦官有时会在昭宗面前背诵一两句，昭宗听后，以为郑綮内心隐藏有更深的政治智慧，就亲自在官员名单上批注道：“郑綮担任礼部侍郎、同平章事。”人们听后都大吃一惊。中书省的官员前来郑綮家中拜谒，郑綮自己也不相信，笑着问道：“诸位，你们弄错了，就算全天下的人们都不识字，也轮不上我郑五当宰相啊！”官员们说：“这是皇上的旨意，明天就会颁布诏命。”郑綮说道：“果真如此，可不让别人笑死了！”次日，诏书果然下来了，众人纷纷前来道贺，郑綮搔着头皮，说道：“歇后郑五竟然能当上宰相，天下之事可知了啊！”遂屡屡上书辞职，但昭宗不同意，郑綮只好上任。史称，他上任后“侃然守道，无复诙谐”。《北梦琐言》则称，郑綮的拜相与淮南节度使杨行密有关。昔日郑綮担任庐州刺史时，杨行密是郑綮的下属，对郑綮很是尊重，如今，杨行密威震江淮，“朝廷务行姑息，因盛言郑公之德，由是登庸，中外惊骇”。

七三一　改元乾宁（二）

乾宁元年（公元894年），天下依然大乱。

如前所述，景福这两年，朱全忠消灭了时溥，李克用则夺取了云中、瓦解了成德与幽州之间的军事同盟，二人均为下一步军事行动扫清了障碍，在新的一年里，朱全忠北面全力围攻朱瑄、朱瑾兄弟，南面觊觎江淮，暂时置关中、河东于不顾。乾宁元年（公元894年）二月，当昭宗任命滑稽的郑綮为宰相前后，朱全忠亲自率军进攻朱瑄，进驻鱼山（今山东省东平县北）。朱瑄与朱瑾合兵一处，与朱全忠决战。还未开战，突然刮起了东南大风，朱全忠之军旌旗散乱，将士们人人面露惧色，朱全忠赶忙命令骑兵飞马扬鞭大声呼喊，鼓励士气。不一会儿，风向转为西北风，当时两军均处于草莽之中，朱全忠立即命令放火。火借风势，烟焰张天，朱全忠之军趁势杀入敌阵，朱瑄、朱瑾军大败，被杀一万余人。期间，朱全忠派遣军将张从晦安抚寿州。张从晦羞辱寿州刺史江彦温，并与众将一起夜宴，江彦温怀疑朱全忠要杀掉自己，次日，把参加宴会的众将全部杀死后，给朱全忠写信谢罪后自杀。军中推举其子江从顼知军州事，朱全忠腰斩了张从晦。朱瑄、朱瑾兄弟向李克用求救，李克用派遣骑兵将领安福顺及其弟弟安福庆、安福迁率领五百精锐骑兵取道魏州，渡过黄河救援。六月，朝廷在朱全忠的请求下，任命其部将、宋州刺史张廷范担任武宁节度使，牢牢控制了徐州。十一月，朱全忠派遣使者前往泗州，使者欺凌泗州刺史张谏，张谏遂以泗州投降了杨行密。杨行密派遣押牙唐令回携带一万余斤茶叶前往汴州交易，朱全忠逮捕了唐令回，扣押了茶叶。从此以后，朱全忠与杨行密二人的蜜月期结束，开始成为对手。

杨行密在景福元年（公元892年）消灭孙儒之后，经过景福二年一年的扩张，相继占领了江南的润州（今江苏省镇江市）、常州（今江苏省常州市）、歙州（今安徽省歙县）、江北的庐州（今安徽省合肥市）等地，到本年三月，黄州（今湖北省武汉市新洲区）刺史吴讨也率众向其投降，杨行密的势力开始染指长江中游地区。黄州隶属于武昌（今湖北省鄂州市）节度使杜洪管辖，吴讨投降后，杜洪反应迅速，立即发兵进攻黄州，杨行密闻讯后，赶忙派遣行营都指挥使朱延寿等将领兵前去救援。途中，武昌军镇属州蕲州（今湖北省蕲春县）刺史冯敬章率军截击朱延寿等军，朱延寿转攻蕲州，但未能攻克。到年底，吴讨抵挡不住杜洪的压力，给杨行密送去官印，请杨行密另派他人接管黄州。杨行密遂任命先锋指挥使瞿章权知黄州。

乾宁元年年初，朝廷刚刚任命原邵州刺史邓处讷为武安（今湖南省长沙市）节度使，到了五月，被杨行密赶跑了的孙儒残部刘建锋、马殷部就逃到了湖南醴陵（今湖南省醴陵市）。邓处讷派遣邵州指挥使蒋勋、邓继崇率领三千步骑把守龙回关（今湖南省长沙市东四十五里），马殷率部先来到关下，派人面见蒋勋，蒋勋等人拿出牛肉、美酒犒劳。马殷的使者对蒋勋说："刘龙骧将军（指刘建锋）智勇兼备，术士说将要在湖南一带兴起。如今率领十万之众，所向无敌，大人率领数千乡兵相抗，这也太困难了。不如先归降，取得富贵，早还家乡，不是很好吗！"蒋勋等人觉得有理，就对部下说道："东军已经答应让我们还乡了！"士兵们纷纷欢呼，丢弃旗帜铠甲返乡。刘建锋命令前锋部队身穿蒋勋部下的军服，举起军旗，直扑潭州（今湖南省长沙市）。潭州人还以为是邵州的军队回城了，毫不戒备。刘建锋的军队径直进入城内，邓处讷正与众人饮宴，当即被活捉斩首。五月七日，刘建锋进入潭州，自称留后。

乾宁元年李克用也没闲着。年初，他加紧了对邢州李存孝的围攻，到三月终于收复邢州，车裂了李存孝。此后，朱瑄、朱瑾兄弟向他求救，他派遣安福顺兄弟领兵救援。六月，李克用大破吐谷浑，斩杀了赫连铎，生擒了白义诚。八月，昭义节度使康君立前往晋阳拜谒李克用，三十日，李克用与众将一起饮宴，酒酣耳热之际，他想起了李存孝，顿时泪流满面。康君立素来与李存信私交很好，与李存孝不和，就说了句让李克用很不中听的话，李克用顿时大怒，拔出宝剑就朝康君立砍去，喝令关在马步司，九月一日，等李克用命人放出康君立时，康君立已死，一说是李克用毒死的。李克用又上书以云州刺史薛志诚担任昭义留后。

刘仁恭屡屡通过盖寓向李克用献计，希望率领一万人马夺取幽州。当时，李克用正全力进攻邢州，只给了他数千人马，想护送刘仁恭回幽州，结果因为兵少而被李匡筹击败。李匡筹击败河东军之后，愈发狂妄，屡屡侵犯河东边境，惹得李克用大怒。等到李克用收复邢州之后，到了十一月遂大举兴兵进攻幽州，攻克了武州（今河北省张家口市宣化区），接着包围了新州（今河北省涿鹿县）。十二月，李匡筹派遣大将率领步骑数万救援新州，李克用挑选精兵在段庄（今河北省涿鹿县东南）大破幽州军，斩首一万余级，生擒幽州将校三百人，用绳索绑成一串在新州城下展示，当晚，新州投降。二十三日，李克用军开始进攻妫州（今河北省怀来县）。二十四日，李匡筹再次发兵从居庸关出击。李克用派遣精锐骑兵在幽州军正前方骚扰，而派遣养子、步兵将领李存审从小路赶到幽州军的背后，前后夹击，幽州军再次大败，又被斩杀上万人。二十六日，无计可施的李匡筹携带全族逃奔沧州（今河北省沧州市）。义昌（今河北省沧州市）节度使卢彦威贪图李匡筹的钱财、美妾，发兵进攻李匡筹的驻地景城（今河北省沧州市西），将其诛杀，余众全部被俘虏。二十八日，李克用向幽州进军。幽州大将请降。李匡筹素来昏庸怯弱，其刚夺占军府时，李匡威听说后，对众将说道："我这个当哥哥的丢掉了军府，让他这个当弟弟的当上节度使，幽州还在我家控制之下，我又有什么可怨恨的呢？只可惜李匡筹才能不足，不能守住这份家业，要是能坚持两年，就算万幸了。"

关东一片大乱，川陕也未能幸免。

李茂贞在年初入朝示威之后，就策划着将杨复恭的最后盘踞点阆州（今四川省阆中市）拿下。到了七月，他派遣军队进攻阆州，一举攻克城池，杨复恭、杨守亮、杨守信率其同党突围逃出。绵州（今四川省绵阳市）刺史杨守厚去世，部将常再荣举城投降了王建。杨复恭等人将要取道商山（今陕西省商洛市商州区东），投奔河东的李克用，行至乾元（今陕西省柞水县），遭遇华州韩建的军队，被抓获。八月，韩建将杨复恭等人送至长安，昭宗下令将其在独柳下斩首。李茂贞又向昭宗献上杨复恭给杨守亮的书信，信中告诉他退休的缘由，并称："承天门（代指天下）乃是隋朝的旧业，侄儿（杨守亮是杨复光的养子）只管屯聚粮食，训练军队，不要向朝廷进贡。我在荆棘丛生之中拥立寿王（指昭宗），谁知道他刚一登上帝位，就要废黜国家元老，哪里有这样忘恩负义的天子门生！"

在李茂贞攻克阆州前后，王建也拿下了彭州（今四川省彭州市）。王建进攻彭州已两年有余，彭州城内粮食吃尽，人人相互吞食，彭州内外都指挥使赵章投降。王先成先请围城众将修筑龙尾道（进攻城池的斜坡，逐渐与城墙相齐），已接近了城墙的女墙。五月十五日，王建的军队登上了城墙，杨晟仍然率众死战，刀子都虞候王茂权斩杀了杨晟，生擒彭州马步使安师建。王建打算招降他，安师建哭着拒绝道："我发誓与杨司徒同生共死，不忍再苟活于人间，只想速速死掉。"王建再三劝说，安师建始终不从，王建只好下令将其杀死，以礼安葬祭祀。攻下彭州后，王建将降将赵章改名为王宗勉，王茂权改名为王宗训，又把王钊改名为王宗谨，李绾为王宗绾。

同年，福建黄连洞山蛮（今福建省宁化县山蛮）两万余人包围了汀州，福建观察使王潮派遣部将李承勋率领一万人前去讨伐。山蛮闻讯，仓皇退去，李承勋领兵追击，追至浆水口（今福建省宁化县南），将山蛮击破。王潮派遣部下赶赴各地巡视，劝课农桑，核定地租，交好领道，保境安民，福建一带逐渐安定下来。

封州（今广东省新会市东南）刺史刘谦出身寒微，因战功得到岭南东道节度使韦宙的赏识，将侄女嫁给了他，僖宗中和三年（公元883年）被任命为封州刺史，本年去世。其子刘隐在贺江服丧，一百余名当地百姓密谋作乱，刘隐一夜之间将他们全部处死。岭南节度使刘崇龟听说后，就将其召来担任右都押牙兼任贺水镇使，不久，又上表朝廷任命其为封州刺史。刘隐就是五代十国时期南汉政权的奠基者。

七三二　克用护驾（一）

乾宁元年朝中重臣分别是：司徒韦昭度，太师李克用，同平章事崔昭纬、徐彦若、郑延昌、崔胤、郑綮、李溪，度支使郑延昌，盐铁使崔昭纬，左神策军中尉刘景宣，右神策军中尉骆全瓘，枢密使刘光裕。

崔昭纬、徐彦若是在大顺二年（公元891年）一月张濬讨伐李克用失败后拜相的，当时朝廷宰相分别是司徒兼平章事杜让能、刘崇望、崔昭纬和徐彦若。次年，即景福元年，时溥向朱全忠求和，朱全忠要求时溥离开感化军，朝廷遂任命刘崇望担任感化军节度使，谁知时溥中途变卦，刘崇望行至华阴又返回长安，昭宗改任其为太常卿，而提拔郑延昌为宰相。郑延昌是郑从谠的堂兄弟，为相期间无所作为，史书无传。景福二年，李茂贞叛乱，逼迫昭宗杀掉杜让能、西门君遂，在勾结李茂贞的宰相崔昭纬的举荐下，昭宗不得不任命崔胤担任宰相，又以韦昭度为司徒兼宰相。由此可见，在乾宁元年之前，朝中的崔昭纬和崔胤都是李茂贞的内线，而昭宗在乾宁元年将郑綮亲自提拔为宰相，与文宗任用宋申锡、宣宗任用崔慎由相似，绕开现任宰相，很有乾纲独断的意思，也说明了他对现任宰相是不太满意的。

由于崔昭纬和崔胤外有李茂贞的支持，昭宗虽有不满，但还不敢动他们二位，只好从其他人开刀。果然，到了这一年的五月，他就把中书侍郎、同平章事郑延昌贬为尚书右仆射，而改任翰林学士承旨、礼部尚书李溪（一记作磎）晋升为同平章事。李溪，字景望，他是宪宗时期淮南节度使李鄘的孙子，史称，他"博学多通，文章秀绝"，于宣宗大中十三年进士及第，一直在朝为官。另称其"自在台省，聚书至多，手不释卷，时人号曰'李书楼'"。《北梦琐言》称李溪"高才奥学，冠绝群彦，为朋党所排，洎等岩廊，似涉由径"。韦昭度与崔昭纬不和，而刘崇望的哥哥、水部郎中知制诰刘崇鲁则与崔昭纬是一党，崔昭纬唯恐李溪拜相后，会给自己增加一个对立面，不利于自己专权。等宣布诏命时，崔昭纬就指使刘崇鲁走出队列，夺去诏书大哭不已。昭宗召来刘崇鲁问话，刘崇鲁说道："朝廷虽然缺少人才，但也不可重用奸邪小人。李溪过去就是依附于杨复恭和西门君遂，才担任了内职的，前日杜太尉狼狈，朝廷深以为耻，如今朝廷如此衰弱，岂可更蹈覆辙？"昭宗遂将李溪免为太子少傅。李溪不甘示弱，接连写了十道奏表替自己辩护，还把刘崇鲁全家都骂了个遍，称："刘崇鲁的父亲、前蔡州刺史刘符因受贿自杀，其弟刘崇望与杨复恭是好友，刘崇鲁在大庭广众之下叩拜田令孜，替朱玫写劝进表，他却说臣交结内臣，这与贼喊捉贼有什么两样！况且，根据惯例，丧服不可进入内廷，臣如果真的不行，刘崇鲁就该上书提出不同意见，岂可在朝廷大殿之上大哭！这对国家是不祥之兆，又无臣子之礼，请求对其明正典刑。"昭宗下诏将刘崇鲁停职。李溪依然不依不饶，请求将刘崇鲁流放，奏表多达数千言，谩骂无所不至，不成体统。刘崇龟听说弟弟刘崇鲁"哭麻"，又羞又怒，绝食数日，说道："我家兄弟们都淡泊名利，从未因为一点蝇头小利败坏了名声，家门不幸，竟然生了这个小儿！"

李溪为没有当上宰相愤愤不平，而已经当上宰相的郑綮却自知得不到权臣的认可，屡屡上书请求辞职，到同年七月，在郑綮担任宰相数月之后，昭宗遂下诏将其罢相，改以太子太保头衔退休。也就是说，到乾宁元年年底，朝中宰相只剩下：韦昭度（司徒）、崔昭纬、徐彦若、崔胤。外迫于李茂贞、王行瑜，内受制于崔昭纬、崔胤，昭宗一直想改变这一局面，接下来，昭宗还将继续发起反击，维护自己那点仅存的皇帝的尊严。

乾宁二年（公元895年）一月，昭宗又提拔了给事中陆希声担任户部侍郎、同平章事。陆希声，字鸿磬，自号君阳遁叟，他是武曌时期宰相陆元方的六世孙。其家世代学习书法，六世伯父陆柬之以草书闻名天下。五世祖陆象先为唐睿宗时宰相。高祖父陆景融曾任工部尚书，博学工书。曾祖陆涓为唐朝诗人，曾任阳翟令。祖父陆孟儒苏州司士参军。父亲陆翱为唐朝诗人。陆希声学识渊博，通晓《易经》《老子》《春秋》，写了很多书。商州刺史郑遇欲任用他，他没有接受而是隐居了起来，很久以后，才被朝廷召为右拾遗，后任歙州刺史。昭宗闻其名，召为给事中。陆希声书法很好，《宣和书谱·儒素帖》载："古之善书鲜有得笔法者，唐陆希声得之，凡五字：擫、押、钩、格、抵"云云，分别说出了五指在握笔中的作用。

一月十四日，护国军（河中，治所今山西省永济市）节度使王重盈去世，军中请求以王重荣的儿子、行军司马王珂知留后事。王珂是王重盈哥哥王重简的儿子，王重荣将其收为养子。王珂被拥立为护国军留后的消息传来，王重盈的儿子们不干了，其子保义军（治所今河南省三门峡市）节度使王珙、绛州刺史王瑶举兵进攻河中，上表称王珂不是王氏子孙，并给朱全忠写信请求支援，称："王珂原本是我家的奴仆，不应作为王家后嗣。"王珂是李克用的女婿，他一边上表自我辩护，一边向李克用求援。昭宗派人到双方那里劝说他们和解。

虽然去年经刘崇鲁一番搅和，李溪未能拜相，但昭宗仍然看重李溪的才华，二月七日，他还是下诏晋升李溪为户部侍郎、同平章事。李溪如愿以偿，崔昭纬预感到自己地位不保，就让自己的同族、静难节度副使崔鋋对王行瑜说道："昔日，朝廷任命大人为尚书令的诏命已下，而韦昭度从中阻挠，如今，他又举荐李溪，二人相互蛊惑皇上，恐怕会再次发生杜让能那样的事来。"王行瑜就与李茂贞一起上书称李溪奸邪，韦昭度担任宰相没有政绩，应该当个闲差。昭宗回复他们道："军旅之事，朕与藩镇一起商量；至于任命宰相，则应当由朕做主。"但王行瑜和李茂贞还是不依不饶，三月，昭宗不得已，只好再次将李溪罢相，贬为太子少师。

与此同时，王珙、王瑶请求朝廷再派一位朝中大臣担任护国军节度使。二人本意根本不想把河中拱手让给朝廷，但如今王珂盘踞河中，反正是当慷他人之慨，就抱着自己当不上、也不让你王珂当的想法，才提出了此议。昭宗当然乐意，同时也想借此从朝中削弱崔昭纬的势力，就下诏以中书侍郎、同平章事崔胤为同平章事、充护国军节度使，提拔户部侍郎、判户部王抟为中书侍郎、同平章事。王抟，字昭逸，他是武曌时宰相王方庆的第九世孙、肃宗时宰相王玙的曾孙。进士及第，宰相王铎节度滑州时，曾征辟其为僚佐，累迁为苏州刺史，很久以后入朝担任户部侍郎、判户部。但昭宗的这一做法立刻引起了河东节度使李克用的不满，他上书称王重荣对国家有功，请求赐给其子王珂节钺，昭宗难违其请，只好答应，王珙听说后，给王行瑜、李茂贞和韩建送去很多财物，三人又上表称王珂不是王氏子孙，请求把王珂和王珙对调，让王珙担任护国军（河中）节度使，王珂担任保义军（陕州）节度使。昭宗对三人回复称已经答应了李克用，没有同意三人的建议。

围绕着王珂继任护国军节度使一事，令朝廷内外各种矛盾沉渣泛起。田令孜、杨复恭以及现在依附于李茂贞等人的左右神策军中尉刘景宣、骆全瓘，让昭宗无法依靠北司禁军；外朝由崔昭纬、崔胤等集团把持，又让他难以保持政令畅通；近畿是虎视眈眈的凤翔山南东道李茂贞、邠宁王行瑜和华州的韩建，让他时刻提心吊胆。在内廷，昭宗不敢动神策军中尉，只能小心翼翼地提拔一些自己的心腹宦官，比如把康尚弼提拔为枢密使；在外朝，则依靠太傅韦昭度，提拔像郑綮、陆希声、李溪等人；对待李茂贞等人，昭宗也只能虚与委蛇，尽量满足他们的要求，然而，有鉴于景福二年已经发生了讨伐李茂贞、王行瑜之战，双方之间的关系早已毫无信任可言，李茂贞等人更如惊弓之鸟，对昭宗的一举一动都十分警惕，这让昭宗根本没有辗转腾挪的余地。真正成了孤家寡人的昭宗只好把目光转向了十六宅内的诸王，在景福二年事件平息一年以后，昭宗又重新打起了以诸王领兵的老主意，他借口京畿强盗众多，甚至有些强盗翻越宫墙或者破坏皇家陵寝，想让诸王领兵巡逻，又想让诸王以使者身份出使各地藩镇，结果此举立即引起北司南衙的共同反对，北司掌握兵权的宦官和南衙的崔昭纬等人唯恐会于己不利，不断上书反对，昭宗不得已于四月只好下诏全部取消。

七三三　克用护驾（二）

朝中的任何动向，崔昭纬都会第一时间通报给李茂贞和王行瑜二人，当昭宗试图通过提拔李溪等人削弱崔昭纬力量时，立刻引起了崔昭纬的反击，继本年三月依靠李茂贞等人免去李溪宰相后，当昭宗拒绝了三镇要求调换王珙、王珂之后，他们决定与昭宗摊牌，先是迫使昭宗于四月将刚刚提拔的户部侍郎、同平章事陆希声贬为太子少师，勒令太傅、门下侍郎、同平章事韦昭度以太保身份退休。

取消了诸王领兵，罢免了异己宰相，李茂贞等人还想吞并了长安外围的驻军。京畿有八个军事基地，隶属于左右神策军，其中郃阳镇（今陕西省合阳县）接近华州，韩建想管辖；良原镇（今甘肃省崇信县）靠近邠州，王行瑜想要。宦官们反对道："这是天子禁军，怎么可以拿去！"过去，王行瑜想当尚书令，遭到朝廷的拒绝，始终耿耿于怀；索要良原镇兵不得，更让他心怀不满；王珙和王珂争夺河中，昭宗再次拒绝了他和李茂贞、韩建的建议，也让他们脸上无光。在这种情况下，王珙又派人对他们说道："王珂不肯换防，又是李克用的女婿，一定会对诸位不利，请一起讨伐他。"于是，三镇一起向朝廷和王珂发难。王行瑜命令弟弟、匡国军（今陕西省大荔县）节度使王行约发兵进攻河中，王珂不敌，遂向李克用求救，而王行瑜、李茂贞和韩建则各自率领数千精兵朝长安而来。

乾宁二年（公元895年）五月八日，王行瑜等人兵临长安，长安百姓纷纷逃窜。昭宗驾临安福门，静观事态的变化，王行瑜、李茂贞和韩建三人率领大军，在安福门下行三跪九叩之礼。昭宗手扶栏杆，亲自询问："你们不奏请等待朝廷的回复，擅自领兵进入京师，你们想干什么？如果不能侍奉朕，朕今日就请给贤人让路！"王行瑜、李茂贞满脸是汗，口不能言，只有韩建结结巴巴地简单陈述了他们入朝的原因。昭宗设宴款待三人，席间，三人奏称："南、北司各有朋党，败坏朝纲。韦昭度讨伐西川失策，李溪担任宰相，违背众望，请求陛下将二人斩杀。"昭宗不答应。但王行瑜等人根本不把昭宗的意见放在眼里，当天，他们就派兵在都亭驿诛杀了韦昭度、李溪，又杀害了枢密使康尚弼以及数名异己宦官。

见李茂贞等人开了杀戒，昭宗一下子就软了。三人趁机又称："王珂、王珙应有嫡子、庶子之别，请求任命王珙为护国军（河中）节度使；把王行约移镇陕州（今河南省三门峡市），担任保义节度使；把王珂移镇同州（今陕西省大荔县），担任匡国军节度使。"昭宗都一一答应。三人又迫使昭宗将韦昭度的舅舅、户部尚书杨堪贬为雅州刺史。当初，崔胤被任命为河中节度使时，河东的进奏官薛志勤当众扬言道："崔大人虽然名望很大，但用他来取代王珂，不如太常卿刘崇望更受到我家大人的器重呢！"等李茂贞等人入朝后，听到了薛志勤的此番言语，就把刘崇望贬为昭州司马。

李克用在本年年初还在幽州。一月三日，数万幽州军民举行盛大的欢迎仪式，迎接李克用入城。入城之后，李克用命令李存审、刘仁恭领兵安抚下辖十二州。安定幽州之后，李克用又上表朝廷推荐刘仁恭担任卢龙留后，留下一部分河东军队驻守，并于二月二十四日从幽州返回了晋阳。李克用手下旧将如云，却被留给幽州降将刘仁恭，这显然是非常失策的，由此也体现了李克用的个性：一是为人直爽，二是头脑简单。妫州人高思继兄弟都非常骁勇，李克用提拔他们担任都将，分别掌管幽州军队，其部下将士们都是燕山以北的豪杰，刘仁恭对二人很是忌惮。留守幽州的河东士兵残暴骄横，高思继兄弟依法惩处，杀死了很多河东士兵。李克用闻讯大怒，就派人责备刘仁恭，而刘仁恭却把责任都推到了高思继兄弟身上，李克用将二人都杀掉了。刘仁恭想收揽幽州人心，又把高思继兄弟的几个儿子都用作自己的部将，对他们很是厚待。

李克用听说三镇领兵入朝的消息，当天就派出十三名使者调派北部军队，约定六月西渡黄河入关。原本李茂贞三人前来就是想废掉昭宗，改立吉王李保的，至此，听说李克用已经在河东起兵了，遂不敢造次，王行瑜和李茂贞分别留下两千人控制长安，与韩建一起匆匆返回了本镇。

三人离开长安后，昭宗这才稍稍喘了一口气，腰杆也挺了起来。经过李茂贞三人这番折腾，昭宗在南衙北司之中的心腹全被一网打尽，至此，朝中宰相就剩下了崔昭纬、徐彦若、王抟三人了。崔昭纬是自己的对立面，徐彦若和王抟都不是干大事的人，昭宗思来想去，满朝文武要么与藩镇勾结，要么朋党倾轧，竟无一个骨鲠忠君指使，最终想到了曾经因讨伐李克用而被贬的前均州刺史孔纬、绣州司户张濬，六月五日，昭宗下诏提拔二人为太子宾客，次日，又破格提拔孔纬为吏部尚书，恢复其官爵，七日，拜孔纬为司空，兼门下侍郎、同平章事；提拔张濬为兵部尚书、诸道租庸使。三天之内，昭宗将二人从罪官行列一下子提拔到高官，一个成为首相，另一个则掌管帝国军政、财赋，可见昭宗已经到了山穷水尽的地步。孔纬、张濬二人被贬后一直寓居华州，依附于韩建，昭宗对此不会不知，二人的政治态度是反李联朱，昭宗也是心知肚明，在李克用行将大举入京之际，昭宗匆匆起用二人，说明昭宗从内心深处还是对李克用心存疑忌的。当时，孔纬正身染疾病，接到昭宗的诏书后，他被人用轿子抬着进入长安。孔纬深知在李克用大兵将至之际，昭宗让自己担任首相，无非想让自己制约李克用，这个任务相当艰巨，因此，他见到昭宗后，哭着坚决推辞，但昭宗不同意。

李克用率领倾巢之军大举南下，上表称王行瑜、李茂贞、韩建领兵冒犯宫阙，残害朝廷大臣，请求昭宗下令讨伐三镇，同时，他派人给三镇送去声讨檄文，王行瑜等三人接到后，十分害怕。李克用兵临绛州，绛州刺史王瑶紧闭城门抵御。李克用率军进攻，十日之内就攻克了绛州，在军门之前将王瑶斩杀，并杀死城内抵抗的守军一千余人。七月一日，李克用大军进抵河中，王珂率众在路边迎候。王行约之兵刚与李克用之军交手，就在朝邑（今陕西省大荔县东）战败，三日，王行约放弃老巢同州，仓皇而逃，四日逃归长安。王行约的弟弟王行实先前被王行瑜留下担任左神策军指挥使，见王行约入京后，遂率部大肆劫掠长安西市，准备逃往本镇。王行实向昭宗禀报称，同州、华州已经陷落，李克用行将到来，请求昭宗驾临邠州。五日，倾向于李茂贞的枢密使骆全瓘则请求昭宗驾临凤翔。昭宗岂能自投罗网，他说道："朕得到李克用的奏表，他尚驻军河中。即便是沙陀军到了，朕自有对策，你们只用安抚本军，别动摇了军心就行了。"

右神策军指挥使李继鹏，原名阎珪，是李茂贞的养子，与骆全瓘密谋把昭宗劫持到凤翔。神策军中尉刘景宣和左神策军指挥使王行实知道后，想把昭宗劫持到邠州。孔纬当面斥责刘景宣，认为昭宗以及朝廷群臣不可轻易离开长安。傍晚，李继鹏接连奏请昭宗离开长安，于是，王行约率领神策左军率先向神策右军发起进攻，城内鼓噪之声震天动地。昭宗听到后，登上承天门楼，打算制止兵变，捧日都头李筠率领本军在楼前护驾。李继鹏率领李茂贞留下的两千凤翔军队进攻李筠所部。激战中，流箭划过昭宗的衣服，射中门楼上的方椽，侍从赶忙扶着昭宗下楼。李继鹏又命人纵火焚烧宫门，顿时火光冲天，情况非常危急。当时，盐州六个都的军队也驻扎京师，素来为凤翔、邠宁两军所忌惮，情急之下，昭宗赶忙命人前去召唤盐州军入宫护驾。盐州军奉命赶到后，凤翔、邠宁两军这才退走，各自回到本镇。当晚，长安城内大乱，居民相互劫掠，昭宗与诸王、亲随均到李筠营内避难，护跸都头李居实随后率领本部赶到。

一夜混乱。有人传言王行瑜和李茂贞将亲自领兵前来劫驾，昭宗担心出现意外，七月六日，就命李筠和李居实率领本部人马护驾，从启厦门（长安南城东面第一门）逃出长安，向南山（秦岭）而来，当晚留宿于莎城镇（今陕西省蓝田县西南）。数十万长安百姓听说皇帝跑了，纷纷离城追赶，等追到谷口，因中暑热死了三分之一，当晚，又被强盗劫掠，哭喊声响彻山谷。当时，朝中百官都来不及赶上，只有户部尚书、判度支兼盐铁转运使、薛王李知柔最先赶来，昭宗遂任命其为权知中书事及置顿使。李知柔是唐睿宗李旦的玄孙、惠宣太子李业的曾孙。曾历任宗正卿、京兆尹。史称，他“性俭约，虽位通显，无居第”。

七月七日，李克用领兵进入同州。同日，崔昭纬、徐彦若、王抟来到莎城镇，与昭宗会合。七月九日，昭宗一行转移至石门镇（今陕西省蓝田县西南），命薛王李知柔与知枢密使刘光裕返回长安，安排军队守卫皇宫。十一日，李克用派遣判官王瓌携带奏表问候昭宗。次日，昭宗派遣内侍郗廷昱携带诏书前往李克用军中，命令李克用与王珂各自派遣一万骑兵前往新平（今陕西省彬县），讨伐王行瑜；又下诏命令彰义（今甘肃省泾川县）节度使张鐇率领本部人马封锁凤翔，对付李茂贞。（按：彰义节度使张钧于乾宁元年去世，举荐其兄张鐇为留后，昭宗只好听从。）

七三四　克用护驾（三）

李克用派兵进攻华州。

韩建登上城墙高呼道："在下对大人从未失礼过，为何要打我？"李克用命人给其传话道："你身为人臣，逼迫驱逐天子，你要是为人有礼，谁还是无礼之人！"正巧，郗延昱赶回，对李克用说李茂贞领兵三万已经推进到盩厔，王行瑜也率军逼近兴平，都想劫持天子，李克用这才解除华州之围，匆匆转兵进驻渭桥。同时，昭宗任命薛王李知柔为清海节度使（岭南东道节度使，本年改名）、同平章事，仍然代理京兆尹、判度支，充盐铁转运使，等皇帝返回京师后，再去上任。

昭宗躲在南山十余天，随驾百姓整日心惊肉跳，相互传言："邠州、凤翔兵来了！"昭宗也忧心忡忡，就派遣延王李戒丕前往河中，催促李克用进军。七月二十七日，李克用从河中出发。八月，昭宗派遣供奉官张承业赶赴李克用军中，并留在军中当监军。八月五日，李克用进军渭桥，派遣部将李存贞为先锋。七日，李克用之军攻克永寿（今陕西省永寿县），李克用又派遣部将史俨率领三千骑兵赶赴石门护驾。九日，李克用派遣李存信、李存审会同保大（治所鄜州）节度使李思孝一起进攻王行瑜的黎园（今陕西省淳化县）营寨，生擒王行瑜部将王令陶等人，押往石门。李思孝本姓拓跋，是拓跋思恭的弟弟。

看到李克用咄咄逼人的攻势，李茂贞非常害怕，赶忙下令斩杀了李继鹏，将其人头送往石门向昭宗请罪，并派人前往李克用军中求和。昭宗又派延王李戒丕、丹王李允谕告诫李克用，暂且赦免了李茂贞，全力对付王行瑜，等消灭了王行瑜之后，再商议如何处置李茂贞，又让二王拜李克用为兄长。又任命前河中节度使崔胤为中书侍郎、同平章事。

八月十四日，昭宗下诏削去王行瑜的官爵。十九日，任命李克用为邠宁四面行营都招讨使，保大节度使李思孝为邠宁北面招讨使，定难（治所夏州）节度使李思谏为邠宁东面招讨使，彰义节度使张鐇为邠宁西面招讨使。李克用派遣儿子李存勖赶赴昭宗驻地，当年李存勖年仅十一岁，昭宗对他的相貌十分惊奇，抚摸着他说道："孩儿，你一定能成为国家的栋梁，将来一定要尽忠我家。"李克用上表请求昭宗还京，昭宗答应了，命令李克用派遣三千骑兵进驻三桥（长安西北）戒备。二十七日，昭宗回到了长安。二十八日，昭宗下令将司空兼门下侍郎、同平章事崔昭纬贬为尚书右仆射；任命护国留后王珂、卢龙留后刘仁恭各为本镇节度使，任命李克用为行营都统。当时，皇宫已被焚毁，无暇重修，昭宗借住尚书省内，百官很多人都没有朝服、笏板。

九月十日，司空兼门下侍郎、同平章事孔纬去世。李克用领兵向黎园发起猛攻，王行瑜向李茂贞求救，李茂贞派遣一万人进驻龙泉镇（今陕西省旬邑县东北），自己则率领三万人驻扎咸阳附近。李克用请求昭宗下诏命令李茂贞返回本镇，并削夺其官爵，打算分兵讨伐。昭宗以李茂贞已经诛杀了李继鹏，前不久已经予以赦免，不可再削夺官爵、进行讨伐，因而仅仅下诏命令其返回本镇，并要求其与李克用和解。昭宗又下诏任命昭义节度使李罕之为检校侍中、兼邠宁四面行营副都统。史俨领兵在云阳（今陕西省三原县西北）击败王行瑜之军，生擒云阳镇将王令诲等人，献给朝廷。王建也派遣简州刺史王宗瑶等人领兵赴难，九月二十一日进驻绵州。

十月三日，李克用部将李存贞在黎园以北击败王行瑜之军，杀死一千余人，自此，黎园守军再也不敢出营交战了。同月，昭宗下诏将崔昭纬贬为梧州司马。昭宗的魏国夫人陈氏才华容貌都是后宫第一，五日，昭宗把她赏赐给了李克用。李克用命令李罕之、李存信等将全力进攻黎园，城中粮食吃尽，守将弃城而逃。李罕之等将追击，杀死一万余人，接连攻克黎园等三座营寨，生擒王行瑜的儿子王知进以及大将李元福等人。李克用进驻黎园。七日，王行约、王行实焚烧宁州逃走。李克用上奏请求任命匡国军节度使苏文建担任静难节度使，催促其上任，总部暂时设在宁州，安抚降众。同日，昭宗迁回皇宫，任命孙偓为兵部侍郎、同平章事。孙偓，字龙光。其父孙景商曾任天平军节度使。孙偓进士及第，史称，他"性通简，不矫饬，尝曰：'士苟有行，不必以己长形彼短、己清彰彼浊。'每对客，奴童相诟曳仆诸前，不之责，曰：'若持怒心，即自挠矣'"。

王行瑜以五千精锐士兵驻守龙泉寨，李克用发兵进攻。李茂贞派遣五千兵马前去救援，驻扎龙泉寨以西。李罕之进攻李茂贞之军，将其赶走。十一月五日，李克用之军攻克了龙泉寨。王行瑜逃入邠州，派人向李克用请降。李克用置之不理，率军进逼邠州。此时的王行瑜早已吓得魂不附体，哭着哀求李克用道："我王行瑜无罪啊！逼迫天子，都是李茂贞和李继鹏所为，请大人转兵凤翔，我愿意单身返回朝廷。"李克用回答："王尚父，你何必如此谦恭！我受命讨伐三个贼臣，你是其中之一，你想单身还朝，这不是我能决定得了的！"十五日，王行瑜携带全家老小弃城而逃。李克用进入邠州城内，下令封好府库，安抚百姓，命令指挥使高爽暂时管理军政事务，上奏督促苏文建前来。王行瑜行至庆州境内，被部下斩首，送来人头。

李克用率军返回渭河北岸。昭宗加静难节度使苏文建同平章事。十二月二日，隶属于李茂贞的阆州防御使李继雍、渠州刺史陈璠各自率领本部兵投奔了王建。三日，李克用驻军云阳（今陕西省三原县西北）。六日，昭宗晋封李克用为晋王，加李罕之为兼侍中，任命河东部将盖寓为容管观察使，李克用其余有功将佐、子孙都一一加官晋爵。李克用派遣掌书记李袭吉入朝谢恩，偷偷对昭宗献计说："近年以来，关中不安，如今乘胜一举夺回凤翔，一劳永逸，机不可失。臣驻军渭北，就听陛下一声令下。"昭宗与身边的重臣商议，有人（此人极有可能是与李克用为敌的张濬）说道："李茂贞被灭之后，沙陀人势力更大，朝廷就危险了！"昭宗遂给李克用下诏，称赞其忠诚，并说："不臣之状，王行瑜最明显。自从朕出京以来，李茂贞和韩建二人都认识到了各自的罪行，没有忘记国恩，进贡的使者不断，暂且应该休兵安民。"李克用接受了昭宗的命令，只好停止行动。不久，李克用私下对使者说道："我看朝廷方面的态度似乎是怀疑我有什么异心吧？如果不除掉李茂贞，关中就不会有安宁之日啊。"昭宗又下诏李克用让其不必入朝。有人对李克用说："如今距离皇宫这么近，怎么能不朝见天子呢？"李克用犹豫不决。盖寓对李克用说："前不久王行瑜纵兵劫掠，致使天子出逃，百姓离散。如今天子刚刚还京，人心还忐忑不安，大王如果领兵南渡渭河，我担心会再度引起惊恐。臣子尽忠，在于勤王，不在于朝见不朝见，请大王深思。"李克用笑道："盖寓尚且不愿我入朝，何况天子之人呢！"遂上表称："臣统领大军，不敢擅自入朝，并且我担心部落军队会侵扰渭河北岸的百姓。"十二月二十九日，李克用率军东归。李克用的奏表送到京师后，长安上下才放下心来。昭宗下诏赏赐给河东士兵三十万串钱。李克用东归后，李茂贞故态复萌，骄横如故，倒是李克用这次讨伐，让李茂贞意识到拓展战略纵深的重要性，他派兵西进，占领了河西很多郡县，任命部将胡敬璋为河西节度使。柏杨在评价李克用东归时说，李克用失去了一个千载难逢的挟天子以令诸侯的机会，假如李克用入京控制了昭宗，朱全忠将不是对手。柏杨还感叹，唐末是一个没有人才的群驴时代，像朱全忠始终是个匪徒，李克用始终就是个酋长，朱全忠身边的敬翔和李克用身边的盖寓都不过是得宠的弄臣罢了。

就昭宗而言，没有利用李克用乘机消灭李茂贞和韩建，也是他的失策。昭宗君臣害怕的是李克用一枝独大，却没有认识到相对于其他军阀来说，李克用是一个最没有野心的人，也只有利用李克用强大的军力，昭宗才能消灭群雄，重塑朝廷的威信。

七三五　兼并浙东（一）

就在李克用勤王前后，还发生了董昌称帝、钱镠兼并浙东事件。

董昌、钱镠起于组织土团讨伐王郢之战［僖宗乾符二年（公元875年）到僖宗乾符五年（公元878年）］，立下战功，钱镠被任命为石镜镇将，到僖宗中和元年（公元881年），董昌以武力吓跑了新任杭州刺史路审中，其上级、镇海军节度使周宝无能为力，只好上表朝廷任命其为杭州刺史。次年八月就发生了浙东观察使刘汉宏与董昌、钱镠二人的战争，这场战争一打就是两年，浙东军队屡战屡败，不仅未能消灭董昌，而且自己辖区的婺州也被董昌蚕食，即便如此，朝廷仍然没有承认董昌，相反还在中和三年（公元883年）升浙东为义胜军，以刘汉宏为义胜军节度使，从朝廷颁布的军镇名号上就说明了朝廷方面的态度。从中和四年（公元884年）到光启二年（公元886年）上半年这一年半的时间里，刘汉宏与董昌之间的战事陷于停顿，但到光启二年十月，董昌又指使钱镠兼并浙东，并承诺如果钱镠消灭了刘汉宏，自己就去越州（今浙江省绍兴市），而把杭州交给钱镠，由此可见，早已心存割据、试图兼并邻道的并非刘汉宏而是董昌、钱镠二人。两个月之后，钱镠就攻占了越州，诛杀了刘汉宏。董昌遂自称知浙东军府事，以钱镠为知杭州事。在董昌已经消灭了刘汉宏之后，朝廷才于光启三年（公元887年）年初，正式承认了既成事实，任命董昌为浙东观察使，钱镠为杭州刺史，这距董昌赶走路审中已有六年之久了。钱镠刚刚当上杭州刺史，其上级军府镇海军就发生了薛朗兵变，紧接着，江北的广陵也发生了毕师铎兵变，长江下游这两大军府接连发生内讧，各自自顾不暇，让钱镠看到了机会，遂发兵北上讨伐薛朗，相继占领常州、润州、苏州，杀害周宝、薛朗，控制了浙西大部地区。仅仅过去一年左右，在孙儒与杨行密二人的角力中，到昭宗龙纪元年（公元889

年）、大顺元年（公元890年），先是杨行密从钱镠手中夺去了常州、润州，接着两地又被孙儒夺去。朝廷派了杜孺休担任苏州刺史，为钱镠所杀，不久，杨行密从钱镠手中夺去了苏州，很快孙儒再从杨行密手中夺走。大顺二年（公元891年），孙儒焚毁苏州、常州，全力进攻杨行密，钱镠趁机又夺回了苏州。景福元年（公元892年），杨行密夺取常州、润州，孙儒被杀。钱镠遂拥有杭州、苏州两地，朝廷只好承认既成事实，在杭州设置武胜军，由钱镠担任武胜军防御使，数月后，又改任钱镠为苏杭观察使，这样一来，钱镠兼并苏州就合法化了，至此，钱镠开始整修杭州城池，高筑墙，广积粮，为下一步扩张做准备。

董昌赶走路审中之后，一直到钱镠替其消灭刘汉宏，在长达六七年里，朝廷始终没有承认其合法地位，因此，等光启三年得到朝廷承认之后，董昌十分珍惜，加之浙东远离战场，其对朝廷十分恭顺，令朝廷非常满意。董昌巴结朝廷的方法无外乎竭尽全力向朝廷进贡，而这些财物都取自于百姓，他下令在正常的赋税之外，加征数倍，用于向朝廷进贡，每十天都要向朝廷派出一支进贡船队，运送一万两黄金、五千锭白银、一万五千匹越地生产的丝绸以及其他土特产，每支船队都有五百士兵押运。有时候，途中遇到雨雪等恶劣天气，耽误了行程，押运士兵们都会被处死。浙东进贡给朝廷的钱物位居全国藩镇之首，董昌的“忠心”很快得到了朝廷的回报，昭宗不断派人给其加官晋爵，数年之间，董昌就被晋升为司徒、同平章事，封陇西郡王。

浙东偏处一隅，对朝廷内外的很多并无公开的大事并不知情，从董昌的所作所为来看，他对朝廷的权威还是看重的，只是希望通过巴结朝廷换取更高的爵位，希望坐稳浙东一地。他命人在越州按照禹庙的规模给自己修建生祠，还下令民间祭祀，不得去禹庙，要去生祠。董昌请求朝廷加封自己为越王，朝廷没有同意，这让他很不高兴，对手下说道：“朝廷是要对不起我了啊，我连年向朝廷进贡了无数财物，朝廷还爱惜一个越王吗？”有些谄媚之人趁机说道：“大王要当越王，还不如当越帝呢！”这话传出去以后，民间一传十，十传百，竞相称世道将变，到军府门前喧哗，请求董昌当皇帝。董昌见民意如此，不禁大喜，派人对大家说道：“时机还未成熟，等时机成熟之后，我自然会当的。”其部下吴瑶、都虞候李畅之等人也纷纷劝说他称帝，浙东各级官吏以及百姓也都投其所好，开始向其进献祥瑞、谶言。一开始，董昌对进献之人赏钱数百串，这一做法很快就产生了示范效应，前来进献的越来越多，数不胜数，弄得董昌招架不住，只好逐渐削减赏钱，最后减至三百、五百。董昌对其中一首谶言比较欣赏，他说："谶言中说：'兔子上金床'，这是在说我。我生于兔年，明年又是兔年，二月是卯月（兔月），这一月的卯日卯时，就是我登基称帝之时。"

乾宁二年（公元895年），董昌即将称帝，他召集众将一起商议。节度副使黄碣说道："如今，虽然唐王室衰微，但上天和百姓还对其没有厌弃。齐桓公、晋文公都是辅佐王室才成就一番霸业的。大王出身农家，受到朝廷厚恩，位至将相，已经富贵之极了，为何突然生出会招致灭族的打算呢？黄碣我宁愿作为忠臣而死，也不愿活着当个逆贼！"董昌听后大怒，以为黄碣在蛊惑人心，命人将其斩首，把人头扔到厕所里，骂道："这个奴才对不起我！好好的圣明王朝三公不当，非急着找死！"又杀了黄碣一家八十余人，埋在同一座坟茔之中。董昌又询问会稽县令吴镣，吴镣也反对说："大王不当一个真诸侯以传之子孙，非要当一个假天子来自取灭亡吗？"董昌也将其全家诛杀。再问山阴县令张逊道："我深知你很有才能，等我当上皇帝，就提拔你主管御史台。"张逊回答："大王从石镜发迹，在浙东担任节度使，已享受荣华富贵近二十年，何苦要效仿李锜、刘辟的作为？浙东偏处海边，下属只有六个州，大王如果称帝，他们肯定不会听从，只能固守孤城，令天下人耻笑罢了。"董昌又将其杀死，对其他人说道："杀了这三个人，其他人都不会违抗我了。"

二月三日，董昌身穿龙袍，登上内城门楼，宣布即皇帝位。在仪式上，把过去各地进献的各种祥瑞之物都陈列起来，向大家展示。早在三四十年以前的懿宗咸通年间，吴越一带就有一种传言，称当地山中有一种大鸟，长着四只眼睛、三条腿，叫出"罗平天册"四字，凡是见过这只大鸟的人都会有灾祸，当地百姓很多都画出大鸟的形象祭祀，等董昌称帝后，就自称："这只大鸟就是我的凤凰！"遂建国号为大越罗平国，改元顺天，将城楼题名为天册之楼，命臣下称自己为"圣人"。董昌还任命前杭州刺史李邈、前婺州刺史蒋瓌、两浙盐铁副使杜郢、前屯田郎中李瑜为宰相；又以吴瑶等人为翰林学士，李畅之等人为大将军。

董昌给钱镠写信，通报自己已经登基的消息，并任命其为两浙都指挥使。钱镠给董昌回信道："与其闭门当天子，与九族、越州百姓一起被杀，为何不开门当节度使，享受一生的荣华富贵呢？到现在后悔还来得及！"董昌不从，钱镠遂率领三万人马来到越州城下，到迎恩门（越州西门）面见董昌，叩拜道："大王身兼将相，为何舍弃安稳，追求危险！钱镠我今天领兵来此，就是想等大王改过啊。如果天子派遣大军前来讨伐，就算大王不爱惜自己，这里的百姓们又有什么罪过，跟着大王一起被灭族呢！”董昌听了钱镠的一番话，顿时心生恐惧，拿出二百万钱犒赏钱镠的军队，逮捕首谋者吴瑶以及数名巫师，送到钱镠手中，并表示愿意接受朝廷的惩处。于是，钱镠领兵撤回，将事情的经过上报朝廷。

接到钱镠的报告后，朝廷方面却不以为然。昭宗君臣认为，董昌历来对朝廷十分恭顺，尽心尽力地向朝廷进贡，称帝之事似乎是得了神经病，遂下诏赦免其罪，令其退休返乡。接到朝廷诏书后，钱镠大失所望，上表称董昌大逆不道，不可赦免，希望朝廷允许自己率领本道军队前去讨伐。其间，杨行密派人面见钱镠，称董昌已经改过，应该放他一马，又派人去越州劝说董昌，赶紧再向朝廷进贡谢罪。

七三六　兼并浙东（二）

围绕着董昌称帝一事，董昌、钱镠、杨行密和朝廷方面的行为都十分耐人寻味。

《新五代史·吴越世家》称："昌素愚，不能决事，临民讼，以骰子掷之，而胜者为直。"由此可见，董昌是个粗人，并无多少谋略。在董昌称帝之前，越州各地纷纷进献祥瑞，这种大张旗鼓的进献，是否有人幕后指使，不言自明，但从事态的发展来看，此人绝非董昌本人，而这个幕后黑手很可能就是钱镠。钱镠已占领苏州，北面是实力强大、人才济济的杨行密，对钱镠而言北面已无太大的拓展空间，只能把目光投向自己的老上级董昌。退一步说，就算幕后黑手不是钱镠，越州与杭州相距不远，钱镠不可能对此毫不知情，虽然如今董昌、钱镠二人都是节度使级别的人物，但毕竟曾有隶属关系，按唐末藩镇的规矩，钱镠应该还是董昌的下属，如果反对董昌称帝，钱镠为何一开始不苦苦劝说呢？况且，就算董昌是个武夫，但称帝大事非同小可，事先广泛征求了属下文武，他不可能不会征求钱镠的意见，但史书对此只字不提，就十分奇怪了。为何钱镠领兵一来，董昌就害怕了，并表示改过了呢？既然钱镠的态度如此重要，董昌事前岂能不征求他的意见？况且，等董昌把吴瑶等人送给钱镠之后，这些人的下场再无下文，倒是钱镠一而再、再而三地恳请朝廷要把董昌置于死地，如果吴瑶等人未被钱镠诛杀，那么，他们是否就是钱镠安插在董昌身边的卧底呢？按理说，董昌称帝罪无可赦，朝廷得知后肯定会下诏命钱镠讨伐，这在钱镠看来，似乎是板上钉钉的事，可是大大出乎钱镠预料的却是，朝廷对此轻描淡写，等于不同意钱镠出兵兼并浙东，而是顺水推舟，借董昌称帝，拿下董昌，试图从朝廷再派一名节度使控制浙东。显然，朝廷方面最初也认为董昌称帝一事十分蹊跷，况且，如今天下支离破碎，难得董昌长年以来对朝廷忠心耿耿，另外，两浙是为数不多的几个安定了数年的富庶之地，如果再起战火，朝廷财赋势必雪上加霜。对于杨行密而言，江浙地区形同三国，董昌没有太多谋略，不足为虑，而钱镠却是有勇有谋，一旦其夺取浙东之后，就拥有一个更大的舞台，实力大增，势必对自己带来更大的压力，因此，杨行密也不愿看到钱镠兼并浙东。

朝廷方面轻轻放过董昌，是钱镠始料不及的，可能钱镠十分后悔当初没在越州城下先斩后奏了，好不容易抓住的机会，他岂能放过？如今，他只能撕开伪装，恳请朝廷让自己领兵讨伐董昌。乾宁二年五月，昭宗下诏削去董昌官爵，命钱镠领兵前去讨伐。显然，钱镠对朝廷的这一安排并不满意，在他的请求下，到了六月，昭宗再次下诏任命其为浙东招讨使，钱镠遂增兵向董昌发起了进攻。得知钱镠来攻，董昌赶忙派人向杨行密求救，杨行密遂派遣泗州防御使台濛领兵进攻钱镠的苏州，并给董昌出主意，让他上书朝廷，向朝廷谢罪，表示愿意履行进贡义务，请求朝廷恢复自己的官爵。杨行密又给钱镠写信，称："董昌患了狂病，称帝自立，已经害怕你的兵谏，逮捕了一同作恶之人，不该再行讨伐。"但钱镠不听。杨行密又派遣宁国节度使田頵、润州团练使安仁义进攻杭州各地守军，以缓解董昌的压力，董昌则命令湖州将领徐淑会同杨行密部将魏约一起包围了嘉兴（今浙江省嘉兴市）。钱镠派遣武勇都指挥使顾全武解救嘉兴，击破乌墩、光福两座营寨，而杨行密部将柯厚也攻破了钱镠的苏州水寨。

乾宁三年（公元896年）一月十九日，安仁义率领水军推进到湖州（今浙江省湖州市），打算渡过钱塘江，接应董昌。钱镠派遣武勇都指挥使顾全武、都知兵马使许再思驻守西陵（今浙江省杭州市萧山区西），安仁义无法渡江。董昌派遣部将汤臼驻守石城（今浙江省绍兴市北），袁邠驻守余姚（今浙江省余姚市）。二月十七日，顾全武、许再思击破汤臼于石城。此时，昭宗采纳了杨行密的建议，下诏赦免了董昌，恢复其官爵，但钱镠拒不从命。三月二十八日，顾全武等将一起进攻余姚，明州（今浙江省宁波市）刺史黄晟投降钱镠军队，率军协助钱镠军队。董昌派遣部将徐章救援余姚，反被顾全武击败，活捉。四月，杨行密的军队与钱镠的军队在黄天荡（今江苏省苏州市境内）交战，钱镠军队战败，杨行密遂包围了苏州。面对杨行密咄咄逼人的攻势，受到杨行密打压的钱镠以及洪州观察使钟传、武昌节度使杜洪均向朱全忠求救，朱全忠派遣许州刺史朱友恭率领一万人马南渡淮河，向杨行密发起进攻，允许朱友恭视前线情况自行决定进攻方案。

董昌让人侦察钱镠的军队动向，凡是回来称钱镠军队强盛的，他总是生出无名之火，将此人斩杀；凡是回来称钱镠军队已经疲惫，军粮行将吃尽的，他总会重赏。四月二十七日，余姚守将袁邠率众投降，顾全武、许再思遂领兵推进到越州城下。五月，董昌亲自率军出城迎战，被顾全武等人击败，遂退回城内固守，顾全武等人将越州团团围住。董昌这时才感到害怕起来，宣布取消帝号，恢复节度使称号。五月三日，苏州常熟镇使陆郢献出苏州城池，投降杨行密，俘虏了苏州刺史成及。杨行密翻检成及家中，发现成及收藏的只有图书、药物，顿时对成及刮目相看，将其任命为行军司马。成及边拜边哭，说道："成及全家一百多号人都在钱大人那里。我丢掉苏州而不能自杀，怎敢再求富贵！希望能让我一人换取全家百人之命。"抽出佩刀就要自杀。杨行密赶忙抓住他的手，把刀夺了下来，将他安排在馆驿之内。成及的住处也有武器，但杨行密对他十分信任，经常身穿单衣前去，与其一起吃饭。钱镠听说苏州陷落，赶忙派人召回顾全武，命其率部赶赴西陵防备杨行密。顾全武说道："越州是敌人的根据地，为何快要攻下之时放弃呢？让我先拿下越州，再回头收复苏州。"钱镠答应了。

五月十四日，顾全武领兵向越州发起猛烈的进攻，到次日一早，攻克了越州外城，董昌领兵固守内城。十八日，钱镠派遣董昌的旧部骆团欺骗董昌道："接到皇帝诏书，命大王退休，返回临安。"董昌信以为真，竟然放弃抵抗，送出印信符节，搬出官邸，出城入住青道坊。十九日，顾全武派遣武勇都监使吴璋用船押送着董昌一行前往杭州，行至小江南（今浙江省绍兴市东南曹娥江支流），遂将其杀害，一并杀害的还有董昌一家老小三百余人以及宰相李邈、蒋瓌以下一百余人。越州被围时，董昌更加贪婪，他下令按人头抽税，还克扣战士们的粮饷，等城破之后，越州城内的仓库中尚有三百余间库房堆满了金帛、杂物，粮仓内尚有三百万斛粮食。钱镠将董昌的人头送至京师，把董昌仓库内的钱帛发给将士们，打开粮仓赈济百姓。

兼并浙东的战争持续一年，至此以钱镠胜利、董昌灭亡而告终，董昌从石镜镇将发迹，历经十九年而亡。董昌被杀后，朝廷遂任命宰相王抟为威胜军（浙东）节度使，还未成行，又改为检校尚书右仆射，浙东西宣抚使。乾宁三年十月，钱镠指使两浙百姓上书，请求让自己兼管浙东，朝廷不得已，又收回成命，仍然让王抟担任吏部尚书、同平章事，而以钱镠为镇海、威胜两军节度使，不久又将威胜军改名为镇东军。

七三七　夺占兖郓（一）

乾宁二年，当董昌称帝、昭宗逃往石门、李克用出兵勤王之际，朱全忠还在全力围攻朱瑄、朱瑾兄弟。

乾宁二年一月五日，朱全忠派遣部将朱友恭领兵包围了兖州，朱瑄从郓州给朱瑾送去军粮，朱友恭设下伏兵，在高梧（今山东省济宁市兖州区东北）将朱瑄的运粮队击败，生擒河东骑将安福顺、安福庆，缴获了全部粮食。杨行密秘密上表昭宗，指斥朱全忠的罪恶，请求昭宗命令易定、兖州、郓州、河东军队一起讨伐。二月二十一日，朱全忠进驻单县，作为朱友恭的声援。而这时，杨行密也率领大军沿运河北上，进入淮河，逐步拔掉朱全忠在淮河上的钉子，全据淮河天险。杨行密领兵来到泗州后，泗州防御使台濛将门庭等布置一新，杨行密看了一脸不悦。离开泗州后，台濛在杨行密的卧室内发现一件补有补丁的衣服，连忙派人给杨行密送去。杨行密笑着说道："我从小出身贫贱，现在也不敢忘本啊。"台濛听了，很是羞愧。杨行密领兵进攻濠州，一举将其攻克，活捉了濠州刺史张璲。杨行密的士兵劫来一个姓李的徐州小孩，已经八岁了，杨行密收为养子，但他的长子杨渥非常讨厌这个小孩，杨行密就对部将徐温说道："这个小孩相貌、性格，与常人不同，我也料到杨渥不会相容，如今就赐给你当儿子吧。"徐温就给这个小孩取名徐知诰。徐知诰对养父徐温非常孝敬，甚至超过了徐温的其他儿子们。一次，徐知诰因故得罪了徐温，被徐温杖打一顿，逐出大营。可是等徐温晚上回家时，发现徐知诰在家门口迎候、叩拜。徐温问道："你为何还在这里？"徐知诰哭着说道："身为儿子的离开了父母，又能去哪里呢？父亲生气了，就找母亲，这是人之常情。"徐温从此对他宠爱起来，让他掌管家事，家人无人敢说二话。等到徐知诰长大以后，见识不凡，喜欢书法，又擅长骑射。杨行密经常偷偷对徐温说：“知诰是个俊杰，诸将的孩子们都不如他啊。”徐知诰就是五代十国时期取代杨行密所建吴国的南唐国开国之君李昪，南唐后主李煜的祖父。

三月三十日，杨行密又领兵包围了寿州（今安徽省寿县）。经过围攻，始终未能攻下，杨行密打算撤军。四月三日，部将朱延寿建议让自己领兵做最后一次尝试，谁知发起第一次进攻，就攻克了寿州，活捉了刺史江从顼。杨行密遂任命朱延寿为权知寿州团练使。得知寿州、濠州相继陷落，朱全忠派遣数万人马南下，企图夺回。寿州守军人数很少，城内军民一片恐惧。朱延寿下令，把军中每二十五名骑兵组成一队，称为一旗，命令黑云都队长李厚率领十旗二百五十名骑兵杀入朱全忠大军之中，未能取胜。朱延寿要杀了李厚，李厚称众寡不敌，请朱延寿再增加点人手，如果再不取胜，死而无憾。都押牙柴再用也替李厚求情，朱延寿这才又给李厚增加了五旗。李厚殊死搏杀，柴再用也领兵协助，朱延寿率领全军随后掩杀，朱全忠军这才败退。杨行密又派人奔袭涟水（今江苏省涟水县），一举将其攻克。

同月，李克用派遣部将史俨、李承嗣率领一万骑兵进入郓州城内，朱友恭只好退回了汴州。乾宁二年上半年，朱全忠不论是在北线还是南线都遭到了失败。但到了下半年，当他看到李克用大举入关勤王、无暇顾及朱瑄兄弟后，就又卷土重来，于九月十八日，亲自率军进攻朱瑄，双方在梁山（今山东省梁山县）会战，朱瑄再败，退回郓州（今山东省东平县）。朱全忠俘获藩将史完府，缴获数百匹战马。十月，朱全忠又派遣都将葛从周领兵进攻兖州，自己则率领大军随后赶来。二十日包围了兖州。十一月，朱瑾的堂兄、齐州刺史朱琼举州投降了朱全忠。这时，杨行密正接到董昌之请发兵南下进攻钱镠，以解越州之围，而李克用则正在关中，清除王行瑜，就给了朱全忠全力进攻兖州、郓州的时机。失去外援的朱瑄兄弟只能靠自己，朱瑄决定采取围魏救赵之策，派遣部将贺瓌、柳存以及河东将领何怀宝率领一万余人长途奔袭，企图偷袭已归降朱全忠的曹州，以解兖州之围。十一月十五日，也就在李克用进入邠州的同一天，朱全忠听说了朱瑄军队偷袭曹州的消息，立即领兵从中都（今山东省汶上县）追赶，天明时分，在巨野南追上了朱瑄的军队，打得朱瑄军措手不及，屠杀殆尽，生擒贺瓌、柳存、何怀宝三将，俘虏三千人。当天下午，突然飞沙走石，天地昏暗，朱全忠说道：“这是杀的人还不够！”遂下令将那三千名俘虏全部屠杀。十八日，朱全忠命人把贺瓌等人在兖州城下展示，对朱瑾说道："你的哥哥已经败了，你还不早早投降！"

朱瑾诈降，朱全忠亲自来到延寿门下与朱瑾交谈。朱瑾说道："我先送去官印，请让我堂兄朱琼进城来取。"十一月二十九日，朱全忠命朱琼前来取印。朱瑾骑马站在吊桥之上，提前把壮士董怀进埋伏在桥下，等朱琼上桥后，董怀进突然跃出，将其擒获，返回城内，不一会儿，就从城上扔出朱琼的人头。朱全忠这才退兵，以朱琼的弟弟朱玭为齐州防御使，杀掉柳存、何怀宝，因听说过贺瓌名望，就放了他加以任用。朱全忠离开兖州时，留下葛从周领兵断后，朱瑾紧闭城门不敢出击。等朱全忠大军走远，葛从周也将率部撤离，就扬言："天平、河东的救兵就要到了，我将领兵去西北方向截击。"半夜，又偷偷返回原来的营寨。朱瑾判断葛从周的精兵都已离去，果然从城内杀出，进攻葛从周的营寨。葛从周领兵冲出营寨，杀死朱瑾军一千余人，生擒其都将孙汉筠，然后凯旋。

朱瑄兄弟向李克用求救，李克用已从关中东归，遂派遣大将史俨、李承嗣率领数千骑兵取道魏博前去救援。

乾宁三年（公元896年）闰一月，李克用再派蕃汉都指挥使李存信率领一万余骑兵取道魏博，前去救援郓州、兖州，驻军莘县（今山东省莘县）。朱全忠派人离间魏博与河东的关系，他对魏博节度使罗弘信说道："李克用志在吞并河朔，河东军返回之时，你这里就危险了。"李存信军纪不严，途中曾劫掠魏博百姓。罗弘信心存不满，遂发兵三万趁夜偷袭河东军。李存信毫无防备，结果被罗弘信击败，军队溃散，退守洺州，士兵们伤亡十之二三，丢弃军粮、辎重、武器上万。史俨、李承嗣之军被魏博军队阻隔，无法西撤。莘县之战后，罗弘信就与河东李克用反目成仇了，一心倒向了朱全忠。朱全忠正全力对付朱瑄、朱瑾，唯恐罗弘信乘虚偷袭汴州，每当罗弘信送来礼物，他总会当着使者的面对着北方行礼，恭恭敬敬地接受，说道："六哥对我，年长一倍，自非邻道可比。"罗弘信信以为真，朱全忠遂得以专心对付东方了。

二月，朱全忠向朝廷举荐兵部尚书张濬担任宰相，昭宗也打算再次任命张濬为相。李克用听说后，上书朝廷，请求发兵进攻朱全忠，并称："假如张濬早上拜相，臣晚上就会来到朝廷！"京师震恐，昭宗赶忙下诏安抚。三月，昭宗任命天雄（今甘肃省秦安县）留后、李茂贞养子李继徽为节度使；保大节度使李思孝上表请求退休，推荐弟弟李思敬继任，昭宗遂以李思孝为太师，退休，任命李思敬为保大留后。朱全忠派遣庞师古领兵讨伐郓州，在马颊（今山东省商河县北）击败朱瑄军，并乘胜来到郓州城下。

四月十日，黄河暴涨，即将冲毁滑州城。朱全忠命人在上游开挖，掘成南、北两条河，两河夹着滑州城一路东流，为害更大。李克用领兵进攻罗弘信，在洹水会战，杀了一万余名魏博军，遂进攻魏州。也就在这时，杨行密率领主力渡江南下，进攻苏州。钱镠、钟传、杜洪受到杨行密的压力，纷纷向朱全忠求救，朱全忠命朱友恭率军乘虚南渡淮河，进入杨行密的江淮腹地。

七三八　夺占兖郓（二）

乾宁三年（公元896年）五月，在杨行密攻下苏州的同时，其大将朱延寿也在长江中游地区发起了攻势，包围了蕲州。

蕲州大将贾公铎正在城外打猎，无法入城，就把士兵们埋伏在树林里，让两名勇士身穿羊皮混入朱延寿军队劫掠的羊群之中，偷偷溜入城内，约定半夜点燃火把为号，打开城门，然后，二人又披着羊皮复命。城内如期点燃火把，贾公铎领兵来到城南，杀入城内。朱延寿大吃一惊，说道："我常担心贾公铎会溃围而出，如今竟然犯围而入，此城何时才能攻破？"遂禀报杨行密，在军中寻找贾公铎的旧交，让其携带书信、金帛入城给贾公铎说明利害，并愿意结为亲家。寿州团练副使柴再用请求一行，他在城下与贾公铎谈话，为其分析利害。数日后，贾公铎与刺史冯敬章一起出城投降，杨行密任命冯敬章为左都押牙，贾公铎为右监门卫将军。贾公铎原系秦宗权部将，脱离秦宗权后，在淮南遇见老友冯敬章，十年前，二人领兵袭占了蕲州，至此为杨行密所得。同月，被贬为梧州司马的崔昭纬向朱全忠求救，五月八日，昭宗派遣使者将其赐死，行至荆南，赶上崔昭纬，将其处死，朝廷内外听说后，无不拍手称快。该月，钱镠攻下了越州，斩杀了董昌，而李克用却在全力进攻魏博，将魏博所属的魏州、博州、贝州、卫州、澶州、相州六州都劫掠个遍。

魏博情况危急，朱全忠从郓州前线召回葛从周，命其进驻洹水救援魏博，留下庞师古进攻郓州。六月，李克用转兵进攻葛从周，朱全忠军队在阵前挖了很多土坑，双方交战正酣，李克用的儿子、铁林指挥使李落落的马被绊倒，被朱全忠的士兵生擒。李克用见状大惊，赶忙飞马来救，谁知马匹也被绊倒，差一点被生擒。李克用弯弓射杀一名敌将，这才脱身。李克用给朱全忠写信，请求双方和解以换回李落落，但朱全忠不答应，将李落落交给了罗弘信，让罗弘信把他杀了。李克用遂率军撤回。李克用退回后，葛从周从洹水东渡黄河，进驻杨刘，再次向郓州发起进攻，与兖州、郓州、河东兵在故乐亭（郓州城西门外）会战，将敌击败。兖州、郓州下属县城均被朱全忠占领，朱瑄兄弟屡屡向李克用求救，李克用虽然发出援军，但被罗弘信阻隔，无法抵达，郓州、兖州自此再也无力反击了。

九月，河东大将李存信进攻临清，在宗城（今河北省威县）以北击败朱全忠部将葛从周，乘胜进逼魏州北门。十月，李克用亲自领兵进攻魏州，在白龙潭（魏州以西）击败魏博军队，追杀到观音门（魏州西门）。朱全忠再次派遣葛从周前去救援，进驻洹水，朱全忠又率领大军赶来，李克用遂撤军。十一月，朱全忠返回大梁，再次派遣葛从周与庞师古会师，一起进攻郓州。

乾宁四年（公元897年）一月，葛从周与庞师古合兵一处，全力进攻郓州。朱瑄兵力寡弱，粮食吃尽，遂不再出战，只是把水注满壕沟固守。十五日，庞师古等人在壕沟西南面扎营，架设桥梁。十七日，汴州军队暗中掘开壕沟放水。二十日，桥梁建成，庞师古领兵趁夜率领中军过桥。朱瑄听说后，弃城逃往中都（今山东省东平县东南六十里），葛从周领兵追赶，途中，农夫们活捉朱瑄及其妻子献给了汴州军队。朱瑄从僖宗中和二年（公元882年）夺取郓州，迄今割据十六年而为朱全忠所灭。

朱全忠进入郓州后，任命庞师古为天平留后（《旧五代史·太祖本纪》称以朱友裕为天平兵马留后）。朱瑾留下大将康怀贞守兖州，自己与河东将领史俨、李承嗣一起领兵劫掠徐州，以补充军粮。朱全忠听说后，派遣葛从周领兵奔袭兖州。康怀贞听说郓州已经失守，遂举城投降。二月三日，葛从周进入兖州，抓获了朱瑾的妻子儿女。朱瑾返回，无处容身，只好率众前往沂州（今山东省临沂市）。沂州刺史尹处宾拒不接纳他们，朱瑾一行继续逃往海州（今江苏省连云港市），不久，受到朱全忠军队的逼迫，又放弃海州，南渡淮河，投奔杨行密。杨行密在高邮迎接朱瑾，上表举荐其为武宁节度使。淮南军队过去擅长水战，但不懂骑射，等到杨行密得到河东、兖州、郓州军队后，声势大振。史俨和李承嗣都是河东猛将，李克用深为惋惜，派人从小路赶往扬州，请杨行密放还二人。杨行密答应下来，也派人赶往河东，与李克用建立友好关系。《旧五代史·太祖本纪》记载，兖州、海州、沂州、密州等州被平定，以葛从周为兖州留后。

朱全忠在军中收了朱瑾之妻，领兵而还。张夫人在封丘迎接，朱全忠把纳了朱瑾之妻一事告诉了张夫人。张夫人请求与朱瑾之妻见上一面，朱瑾之妻拜见，张夫人也跪下回拜，哭着说道："兖州郓州与司空（指朱全忠）是同姓，约为兄弟，因小小变故相互怨恨，乃至兴兵交战，令姐姐受到如此侮辱。来日汴州失守的话，我难道也会像姐姐今日的下场吗？"朱全忠听后，也有所感悟，遂将朱瑾之妻送到佛寺中为尼姑，把朱瑄在汴桥上斩杀。于是，朱全忠控制了郓州（今山东省东平县）、齐州（今山东省济南市）、曹州（今山东省菏泽市定陶区）、棣州（今山东省惠民县）、兖州（今山东省济宁市兖州区）、沂州（今山东省临沂市）、密州（今山东省诸城市）、徐州（今江苏省徐州市）、宿州（今安徽省宿州市）、陈州（今河南省淮阳县）、许州（今河南省许昌市）、郑州（今河南省郑州市）、滑州（今河南省滑县）、濮州（今山东省菏泽市鄄城县）等大片土地。河南山东一带，只有王师范还保有淄青（治所山东省青州市）一道，也对朱全忠是俯首帖耳、唯命是从。李存信还在魏州，听说郓州、兖州已经陷落的消息后，只好领兵撤回了河东。

三月一日，朱全忠上表举荐曹州刺史葛从周担任泰宁（治所兖州）留后，以朱友裕担任天平（治所郓州）留后，以庞师古为武宁（治所徐州）留后。同月，保义节度使王珙领兵进攻护国节度使王珂，王珂向李克用求救，王珙则向朱全忠求救。朱全忠派遣部将张存敬、杨师厚在猗氏（今山西省临猗县）南击破河中军队，河东将领李嗣昭（李克用弟弟李克柔的养子）在猗氏击败王珙的军队，在张店（今山西省平陆县西北）再次击破王珙之军，解除了王珙对河中的围困。

乾宁二年、三年是杨行密扩张最快的时期：南面与钱镠争夺江浙一带；西南沿着长江而上，与武昌节度使杜洪交战；北面清除沿淮各个据点，虎视徐州。急剧扩张，三面出击，也带来了消极影响，那就是兵力分散。乾宁三年年底，杨行密部将安仁义领兵进攻婺州（今浙江省金华市），到乾宁四年年初，钱镠命令行军司马杜稜率部救援，安仁义撤离，转攻睦州（今浙江省建德市），但未能攻克，只好退回。此时，杨行密将主力用于长江中游战场，钱镠瞅准时机，发起了反攻。四月六日，钱镠派遣顾全武等将率领三千兵马从海路救援嘉兴，十四日，进抵城下，大破杨行密军队。杜洪受到杨行密的进攻，向朱全忠求救。朱全忠派遣部将聂金劫掠泗州，朱友恭进攻黄州。杨行密派遣右黑云都指挥使马珣等将领兵救援黄州。黄州刺史瞿章听说朱友恭将至，弃城南守武昌寨（今湖北省鄂州市）。十八日，顾全武等将再击破杨行密十八座营寨，俘虏淮南将领魏约等三千人。淮南大将田頵进驻驿亭埭（今江苏省嘉兴市西），顾全武等将乘胜杀来。二十九日，田頵从湖州前线逃回宣州，两浙军队追击，斩杀了一千余人。五月七日，朱友恭在樊港（今湖北省鄂州市西北）架设浮桥，进攻武昌寨。八日，宣武军队攻克武昌寨，生擒瞿章，拿下黄州。杨行密部将马珣等人从黄州败退。六月五日，钱镠前往越州，接受镇东节度使符节。七月，钱镠返回杭州，命令顾全武进攻苏州。十六日，两浙军队攻克松江（今江苏省苏州市吴江区）。十九日，攻克无锡（今江苏省无锡市）。二十二日，又攻克常熟（今江苏省常熟市）、华亭（今上海市松江区）。去年年底，湖州刺史李师悦上表请求朝廷赐予符节，昭宗下诏在湖州设置忠国军，以李师悦为忠国军节度使。使者还未入境，李师悦就去世了。杨行密上书请求朝廷以李师悦的儿子、前绵州刺史李彦徽知州事。如今，杨行密与钱镠激战，李彦徽打算以湖州归降杨行密，但部众不从，李彦徽单身逃归广陵，都指挥使沈攸以湖州归降了钱镠。

朱全忠消灭朱瑄、朱瑾之后，遂大举进攻杨行密，派遣庞师古率领徐州、宿州、宋州、滑州七万人马，进驻清口（今江苏省淮安市淮阴区西，故泗水注入淮河河口），将直扑扬州；以葛从周率领兖州、郓州、曹州、濮州之兵在安丰（今安徽省霍邱县）扎营，将进攻寿州，朱全忠率领中军进驻宿州，接应两方。淮南一片震恐。

杨行密要应对朱全忠的大举进攻，无暇顾及南线和西线，这也是他在黄州以及苏州等地接连失败的原因。

杨行密与朱瑾率领三万人马进驻楚州（今江苏省淮安市）抵御朱全忠的大军，别将张训从涟水率军与之会师，杨行密任命张训为先锋。庞师古在清口扎营，部下劝谏道："营寨地势低洼，不可长久逗留。"但庞师古不听。庞师古自恃兵多将广，十分轻敌，在军中经常以下棋解闷。朱瑾领兵在淮河上游截流，打算引淮水倒灌庞师古之军。有人告诫庞师古，庞师古却认为此人是在造谣惑众，将其斩杀。

乾宁四年十一月二日，朱瑾与淮南将领侯瓒率领五千骑兵偷偷北渡淮河，使用宣武军的旗帜，假扮成宣武军，从北而来直扑庞师古的中军，张训率先翻过栅栏冲入宣武军军营。宣武军措手不及，加之淮河泛滥，洪水汹涌而至，宣武军陷入大乱。杨行密率领大军北渡淮河，与朱瑾等人前后夹击，宣武军大败。淮南军临阵斩杀宣武军主将庞师古以及手下将士一万余级，剩余部众全部崩溃。葛从周正驻扎寿州西北，杨行密的寿州团练使朱延寿也将其击败，葛从周率军退守濠州（今安徽省凤阳县），听说庞师古战败的消息，只好北撤。

杨行密、朱瑾、朱延寿乘胜追击，一直追杀到淠水（今安徽省寿县西南，注入淮河），葛从周之军一半渡过淮河，淮南军开始发起攻击，宣武军或被杀，或溺水而死，几乎全军覆没，主将葛从周侥幸逃脱。遏后都指挥使牛存节丢掉马匹，步行苦斗，手下残兵败将才稍稍得以渡过淮河，一连四天都没有进食，又遇上大雪，侥幸逃出战场的宣武军士兵又冻死在路边，数万大军返回大梁的不足一千人。朱全忠听说前线战败的消息，也从宿州逃回大梁。

杨行密给朱全忠写信道："庞师古、葛从周都不是我的对手，大人应该亲自前来淮河之上，与我决战。"大胜之后，杨行密召集众将，对行军副使李承嗣说道："一开始，我本想先救寿州，副使你说不如先朝清口而来，庞师古战败，葛从周逃走，如今的结局果然如你所料。"遂赏赐给他一万串钱，又上表朝廷举荐其为镇海节度使（此时该职务由钱镠担任）。杨行密对李承嗣和史俨很宠信，赏赐给二人的府邸、姬妾都是优中选优的，所以二人死心塌地地替杨行密卖命，屡立战功，二人最终还是死在了淮南，并未返回河东。

清口大捷之后，杨行密牢牢地控制了江淮一带，朱全忠再也不敢觊觎淮南了。

七三九　落难华州（一）

回到朝廷。

乾宁二年昭宗没有同意李克用趁机消灭李茂贞、韩建，等李克用东归之后，李茂贞、韩建又骄横如故，二镇进贡给朝廷的财物越来越少，奏章中的语气也越来越傲慢起来了。而机会已经失去，到乾宁三年，李克用不仅失去了中立的魏博节度使罗弘信，无法救援朱瑄兄弟，而且平添了一个对手罗弘信，身陷魏博战场不能自拔，更无暇兼顾关中。

乾宁三年六月，当朱瑄情势危急、屡屡向李克用写信求救、李克用援军却被罗弘信阻挡之际，关中局势再度陷于恶化。昭宗从石门返回京师后，在左右神策军之外又组建了安圣、捧宸、保宁、宣化等军，招募了数万人，命诸王统领这些军队，作为皇帝的亲军；嗣延王李戒丕、嗣覃王李嗣周又各自招募了数千人。李茂贞认为昭宗是想要讨伐自己，言语之间不断透出不满，双方之间的隔阂越来越深。李茂贞整顿军队，扬言要进京鸣冤，长安百姓听到消息纷纷逃亡山谷之间避难。昭宗命令通王李滋以及覃王李嗣周、延王李戒丕分别率领本部护卫京畿，李戒丕之军驻扎在三桥。于是，李茂贞上书称：“李戒丕无故要讨伐臣，臣如今将领兵入京请罪。”昭宗赶忙派人赶赴河东向李克用告急。

乾宁三年六月十七日，李茂贞领兵进逼长安，覃王李嗣周与其在娄馆（今陕西省兴平市西）交战，官军大败。七月，李茂贞逼近长安。延王李戒丕对昭宗说道：“关中藩镇已无人可以依靠，不如从鄜州渡河，前往太原，臣请求先去告知李克用。”十二日，昭宗下诏前往鄜州。十三日，昭宗再次逃出长安，来到渭河北岸。韩建派遣其子韩从允携带奏表请求昭宗前去华州，但昭宗没有答应，任命韩建为京畿都指挥使、安抚制置以及开通四面道路、催促诸道纲运等使。

韩建的目的是想控制昭宗，而昭宗以及手下群臣也都不愿长途跋涉前往太原。十四日，昭宗一行抵达富平，派遣宣徽使元公讯召来韩建，当面商议是去是留。次日，韩建来到富平，见到昭宗，他叩头哭泣，一副忠心耿耿的样子，劝说昭宗道："如今各地藩臣跋扈之人，不只是李茂贞一人。陛下如果抛弃宗庙，远至边地，臣恐怕一旦东渡黄河，再无回京之日了。如今，我华州虽然兵力不足，但控制着关中腹地，也足以自守，臣积聚粮食，训练军队，已经十五年了，距离长安不远，希望陛下前往，以图兴复大计。"昭宗是个思虑肤浅之人，当即就答应下来了。十六日，昭宗驾临下邽（今陕西省富平县东）。次日，来到华州，以节度使府衙为行宫，韩建把自己的衙门迁至龙兴寺内。李茂贞遂领兵占领了长安，把从中和年间以来修缮的宫室、市场，全部付之一炬。二十六日，昭宗下诏以中书侍郎、同平章事崔胤为同平章事、充武安（今湖南省长沙市）节度使。昭宗因崔胤是崔昭纬一党，才将其贬出京师。二十七日，昭宗提拔翰林学士承旨、尚书左丞陆扆为户部侍郎、同平章事。

陆扆，字祥文，本名允迪，吴郡人。曾祖陆澧，官至殿中侍御史。祖父陆师德，淮南观察支使。父亲陆鄯，曾任陕州法曹参军。陆扆进士及第，龙纪元年任蓝田尉，直弘文馆，迁左拾遗，兼集贤学士。大顺二年三月，充翰林学士，改屯田员外郎，赐绯。景福元年，加祠部郎中、知制诰，二年五月，拜中书舍人。陆扆文思敏捷，昭宗对其十分欣赏，把他比作德宗时期的陆贽、吴通玄兄弟。乾宁初，转为户部侍郎。二年，改兵部侍郎，进阶银青光禄大夫、嘉兴男、三百户。三年正月，授予翰林学士承旨，不久改为尚书左丞。

昭宗见天下大乱，也是心急如焚，悲愤交集，一直想得到一位奇伟之人，将越级提拔，全心委任。水部郎中何迎上书推荐国子博士朱朴，盛赞其人才如谢安，道士许岩士也称朱朴有治国之才。昭宗一连数日召见朱朴问话，朱朴口齿伶俐，应答如流，说得昭宗心花怒放，说道："朕虽然不是太宗皇帝，但得到了爱卿你，就仿佛得到魏征一般。"给何迎、朱朴二人都赏赐了很多财帛。八月，昭宗任命徐彦若为大明宫留守，兼京畿安抚制置等使；任命王建为凤翔西面行营招讨使。杨行密秘密上书请求昭宗驾临江淮，王建则请求昭宗驾临成都。宰相们惧怕韩建，不敢单独处理朝政。八月八日，昭宗下诏同意韩建参与朝廷决策，韩建上书坚决推辞，昭宗这才作罢。韩建向各道发布公告，请求一起向华州运来粮食、钱财。李克用听说后，叹息道："去年如果听从了我的话，哪里有今日的灾祸！”又说：“韩建不过是个笨东西，只是在替叛臣削弱帝室，他将来不是被李茂贞消灭，就会被朱全忠消灭。”遂上书将与邻道一起发兵入援。国子博士朱朴对昭宗说道：“如果让我当宰相，一个多月就可以让天下太平。”昭宗深信不疑。十七日，昭宗下诏任命朱朴为左谏议大夫、同平章事。朱朴为人庸俗卑劣，毫无长处，命令下发后，朝廷内外大惊失色，一片哗然。十八日，昭宗下令加韩建兼中书令。

崔胤被罢相，除了昭宗对其不满之外，更重要的是韩建的意思。崔胤暗中向朱全忠求援，还教朱全忠整修东都皇宫，上表奉迎昭宗。朱全忠就与河南尹张全义一起上书请求昭宗迁都洛阳，朱全忠还表示愿意率领两万兵马护驾，又说崔胤是个忠臣，不宜被贬出朝廷。韩建见了朱全忠的奏表，顿时害怕起来，又上奏昭宗请求召回崔胤。昭宗派使者告诫朱全忠暂且安定，朱全忠才作罢。九月十七日，昭宗恢复了崔胤中书侍郎、同平章事，又以翰林学士承旨、兵部侍郎崔远为同平章事。崔远，是武宗时期宰相崔珙弟弟崔玙的孙子。他龙纪元年进士及第，大顺初年担任翰林学士、中书舍人；乾宁三年转任户部侍郎、兵部侍郎承旨。史称，崔远“文才清丽，风神峻整，人皆慕其为人，当时目为‘钉座梨’，言席上之珍也”。十九日，昭宗将只当了三个月中书侍郎、同平章事的陆扆罢相，贬为硖州刺史。崔胤怨恨陆扆取代了自己，污蔑陆扆是李茂贞一党，昭宗不辨真假，就将其贬谪了。《两唐书》则记载，陆扆被贬是在覃王送徐彦若去凤翔上任、与李茂贞交兵之后。当时，陆扆坚决反对称：“播越之后，国步初集，不宜与近辅交恶，必为他盗所窥。加以亲王统兵，物议腾口，无益于事，只贻后患。”但昭宗已经发兵，认为陆扆“沮议”，而将他贬为硖州刺史。根据《资治通鉴》的记载，覃王与李茂贞交战前后有两次，一次发生在景福二年九月，送徐彦若上任；另外一次发生在乾宁三年六月，在景福二年陆扆还不是宰相，《两唐书》可能把覃王两次与李茂贞交战混淆了。如今，可能是崔胤旧话重提，污蔑陆扆与李茂贞有来往。九月二十一日，昭宗任命朱朴兼判户部，凡是军旅财赋之事全交其处理；又任命孙偓为凤翔四面行营都统，以前定难（治所夏州，今陕西省榆林市横山区）节度使李思谏为静难（治所邠州，今陕西省彬县）节度使，兼副都统，任命保大（治所鄜州，今陕西省富县）留后李思敬为保大节度使。十月五日，昭宗加孙偓为行营节度、招讨、处置等使，十日，又以韩建为权知京兆尹，兼把截使。显然，从昭宗出奔华州以后一系列措施来看，他已经向各地发布了讨伐李茂贞的命令，只是李克用正忙于全力进攻魏博的罗弘信，无力出兵关中，而韩建、王建等人也无心与李茂贞火并，这场有名无实的讨伐战争从一开始就胎死腹中了。

十月十一日，李茂贞上书请罪，表示愿意改过自新，向朝廷献出修复宫室的资金，韩建也在一旁替李茂贞说话，最终昭宗也只好不了了之。

截至乾宁三年，朝中重臣分别是：太师李克用，司空徐彦若（八月兼任侍中、大明宫留守、京畿安抚制置使），兼侍中、中书令钱镠（本年五月钱镠消灭董昌、十月昭宗收回王抟担任威胜节度使的命令，以钱镠兼任浙东、浙西两镇节度使），兼中书令韩建（本年八月与朱朴拜相同时任命），同平章事崔胤（七月罢相，出为武安军节度使、九月复职），王抟（八月出任威胜军节度使、十月复职），孙偓（十月出为凤翔行营节度、招讨、处置等使），陆扆（七月任命，九月被贬），朱朴（八月任命），崔远（九月任命），左神策军中尉景务修，右神策军中尉宋道弼。

七四〇　落难华州（二）

乾宁四年（公元897年），昭宗还在华州。

一月八日，镇国（治所华州）节度使韩建上奏称：“华州城防将领张行思等人告发：睦王、济王、韶王、通王（宣宗子李滋）、彭王、韩王、仪王、陈王这八位亲王阴谋杀掉臣，劫持皇上巡幸河中。”韩建忌惮诸王领兵，所以才让张行思等人这样诬陷诸王，想除掉诸王。昭宗接到韩建的奏表后，大吃一惊，赶忙派人召见韩建，打算当面对其解释，但韩建称病不见。

昭宗只好下令让诸王前去韩建那里解释，韩建又拒不见面，还上书称：“诸王突然来到臣的衙门，不知为何。臣仔细思量，还是不该与诸王相见。”又称：“诸王应该自行避嫌，不可轻率前来。陛下如果因骨肉之情包容他们，就请根据旧制，让他们回到十六宅居住，替他们挑选师傅，教他们学习诗书，不要让他们领兵干政了。”最后，他说出他的目的：“希望陛下遣散乌合之兵，以发扬光大仁爱的德行。”奏疏递上去之后，韩建还担心昭宗不从，遂率领本部精兵包围了行宫，接连递上数道奏疏，逼迫昭宗答应。昭宗不得已，于当天晚上下诏，将诸王统领之军全部予以遣散，放归乡里，勒令诸王返回十六宅居住，武器装备全归韩建管理。

得逞之后，韩建又上奏称：“陛下选拔贤才能人，就足以平定叛乱，何必另外设置安圣、捧宸、保宁、宣化殿后四军呢？让人觉得皇恩有厚有薄，乖离了公平的正道。况且，招募的都是些市井无赖，平日里尚且喜乱乐祸，真到危难之际根本毫无用处，让他们手持武器，站在陛下身边，臣非常寒心，请求一并予以遣散。”昭宗无奈，只好把苦心经营的两万余名殿后四军也全部遣散，昭宗身边的亲军再也没有了，他也真正成了一个傀儡。韩建还不罢休，捧日都头李筠，在昭宗逃往石门时，护驾之功位居第一，也被韩建奏请将其在大云桥（华县大云寺前）斩杀。

除去了昭宗身边的爪牙之后，韩建又上奏称："玄宗末年，永王李璘私下江南，图谋不轨；代宗时吐蕃入侵，光启中朱玫造反，都是拥护皇室诸王以争取民心。如今，出使各地藩镇的诸王，也应予以召回。"又上奏称："各种术士出入皇宫，蛊惑圣听，应该一律禁止，不能令他们入宫。"昭宗不得不一一听从。王建把诸王软禁起来，知道昭宗内心非常不满，又奏请册封德王李祐为皇太子，希望能够化解昭宗的怒气。十一日，昭宗下诏册立德王李祐为皇太子，改名为李裕。

一月二十三日，昭宗下诏撤销了孙偓凤翔四面行营节度等使，以副都统李思谏为宁塞（治所延州、今陕西省延安市）节度使。此时，朱全忠刚刚消灭了朱瑄，赶走了朱瑾，声威大振，而杨行密正在全力对付武昌节度使杜洪，昭宗应杨行密之请，下诏任命其为江南诸道行营都统，前去讨伐杜洪。但不久，杜洪就向朱全忠求救，朱全忠命令朱友恭打下了黄州、聂金劫掠泗州，一方面阻止杨行密对长江中游的渗透，另一方面从淮河北岸威胁杨行密的老巢，在这种情况下，杨行密不得不收缩战线，停止对长江中游、江浙一带的扩张，应付来自淮河北岸朱全忠的威胁，与此同时，钱镠瞅准时机，开始向长江三角洲一带挺进，逐步蚕食被杨行密占领的松江、无锡等地，把矛头对准了苏州。

二月十四日，昭宗下诏大赦天下，并祭祀临时宗庙。太子詹事马道殷精通天文，将作监许岩士医术高明，二人均受到昭宗的信任，韩建污蔑二人有罪将二人杀死，又称孙偓、朱朴与二人来往，请求将二人罢相。三十日，昭宗遂下令罢免了孙偓门下侍郎、同平章事，将中书侍郎、同平章事朱朴贬为秘书监。朱朴当权之后，原来所言一个月能平定天下的豪言壮语，无法兑现，弄得人们议论纷纷。不久，昭宗又将孙偓贬为南州司马，朱朴贬为夔州司马、郴州司户；推荐朱朴、后被朱朴提拔为右谏议大夫的何迎也被贬为湖州司马。此时，韩建在朝廷上是一手遮天，他看不顺眼的人一律被贬出朝廷，像刑部尚书张祎等人也都因为他厌恶而被贬谪。

六月，李茂贞上奏称："王建进攻东川，已持续多年，其不听从诏命休兵。"十日，昭宗将王建贬为南州（今四川省重庆市綦江区）刺史，改任李茂贞为西川节度使，以覃王李嗣周为凤翔节度使。覃王李嗣周前去凤翔上任，李茂贞却拒绝移交，并派兵在奉天（今陕西省乾县）包围了李嗣周。七月，韩建给李茂贞写信，李茂贞这才解了奉天之围，覃王李嗣周又回到了华州。

李茂贞出尔反尔，再次惹恼了昭宗，他要亲自驾临奉天，讨伐李茂贞，宰相们苦苦劝谏，最后才作罢。延王李戒丕从晋阳回来后，韩建上奏称："自从陛下即位以来，与近畿藩镇交恶，这都是因为诸王典兵、奸人乐祸所致，致使陛下四处避难。前不久，臣上奏罢去了诸王的兵权，实在是担心会发生意外。如今，我听说延王、覃王二人仍然包藏祸心，希望陛下当机立断，在未乱之前就消除隐患，这是社稷之福啊。"昭宗说道："何至于此！"

延王李戒丕从去年六月前往河东搬兵，但整个乾宁三年下半年李克用正全力对付魏博的罗弘信，企图打通救援朱瑄兄弟的通道，直到今年年初，朱瑄被杀，李克用才放弃在魏博用兵，准备再次入关勤王。当初，李克用夺取幽州以后，并没有把幽州据为己有，而是上表朝廷让幽州旧将刘仁恭当上了节度使，留下一部分河东军队，又留下十名河东心腹大将负责幽州事务，幽州的赋税除了供应当地驻军之外，其余全部送到晋阳。等到昭宗逃往华州之后，李克用曾向刘仁恭征兵，又给成德节度使王镕、义武节度使王部（王处存之子，王处存于乾宁二年去世）写信，打算一起把昭宗送回长安。刘仁恭却推辞契丹入侵边境，需要军队抵御，一直推脱。李克用屡屡催促，使者一个接着一个，等了数月，刘仁恭还是拒不发兵。李克用写信责备刘仁恭，刘仁恭把书信扔到地上，破口大骂，扣押了李克用的使者，还想一并杀掉李克用留下来的十名河东将领，河东将领闻讯逃离了幽州。李克用大怒，遂把勤王之事放到一边，八月，亲自领兵北上讨伐刘仁恭。韩建早就想杀掉诸王，只是一直忌惮李克用而不敢动手，如今，延王李戒丕从河东空手回来，韩建知道李克用无暇顾及朝廷，于是，他开始动手了。

在昭宗迟迟不予回复的情况下，韩建与知枢密刘季述矫诏发兵包围了十六宅。诸王见大兵杀气腾腾，顿时惊慌失措，有的披头散发，有的沿着墙壁，有的登上屋顶，有的爬到树上，大声朝昭宗的行宫呼喊："皇上！皇上！救救孩儿们！"昭宗就算听到，也无能为力。韩建派兵将通王、沂王、睦王、济王、韶王、彭王、韩王、陈王、覃王、延王、丹王十一王押到石堤谷（今陕西省华县西），全部杀害，谎称十一王谋反。因晚唐史料遗失严重，被害的十一王除了通王李滋之外，其他各王都不知世系。

九月五日，李克用率军来到安塞军（今河北省蔚县东）。九日，幽州将领单可及率领骑兵赶到，李克用正在喝酒，前锋禀报："敌人到了！"李克用此时已经喝醉，说道："刘仁恭在哪里？"回答："只看到单可及等人。"李克用怒睁双眼，说道："单可及算什么东西！"当即命令发兵迎战。当天，大雾弥漫，咫尺不辨人物，幽州将领杨师侃在木瓜涧设下埋伏，河东军队大败，死伤一多半。幸亏天上刮起了狂风，下起了瓢泼大雨，雷电交加，幽州军队这才撤离了战场。李克用酒醒之后，知道战败，斥责大将李存信说："我因为喝醉酒误事，你们为何不拼命劝阻！"

而恰恰在李克用木瓜涧惨败之时，昭宗却奇怪地任命彰义节度使张琏（其父张鐇担任节度使仅一年，于乾宁二年去世）为凤翔西北行营招讨使，命其讨伐李茂贞；又恢复王建为西川节度使、同平章事；加义武节度使王郜同平章事。削夺了新任西川节度使李茂贞的官爵，恢复其本名宋文通。匡国军（治所今陕西省大荔县）节度使李继瑭（李茂贞养子）听说朝廷要再度讨伐李茂贞，顿时非常害怕，韩建又添油加醋，李继瑭吓得逃回了凤翔。十月，昭宗任命韩建为镇国（治所华州）、匡国两镇节度使。

七四一　落难华州（三）

乾宁三年七月昭宗逃到华州之后就“讨伐”过李茂贞一次，事隔近一年后，这是他第二次对李茂贞的“讨伐”。

如今，李克用远在幽州，诸王也被韩建诛杀殆尽，昭宗身边的亲兵也被遣散，朱全忠正欲大举南下，消灭杨行密，那么，除了朱全忠和李克用之外，又是谁引诱昭宗作出这一看似符合他的本意，实则是被人牵着鼻子的荒唐决策呢？最大的可能就是王建以及昭宗身边的韩建二人。

说到王建，就不得不说一下乾宁元年以来两川的局势。乾宁元年（公元894年）五月，王建攻克彭州，消灭了杨晟，到乾宁二年六月李克用大举入关勤王时，王建也派遣其简州刺史王宗瑶等人率军勤王，九月二十一日进驻绵阳。十一月二十五日，当李克用已经诛杀王行瑜之后，王建的雅州刺史王宗侃也攻克了利州（今四川省广元市），活捉并杀死了李茂贞任命的刺史李继颙。在王建军的压力下，十二月二日，隶属于李茂贞的阆州（今四川省阆中市）防御使李继雍、蓬州（今四川省仪陇县）刺史费存、渠州（今四川省渠县）刺史陈璠各自率领本部兵马投降了王建。

显然，王建在以朝廷之名讨伐李茂贞的过程中，吃到了甜头，那就是趁李茂贞无力兼顾南面之时，把李茂贞伸到川东一带的触角给赶了出去，自己又得到了实惠。当朝廷赦免了李茂贞之后，王建再无借口继续用兵了，但开弓没有回头箭，他立马把矛头转向了东川，遂上奏朝廷称：“东川节度使顾彦晖不仅不发兵勤王，反而劫掠我军辎重，并派遣泸州刺史马敬儒切断了三峡通道，请求朝廷发兵讨伐。”乾宁二年十二月六日，王建部将华洪在楸林（今四川省三台县北）大破东川军队，斩杀俘虏数万，攻克了东川的楸林营寨。十四日，王建亲率大军进攻东川，别将王宗弼被东川军队生擒，顾彦晖将其收为养子。十六日，通州（今四川省达县）刺史李彦昭率领本部两千人马投降了王建。

到乾宁三年一月，王建部将王宗夔又攻克了隶属东川的龙州（今四川省平武县东南），杀死刺史田昉。闰一月五日，果州（今四川省南充市）刺史周雄向王建投降。五月六日，昭宗派遣中使前往梓州、和解两川，王建虽然奉命返回了成都，但双方的战事并未停止。到七月昭宗再度逃出长安后，王建也曾派人请求昭宗驾临成都，并被昭宗任命为凤翔西面行营招讨使。同年十二月，东川军队焚烧、劫掠了隶属于西川的汉州（今四川省广汉市）、眉州（今四川省眉山市）以及原属东川而被王建占领的资州（今四川省资中市）、简州（今四川省简阳市）。

乾宁四年二月十三日，王建派遣邛州刺史华洪、彭州刺史王宗祐率领五万大军直扑东川，任命戎州刺史王宗谨担任凤翔西面行营先锋使，在玄武（今四川省中江县）击败了李茂贞的部将、养子李继徽等人。十五日，王建又任命决云都知兵马使王宗侃为应援开峡都指挥使，率领八千人马直扑渝州（今重庆市）；决胜都知兵马使王宗阮为开江防送进奉使，率领七千人马直扑泸州（今四川省泸州市）。十六日，王宗侃夺取渝州，渝州刺史牟崇厚投降；二十八日，王宗阮攻克泸州，斩杀刺史马敬儒，打通了三峡水路。凤翔李茂贞部将李继昭领兵救援梓州，留下偏将驻守剑门关，西川将领王宗播将其生擒。此时，昭宗第一次讨伐李茂贞不了了之，四月，昭宗派遣右谏议大夫李洵担任两川宣慰使，和解王建、顾彦晖。五月十二日，王建以节度副使张琳留守成都，亲自率领五万大军进攻东川，将华洪改名为王宗涤。

在这种情况下，李茂贞上书朝廷称王建不听诏命，昭宗遂将王建贬为南州刺史，而任命李茂贞为西川节度使，以覃王接任凤翔节度使。六月十九日，王建攻克了梓州南寨，生擒东川将领李继宁。二十二日，李洵赶到梓州，二十五日，李洵在张杷砦与王建见面，王建指着军队中的旗手说道："战士们一致要求，我也无法阻止。"紧接着，就发生了覃王上任、李茂贞拒绝的事，昭宗暗下再次讨伐李茂贞的决心。而这期间，王建与顾彦晖还在激战，一共会战五十余次，到了九月一日，王建大军终于清除了梓州外围，包围了梓州城。蜀州刺史周德权向王建建议道："大人与顾彦晖争夺东川已经三年了，将士们在战场早已疲惫，百姓们也因运输粮草而陷于困顿。东川很多强盗占领州县，顾彦晖软弱无能，一心想苟且偷生，送给这些人很多财物，指望他们会来救他，所以他才一直不降。如今，我们如果派人向这些人晓谕祸福，投降的赏给他们官，不服的就用武力威胁，这样一来，顾彦晖依靠的人反为我所用了。”王建采纳了他的建议，顾彦晖愈加孤立了。

到乾宁四年下半年，王建对顾彦晖的打击已经到了最后阶段，而恰恰在这时，发生了昭宗恢复王建职务、再次讨伐李茂贞之事，就显得非常耐人寻味。合理的解释是：王建借李茂贞拒绝覃王、与朝廷再次反目之机，欺骗昭宗自己将要讨伐李茂贞，鼓动昭宗发布讨伐李茂贞诏书，其目的就在于牵制李茂贞的兵力，使其无法全力救援顾彦晖，从而为自己最终夺取东川换取宝贵的时间。同样，韩建也趁机不费一兵一卒，将自己身边的匡国军纳入自己的手里。王建、韩建一内一外，把昭宗骗得团团转，二人只是把昭宗当作一个棋子，各怀鬼胎，而昭宗竟然懵懵懂懂地上当了。

有了昭宗这个旗号，李茂贞的部将纷纷向王建投降。十月十日，东川的知遂州（今四川省遂宁市）侯绍率领两万部众投降王建，十三日，知合州（今重庆市合川区）王仁威率领一千部众投降王建，十六日，李茂贞的援军将领李继溥率领两千援军投降。王建向梓州发起了猛攻，十八日，顾彦晖将全族子弟以及养子们聚集在一起喝酒，放回了王宗弼。酒醉后，顾彦晖命令养子顾瑶先杀了自己和其他一起喝酒的人，然后自杀。王建随后进入城内，城内尚有七万守军，王建命令王宗绾又分兵夺取了东川昌州（今重庆市大足区）、普州（今四川省安岳县）等地，任命王宗涤为东川留后。

此时，李克用在木瓜涧惨败后已经撤回晋阳。刘仁恭上奏称：“李克用无缘无故讨伐我，我已经在木瓜涧大破了他的军队，请求朝廷任命我担任统帅讨伐李克用。”昭宗不许。刘仁恭又给朱全忠写信，朱全忠上奏请求加刘仁恭同平章事，昭宗答应了。刘仁恭派人向李克用道歉，陈述自己背叛李克用的缘由以及内心不安之意。李克用回信说：“如今你手握强兵，治理百姓，选拔人才，希望他们对你感恩，提拔将领也想让他们对你戴德。你自己就不如此，别人怎么能做到？我能够料到你的骨肉之间会相互猜疑，亲信之间会相互残杀，你自己手持宝剑将不敢交给别人，就算手捧歃血的盘子，也不知说出什么样的誓言来！”

十二月二十一日，当江淮的杨行密大败朱全忠、江淮战事逐渐停息下来时，两川战事也结束了，王建从梓州返回，二十七日回到了成都。当年，南诏国王舜化以及宰相给昭宗君臣送来信函，年号中兴。朝廷方面打算以诏书回复，王建上书称："南诏不过一小小蛮族，不足皇帝下诏书。我王建在西南，他一定不敢入侵的。"

王建如愿以偿，就不再出川进攻李茂贞了，这让明眼人一眼就看出昭宗又被人家玩弄了一回，朝廷颜面再次丢失。激愤之余，右拾遗张道古上书，直斥昭宗的无能，他在奏疏上称："国家有五种威胁、有两种乱象。昔日，汉文帝即位不久，就已经熟悉治国理政之道了。如今，陛下已经登基十年了，竟然还不懂驾驭群臣之道。太宗皇帝对内安定国家，对外开疆拓土，四海之内无不称臣。如今，先朝的疆域几乎丧失殆尽，臣虽然微贱，私下感伤陛下的江山社稷如今受奸臣的愚弄，最终会被贼臣窃取啊！"李道古的话说到了昭宗的痛处，让他恼羞成怒，下令将李道古贬为施州司户，并专门下诏宣布李道古的罪状，命谏官们传阅，引以为戒。

公元898年一月，两浙的钱镠、江西的钟传、武昌的杜洪、淄青的王师范一起上书朝廷，请求朝廷任命朱全忠为都统，讨伐杨行密，昭宗没有同意。昭宗任命兵部尚书刘崇望为同平章事、东川节度使；提拔昭信（今陕西省安康市）防御使冯行袭为昭信节度使。昭宗还颁布《罪己诏》，恢复了李茂贞的姓名官爵，各道讨伐凤翔的军队一律撤回。一月二十二日，河中节度使王珂亲自到晋阳迎娶李克用的女儿，李克用派遣部将李嗣昭协防河中。

在顾彦晖危急之时，李茂贞发兵救援，无暇与朝廷作对，只好谎称改过，与韩建一起拥戴昭宗。昭宗见王建无心讨伐李茂贞，也只好作罢。李茂贞、韩建二人又给李克用写信，称昭宗已经离开长安很久，希望能握手言和，一起拥戴皇室，并请求李克用派来工匠重修宫室，李克用大败之后，无力西进，就答应了。李茂贞和韩建话虽如此说，但并没有实际行动，等二人听说朱全忠受崔胤蛊惑要把昭宗迎至洛阳，就害怕起来，正式向昭宗提出修复长安宫殿，护送昭宗回京。昭宗下诏任命韩建为修宫阙使，各道也都送来修缮费用、物料、人手。韩建命令都将蔡敬思监工，建成之后，二月，韩建亲自验收。五月，昭宗听说王建已经任命王宗涤为东川留后，只好把刘崇望召回。八月二十二日，昭宗从华州启程，二十五日，回到长安。二十七日，宣布大赦天下，改元为光化元年。

七四二　改元光化（一）

乾宁这四年里，发生的大事主要有：一年，朱全忠蚕食郓州、兖州；李克用夺回山东昭义三州、诛杀李存孝；孙儒余部刘建锋占领长沙；李茂贞消灭杨复恭等人；李克用夺取幽州。二年，浙东节度使董昌称帝；钱镠讨伐董昌；杨行密夺取沿淮各地；昭宗避难石门、李克用入关勤王、消灭王行瑜；朱全忠进攻郓州、兖州；王建进攻东川。三年，李克用救朱瑄，与魏博罗弘信反目，进攻罗弘信；朱全忠全力对付朱瑄兄弟；杨行密救援董昌、染指黄州等地；钱镠消灭董昌，占据两浙；昭宗再次与李茂贞反目，逃往华州；东西川交兵。四年，韩建诛杀诸王；朱全忠占领兖州、郓州，消灭朱瑄；王建夺占东川、顾彦晖自杀；李克用进攻幽州战败；朱全忠进攻淮南战败。

除此之外，这些年来，自从刘建锋占领长沙以后，湖南也发生了一些变故。乾宁二年四月，朝廷方面承认既成事实，任命刘建锋为武安节度使，刘建锋以马殷为内外马步军都指挥使。邓处讷的降将蒋勋想当邵州（今湖南省邵阳市）刺史，刘建锋没有答应，蒋勋遂与邓继崇一起起兵发动叛乱，联络飞山（今湖南省靖州县）、梅山（今湖南省冷水江市）的山蛮骚扰湘潭（今湖南省衡山县），占领了邵州，并派遣部将申德昌领兵进驻定胜镇（在今邵阳市东北），扼守潭州进出邵阳的要道。同年，安州（今湖北省安陆市）防御使家晟与朱全忠的亲信蒋玄晖有旧仇，恐怕大祸临头，遂与指挥使刘士政、兵马监押陈可璠率领三千人马长途奔袭桂州（今广西壮族自治区桂林市），杀死桂管经略使周元静，取而代之。家晟酒后羞辱陈可璠，被陈可璠亲手砍死，推举刘士政知军府事，陈可璠自任副使。朝廷遂任命刘士政为桂管经略使。

到乾宁三年一月，刘建锋派遣都指挥使马殷领兵讨伐蒋勋，攻克了定胜寨。

就在马殷领兵进攻邵州之际，潭州后方却发生了变故。原来，刘建锋当上武安节度使后，沉溺酒色，不理政务。侍卫亲兵陈赡的妻子貌美，刘建锋与其私通，陈赡知道后，在长袖中暗藏铁锤将其杀死。众将又领兵将陈赡杀死，迎立行军司马张佶为武安留后。张佶骑马刚要入府，坐骑突然狂躁不安，把张佶的左腿踢伤。张佶感觉不妙，就向众将道谢说："马大人有勇有谋，宽厚乐善，我自愧不如，他才是我们真正的主公啊！"遂下书召唤马殷。马殷接到公文后，狐疑不定，卫队将领姚彦章劝说道："大人与刘龙骧、张司马三人一体，如今龙骧遇祸，司马受伤，上天之命，众心所向，除了大人您之外还能有谁呢？"马殷遂留下心腹将领李琼继续进攻邵州，自己则径直返回了长沙。

马殷回到长沙后，张佶被人抬着进入军府，坐着接受马殷的叩拜，而后，张佶命马殷登上公堂，把留后之职让给了他。接着，张佶走下公堂，率领将吏们向马殷拜贺，自己又当行军司马，代替马殷领兵进攻邵州。期间，一向安定的荆南也开始向周边地区扩张起来。荆南节度使成汭与部将许存沿长江逆流西上，夺取了沿江各地。武泰（今重庆市彭水县）节度使王建肇丢弃黔州，收拾余众退守丰都（今重庆市丰都县）。许存又领兵向西夺取了渝州（今重庆市）、涪州（今重庆市涪陵区）。成汭任命部将赵武担任黔中留后，许存担任万州刺史。成汭知道许存不得志，遂派人探察，那人回报称："许存不理政事，整天踢球。"成汭说道："这是他想逃跑啊，先锻炼脚力呢。"遂派兵偷袭，许存弃城而逃，召集部众，驻扎茅坝（今重庆市江津区）。赵武屡屡进攻丰都，王建肇无力固守，遂与许存一起投降了王建。王建猜忌许存有勇有谋，打算除掉他。掌书记高烛劝道："大人正招揽英雄以图霸业，许存走投无路投奔我们，为何要杀掉呢！"王建遂让许存领兵驻守蜀州，暗中派王宗绾前去监视。王宗绾对王建说许存忠诚勇敢，又谦虚厚道，有良将之才，王建听了这才放了他，将其改名为王宗播。王宗播的孔目官柳修业经常劝王宗播要谨慎安静，才能免去灾祸。此后，王宗播每次作战，遇到强敌，总是冲在最前面，等立下战功后，常常称病，从不夸耀，因此，他在乱世之中才得以善终。

乾宁三年九月，朝廷在任命崔胤为武安节度使不久，又以湖南留后马殷为判湖南军府事。马殷以高郁为谋士，高郁是扬州人。马殷畏惧杨行密和成汭，打算给两方送去金帛和解。高郁说道："成汭不足为虑。杨行密是大人的仇人，就算给他送去万金，他岂肯给我们伸出援手？不如上拥戴天子，下安抚百姓，训练士兵，建立霸业，则谁能与我为敌呢？”马殷听从了。马殷就是五代十国楚国的开国之君。此后，崔胤没有到湖南上任，朝廷遂以马殷为武安留后。乾宁四年二月，张佶攻克邵州，生擒蒋勋。当时，湖南下辖七个州，只有潭州和邵州在马殷之手，其余五个州都被强盗占据，其中，杨师远盘踞衡州（今湖南省衡阳市），唐世旻盘踞永州（今湖南省永州市），蔡结盘踞道州（今湖南省道县），陈彦谦盘踞郴州（今湖南省郴州市），鲁景仁盘踞连州（今广东省连州市）。

乾宁四年八月，镇南（治所洪州、今江西省南昌市）节度使钟传要讨伐吉州（今江西省吉安市）刺史周琲，周琲率领部众逃奔广陵，投靠了杨行密。十二月六日，威武（治所福州）节度使王潮去世。王潮重病期间，没有让王延兴、王延虹、王延丰、王延休这几个儿子当接班人，而是让弟弟王审知当了知军府事。等王潮去世后，王审知把留后之位让给哥哥、泉州刺史王审邽，王审邽知道王审知有功劳，推辞不受，王审知遂自称福建留后，上表朝廷。王审知就是五代十国闽国的开国之君。

虽然昭宗在乾宁五年（公元898年，该年上半年为乾宁五年，下半年因昭宗回京而改元为光化元年）年初，下了《罪己诏》息兵，撤回了讨伐李茂贞的各路军队，但各地军阀根本不理，依然按照各自计划进行着兼并战争。

先说李克用和朱全忠这一对老冤家。

乾宁四年九月李克用刚刚遭遇木瓜涧惨败，到了十一月朱全忠就遭遇了清口惨败，这两个百战百胜、威震天下的老对手，一南一北都受到了一次致命的打击，也让二人一个从幽州抽手，一个从江淮撤出，把目光同时转向了河朔。

朱全忠派遣副使韦震入朝奏事，请求兼任天平军（治所郓州）节度使，朝廷没有答应。韦震竭力争取，朝廷不得已，只好任命朱全忠担任宣武、宣义（治所滑州）、天平三镇节度使。朱全忠任命韦震担任天平留后，以前台州刺史李振担任天平节度副使。李振是李抱真的曾孙。义昌节度使卢彦威残暴凶恶，又对邻道无礼，与卢龙节度使刘仁恭争夺食盐之利，刘仁恭派遣儿子刘守文率军偷袭沧州，卢彦威弃城而逃，携家带口逃到了魏州。罗弘信拒不接纳，卢彦威只好南逃到了汴州，投奔朱全忠。刘仁恭夺取了沧州、景州、德州三州，以刘守文担任义昌留后。刘仁恭吞并义昌镇后，兵力更盛，自以为得到上天的帮助，遂产生了兼并河朔之志，他替儿子刘守文向朝廷索要节钺，朝廷不许。当时，正巧中使来到范阳，刘仁恭对中使说道：“我自己就能弄来节钺，只不过想要长安的老招牌罢了，为何屡屡上书却不同意？你回去替我说说！”朱全忠与刘仁恭交好，并联络魏博军队一起对付李克用。

乾宁五年四月八日，朱全忠率领大军进至巨鹿（今河北省巨鹿县）城下，击败一万余名河东军，并乘胜追击，一直打到青山口（今河北省邢台市境内），缴获战马一千余匹。二十八日，朱全忠派遣将领葛从周分兵进攻洺州，次日，攻克洺州，斩杀了李克用任命的刺史邢善益，生擒敌将五十余人。

五月一日，昭宗宣布大赦天下。同时，葛从周领兵转攻邢州，邢州刺史马师素弃城而逃。五日，磁州刺史袁奉韬自杀。朱全忠以迅速动作就拿下了李克用在太行山以东的昭义三州，遂以葛从周为昭义留后，凯旋。忠义（治所湖北省襄阳市）节度使赵匡凝听说朱全忠遭受清口惨败的消息后，就暗中投靠了杨行密。朱全忠听说后，遂派遣宿州刺史氏叔琮领兵讨伐，七月二十八日，氏叔琮攻克唐州（今河南省泌阳县），生擒随州刺史赵匡璘，在邓城击败了襄州军队。八月二十一日，朱全忠部将康怀贞偷袭邓州（今河南省邓州市），一举攻克城池，活捉刺史国湘。赵匡凝害怕起来，派人向朱全忠投降，朱全忠答应了。二十七日，昭宗回到长安，再次宣布大赦天下，改元为光化元年。

七四三　改元光化（二）

改元之后，昭宗想以一己之力平息天下藩镇之间的战争，遂派遣太子宾客张有孚担任河东、汴州宣慰使，分别给李克用、朱全忠送去诏书，又命宰相给二人写信，劝说二人停战和解。李克用打算接受，但又感觉自己先接受了，面子上过不去，就给宰相王镕写信，托他给朱全忠捎信致意，但朱全忠不从。九月，魏博节度使罗弘信去世，军中拥立其子、节度副使罗绍威担任留后。

朱全忠之子朱友恭领兵从江淮回师，路过安州（今湖北省安陆市）时，有人告密说安州刺史武瑜暗中与杨行密勾结，阴谋偷袭朱友恭的军队，十月三日，朱友恭领兵进攻武瑜，将其诛杀。同月，李克用派遣部将李嗣昭、周德威率领两万步骑从青山杀出，打算夺回山东邢州、洺州、磁州三州。十月六日，李嗣昭、周德威进攻邢州，葛从周出战，大破河东军。李嗣昭等人率军退入青山，葛从周随后追击，将要切断河东军的退路。河东军步兵首先溃败，李嗣昭无法控制。正巧，横冲都将李嗣源领兵赶到，对李嗣昭说道：“我们如果再溃退，就大势已去了，我试着替大人迎击汴军。”李嗣昭说道：“好，我随你身后一起出击。”李嗣源遂下马，在高处布阵，指指点点，葛从周看不出他要搞什么花样。突然，李嗣源命令部队冲杀下来，李嗣昭随后冲入战场，葛从周遂领兵而退了。

在河东军东出青山失败后不久，保义节度使王珙带着汴军进攻河中，王珂赶忙向李克用告急。李克用派遣李嗣昭领兵救援，在胡壁（今山西省万荣县西南）击败汴军，汴军退走。前常州刺史王柷为人刚直，又有些名望。昭宗下诏将其召回，当时的人们一致认为王柷此次入京极有可能被拜为宰相。王柷路过陕州时，王珙对他毕恭毕敬，照顾得无微不至，还希望能以本家侄儿之礼拜谒王柷，可是王柷坚决不予接受。王珙恼羞成怒，命令护送王柷的军队将王柷及其家人全部诛杀，把尸体扔到黄河，并劫掠钱财，向朝廷上报称是船沉了。朝廷也不敢深入追究。

朱全忠因奉国（治所蔡州）节度使崔洪与杨行密有来往，就派遣部将张存敬领兵进攻。崔洪害怕了，请求把弟弟、都指挥使崔贤留到汴州当人质，并说："将士蛮横，不受节制，请求派两千前往汴州，跟着你四处征战。"朱全忠答应了，这才把张存敬召回。

十二月，昭义节度使薛志勤去世。李克用讨伐王行瑜时，李罕之曾向李克用请求担任邠宁节度使。李克用说道："王行瑜自恃功劳要挟君主，我才与你一起讨伐他。昨日击破王行瑜之日，我已经上奏朝廷速速命苏文建上任。今天，我的奏表才刚刚送到朝廷，就突然变卦，传出来朝野人士一定会认为我们也跟王行瑜是一类人。我与你情同手足，也根本没有什么舍不得的，等我们回到本镇，再给大人论功行赏。"李罕之当时就很不乐意，私下对盖寓说道："我自从河阳失守之后，蒙受大王的庇护，已经很多年了。近年来已日渐衰老，早已厌倦了军旅生活，如果蒙大王和您的怜悯，赏赐给我一个小镇，让我有数年的时间休养士兵，养养病，然后再告老还乡，就是我最大的愿望啊。"盖寓替李罕之求情，李克用却没有答应。每次藩镇出现空缺，李克用从未考虑过李罕之，这更令李罕之非常郁闷。盖寓唯恐李罕之会产生异心，竭力向李克用推荐，李克用却说："对李罕之，我怎会吝惜一座军镇？只是李罕之此人就如同一只老鹰，让它一直饿着才能为我所用，一旦让它吃饱了，就会远走高飞了。"

等薛志勤去世后，十余天之内李克用还未确定留后人选，李罕之趁机率领泽州军队趁夜闯入潞州，派人给李克用送信，称："薛铁山已死，州民无主，我担心图谋不轨之人会发动叛乱，遂领兵入城镇抚，等待大王定夺。"接到李罕之的书信后，李克用大怒，派人斥责李罕之。李罕之见李克用没有承认自己，就逮捕了河东军将领马溉等人以及沁州刺史傅瑶，派遣儿子李颢向朱全忠请降，并把马溉、傅瑶等人送给了朱全忠。李克用派遣李嗣昭领兵南下讨伐，李嗣昭先夺取了李罕之的老巢泽州，把李罕之的家眷送到了晋阳。

光化二年（公元899年）一月十三日，昭宗罢免了中书侍郎兼吏部尚书、同平章事崔胤，改任兵部尚书陆扆为同平章事。同时，朱全忠上表请求任命李罕之为昭义节度使，又以权知河阳（治所孟州）留后丁会、武宁（治所徐州）留后王敬荛、彰义（治所邠州）留后张珂为各自军镇的节度使。同月，杨行密与朱瑾率领数万人马北上进攻徐州，驻军吕梁，朱全忠派遣骑兵将领张归厚赶赴救援。刘仁恭调派幽州、沧州等十二州军队共计十万人马，打算兼并河朔诸镇，先攻克了贝州（今河北省清河县），屠杀城内一万余户百姓，将尸体全部投入清河之内。刘仁恭的暴行不仅没有吓到其他城池的军民，反而让各地军民增强了战斗意志，各自固守城池，拒不投降。刘仁恭又进攻魏州，驻扎城北，魏博节度使罗绍威派人向朱全忠求救。朱全忠派遣崔贤返回蔡州，调派那两千蔡州兵赶赴大梁。二月，奉国军将崔景思等人杀掉了崔贤，劫持崔洪，驱赶蔡州军民南渡淮河，投奔杨行密。途中，蔡州军民逐渐逃回，最终抵达广陵的不足两千人。朱全忠命令许州刺史朱友裕进驻蔡州。朱全忠亲自率领大军救援徐州，杨行密听说后，领兵退去。汴军在下邳赶上了淮南军，杀死淮南军一千余人。朱全忠行至辉州（今山东省单县），听说杨行密退去，就回师了。

三月，朱全忠派遣部将李思安、张存敬领兵北上救援魏博，进驻内黄。三月十日，朱全忠亲自率领中军进驻滑州。刘仁恭对儿子刘守文说道："你比李思安勇敢十倍，应当先生擒此人，再回头搞定罗绍威。"遂派遣刘守文、妹夫单可及率领五万精兵进攻李思安所部。十四日，李思安命令部将袁象先在清河右岸埋伏，李思安率领主力在繁阳迎战，假装战败撤退，刘守文领兵追击。追至内黄以北，李思安反扑，袁象先的伏兵突然杀出，刘守文大败，单可及临阵被斩杀，汴军斩杀俘获了三万人，刘守文侥幸逃出一命。单可及是幽州名将，号称"单无敌"，内黄之战中被杀后，幽州军队士气受到很大影响。

当时，葛从周从邢州率领八百精锐骑兵已经进入魏州城内。三月十五日，刘仁恭进攻上水关、馆陶门（魏州的北城、北门）。葛从周与宣义牙将贺德伦领兵出战，对守门人说道："前有强敌，不可自留后路。"遂命守门人关闭了城门。自断后路的葛从周等人领兵殊死搏杀，刘仁恭大败，幽州将领薛突厥、王郐郎被汴军生擒。次日，汴军和魏军合兵一处，再次向刘仁恭发起进攻，一举击破幽州八座营寨，刘仁恭父子烧毁营垒北逃。汴军、魏军乘胜追击，一直追至临清，幽州败兵被杀或被挤入永济渠内淹死的，不计其数。成德王镕之军也趁机在东部边境截杀幽州军，从魏州一直到沧州五百里之内，尸横遍野。刘仁恭经此大败，实力大损，而朱全忠则更强了。刘仁恭进攻魏州时，罗绍威为了自救，也派人向李克用求和并求救，三月十九日，李克用派遣李嗣昭领兵救援。谁也没有想到朱全忠如此迅速就解决了刘仁恭，罗绍威又与李克用断绝了关系，李嗣昭只好领兵撤回。

葛从周以击败刘仁恭之威，趁势领兵从土门（今河北省石家庄市鹿泉区西南）西进，进攻河东李克用，攻克了承天军（今山西省阳泉市东北）。别将氏叔琮从马岭（今河北省邢台市西北）进入河东，攻克了辽州（今山西省左权县）、乐平（今山西省昔阳县），并向榆次（今山西省晋中市榆次区）挺进。李克用派遣内牙军副周德威领兵迎战。氏叔琮军中有一员名叫陈章的猛将，军中号称“陈夜叉”，担任先锋。陈章对氏叔琮说道：“河东军依靠是猛将周杨五（周德威的乳名），请让我将其拿下，赏赐给我一个州。”李克用听说后，就派人告诫周德威要小心行事。周德威说道：“他是在说大话！”双方在洞涡（今山西省太原市南）交战，周德威身穿士兵服装到阵前挑战，对部下说：“你一见陈夜叉就跑。”陈章果然追赶，周德威从旁边杀出，用流星锤一锤将其打下马来，活捉。周德威乘胜进攻氏叔琮，将其打得大败，斩杀三千级。氏叔琮丢掉营垒而逃，周德威领兵追击，一直追杀到石会关（今山西省榆社县西），又杀死汴军一千余人。氏叔琮战败后，葛从周也只好撤离。三月二十四日，朱全忠命令河阳节度使丁会领兵进攻泽州，将泽州攻克。

五月，李克用派遣蕃汉马步都指挥使李君庆率军进攻昭义节度使李罕之，七日，李君庆包围了潞州。朱全忠进驻河阳，九日，派遣部将张存敬领兵救援李罕之，十日，再派丁会随后进发。汴军大破河东军，李君庆撤围北逃。李克用大怒，斩杀了李君庆及其裨将伊审、李弘袭，再任命李嗣昭担任蕃汉马步都指挥使，领兵继续进攻潞州。六月三日，李罕之病危。五日，朱全忠上表请求任命李罕之担任河阳节度使，以丁会担任昭义节度使。不久，又以其部将张归霸代替葛从周驻守邢州，以葛从周代替丁会驻守潞州。十五日，李罕之去世。同月，一向残暴多疑的保义节度使王珙为部下所杀，军中推举都将李璠担任留后。

七月，朱全忠的海州守将陈海宾投降了杨行密。杨行密淮海游弈使张训觉得陈海宾内心难测，就与涟水防遏使王绾率领两千人马直扑海州，占领了城池。同月，朱全忠又召回了葛从周，另派贺德伦进驻潞州。八月五日，李嗣昭领兵来到潞州城下，又分兵进攻泽州。八日，朱全忠部将刘玘放弃泽州逃走，河东军又乘胜攻克了天井关（今山西省晋城市南），李克用以李存璋担任泽州刺史。贺德伦紧闭潞州城门不战，李嗣昭每天派遣骑兵绕城巡逻，逮捕出城砍柴的守军，并将潞城城外三十里之内的庄稼全部铲平。二十四日夜，贺德伦等人放弃潞州，趁夜向壶关（今山西省壶关县）逃走，河东将领李存审的伏兵截杀，杀死很多汴军。

葛从周率领援军赶到，听说贺德伦已经战败，只好撤军。李克用上书朝廷任命汾州刺史孟迁担任昭义留后。

淄青节度使王师范因下辖的沂州、密州发动叛乱，向杨行密求救。十月，杨行密派遣海州刺史台濛、副使王绾领兵北上，攻克了密州，又把密州交还给了王师范。将要进攻沂州前，先命人前去侦察，侦察兵回来禀报道："城内偃旗息鼓。"王绾说道："城内肯定早有防备，并且救兵就要赶来了，不可进攻。"众将纷纷说道："我们已经打下了密州，沂州又能怎样？"王绾制止不住，只好埋伏树林中等待前线的战况。果然，众将进攻沂州未能得手，沂州救兵也赶到了，只好退去。沂州军队从后追击，王绾的伏兵杀出，才将沂州军队击败。

十一月，陕州都将朱简杀掉了李璠，自称留后，投靠朱全忠，并请求改名为朱友谦，当朱全忠的侄儿。同月，朝廷加忠义节度使赵匡凝兼中书令，十二月，加魏博节度使罗绍威同平章事。

七四四　改元光化（三）

光化三年（公元900年）二月，李克用决定大举征调晋阳军民整修晋阳的城防工事。押牙刘延业劝谏道：“大王威震华夏，应该扬兵四境，不该修筑城防，否则不仅会让您的声望受损，而且会令敌人产生觊觎之心。”李克用向其表示谢意，并赏赐给他金帛。

四月，朱全忠派遣葛从周率领兖州、郓州、滑州、魏州四镇之兵共计十万人马进攻刘仁恭。五月四日，葛从周之军攻克德州，斩杀了德州刺史傅公和。十三日，包围刘守文的沧州。刘仁恭又派人出使河东，向李克用摇尾乞怜求援。李克用既往不咎，派遣周德威率领五千骑兵从黄泽关（今山西省左权县东南）杀出，进攻邢州、洺州，以救刘守文。

刘仁恭率领五万幽州军南下救援沧州，驻扎乾宁军（今河北省青县）。葛从周留下张存敬、氏叔琮守卫沧州军营，亲自率领精兵迎敌。双方在老鸦堤（今河北省青县东南）会战，葛从周大破刘仁恭，生擒刘仁恭部将马慎交等一百余人，斩首三万级，刘仁恭退守瓦桥（今雄安新区）。七月，李克用再派都指挥使李嗣昭率领五万大军进攻邢州、洺州，以缓解刘仁恭的压力，在内丘（今河北省内丘县）击败汴军。王镕派人和解朱全忠、刘仁恭两方，大雨不停，朱全忠遂把葛从周召回。

八月，李嗣昭在沙河（今河北省沙河市）击败汴军，进攻洺州。十日，朱全忠领兵救援，救兵还未到，李嗣昭已经攻下了洺州，生擒刺史朱绍宗。朱全忠命令葛从周率军进攻李嗣昭。九月，葛从周从邺县（今河北省磁县南）西渡漳水，进驻黄龙镇（洺州南）。朱全忠亲自率领三万中军渡过洺水扎营。李嗣昭放弃洺州撤离，葛从周在青山口设下埋伏截杀，大破河东军。

朱全忠借口成德王镕与李克用来往，转兵北上进行讨伐。汴军直扑镇州（今河北省正定县），攻克临城（今河北省临城县），北渡滹沱河，进攻镇州的南门，焚烧了关城。朱全忠亲自来到元氏（今河北省元氏县），王镕害怕了，派遣判官周式来见朱全忠求和。朱全忠一脸怒气，对着周式大吼道："我屡屡给王镕写信劝说，他就是不听！如今我大军已经到此，决不会饶他！"周式回答："镇州与太原距离很近，不断受到河东军的入侵，四邻各自自保，不来救援，王大人只好与之联合，全是为了解救百姓啊。如今大人真能替百姓除害，天下谁能不听从大人，不单单我们镇州啊！大人就像是唐朝的齐桓公、晋文公，应当推崇礼仪道德，以成就你的霸业。如果只逞强斗狠，镇州虽然很小，但城防坚固，粮食充裕，大人虽然有十万之众，也无能为力！何况王家五代镇守此地，世人都仰慕他们忠孝传家，人人愿意替他们卖命，后果难以预料！"朱全忠听了，马上咧嘴大笑，拉住周式的袖子，迎入大帐之中，说道："刚跟你开个玩笑而已！"遂派遣刘捍入城面见王镕。王镕把自己的儿子、节度副使王昭祚以及大将们的子弟送给朱全忠当人质，又送来二十万匹丝绸犒赏朱全忠之军。朱全忠撤军，把自己的女儿嫁给了王昭祚。

成德判官张泽对王镕说："河东是个强敌，如今我们虽然有朱全忠撑腰，但这如同家中着火，怎能等到远处之水？幽州、沧州、易定尚且依附河东，不如说服朱全忠乘胜兼并了河北各镇，等河北各镇合而为一以后，就有实力对抗河东了。"王镕又派周式去说服朱全忠，这正中朱全忠的下怀，朱全忠大喜，遂派遣张存敬会同魏博军队北上进攻刘仁恭。九月二十九日，张存敬攻克瀛州（今河北省河间市）。十月二日，攻克景州（今河北省沧州市交河镇），生擒刺史刘仁霸。七日，张存敬又攻克了莫州（今河北省任丘市北）。张存敬一路杀来，连克二十座城池，打算从瓦桥直扑幽州，但因道路泥泞难行，遂转兵西进，进攻易定。二十七日，张存敬攻克祁州（今河北省无极县），杀掉刺史杨约。

义武节度使王郜派遣后院都知兵马使王处直领兵数万抵御。王处直请求依托城池修筑栅栏，等敌人精疲力尽之后再发动进攻。孔目官梁汶却说道："昔日幽州、镇州三十万大军进攻我们，我们当时人马不足五千，一战就将其击败。如今，张存敬之兵不过三万，我军人数又是昔日的十倍，为何示弱于敌，依托城池固守呢？"王郜听信了梁汶之言，就命令王处直领兵迎战，双方在沙河交战，易定军队大败，被杀一多半，残兵败将保护着王处直逃回。十月三十日，王郜放弃定州（今河北省定州市）逃奔晋阳，军中拥立王处直担任留后。

张存敬包围了定州。十一月十二日，朱全忠来到定州城下，王处直登上城楼大喊："本道忠于朝廷，也从未冒犯过大人，为何来进攻我们？"朱全忠问道："你们为什么依附河东？"王处直回答："我哥哥与晋王一起立下战功，封疆相近，又是亲家，和平共处，相互往来，这是常情，既然你不高兴，我们愿意从此改变态度。"朱全忠答应了。王处直把罪过推到梁汶身上，将梁汶灭族，向朱全忠道歉，并送上十万匹丝绸（《旧五代史》称三十万缯帛）犒劳朱全忠之军。朱全忠这才撤军，上表推荐王处直担任节度使。刘仁恭派儿子、义昌节度使刘守文救援定州，进驻易水之上。朱全忠派遣张存敬领兵袭击，斩杀六万余人。从此以后，河北各镇都听命于朱全忠了。

当初，王部向李克用告急，李克用派遣李嗣昭率领三万步骑从太行山南下，攻克了怀州（今河南省沁阳市），又进攻河阳（今河南省孟州市）。河阳留后侯言没有想到河东军突然来到，惊慌失措，不知该如何应对，李嗣昭摧毁了河阳城外用于防御的羊马城（短墙）。佑国军（治所洛阳）将领阎宝领兵救援，在护城河外死战，终于打退了河东军。

经过这三年的作战，朱全忠的势力已经伸向了河朔三镇，成为全国实力最强的军阀，而李克用不仅丢掉了昭义镇在山东的三州，甚至一度丢掉了昭义镇在山西的泽州、潞州，也失去了魏博、成德、易定这几个在山东的盟友，实力大损。

在这三年里，各地军阀之间的兼并战争也在持续进行着。

江浙地区：

光化元年三月，杨行密部将周本领兵救援苏州，钱镠部将顾全武将其击破。杨行密部将秦裴率领三千人马攻克了昆山（今江苏省昆山市），并入城驻防。顾全武从去年七月进攻苏州，一直打到今年九月，苏州城内粮食吃尽，外援也被切断。九月十七日，杨行密任命的苏州刺史台濛弃城而逃，城外援军也随之撤离。顾全武攻克苏州，在望亭（今江苏省无锡市东南）击败周本等军。秦裴固守昆山，顾全武率领一万余人发起进攻。秦裴屡屡领兵出战，命生病的士兵身披铠甲、手持长矛，充当肉盾，强壮的在后发射弓弩，顾全武之军总被击退。顾全武给秦裴送去书信，劝其投降。顾全武曾经当过和尚，秦裴送来一封密封书信，声称将要归降。顾全武大喜，召来众将当众打开信函，里面却放了一卷佛经。顾全武十分羞愧，说道："秦裴不担忧死在眼前，还有闲心来戏弄我！"遂增兵攻城，引河水灌城。城墙崩塌，粮食吃尽，秦裴这才投降。钱镠准备了一千人的食物招待俘虏，谁知等秦裴出城，只有不足一百名羸弱之兵。钱镠大怒道："你如此羸弱，为何敢一直负隅顽抗？”秦裴回答：“秦裴我从大义上绝对不会对不住杨大人的，今日力尽而降，并非出自我的真心。”钱镠很赞赏他的话。顾全武也劝钱镠饶了秦裴，钱镠答应了。当时的人们都觉得顾全武是位忠厚长者。

打下苏州后，闰十月，钱镠任命部将曹圭担任苏州制置使，派遣王球领兵进攻婺州。十一月，衢州刺史陈岌向杨行密投降，钱镠命令顾全武领兵讨伐。十二月，杨行密送还前年俘虏的钱镠部将成及等人，请求交换去年被俘的魏约等人，钱镠答应了。

光化二年三月，婺州刺史、孙儒旧部王坛向宣歙观察使田頵求救。四月，田頵派遣行营都指挥使康儒领兵救援。五月十八日，康儒等将在龙丘（今浙江省龙游县）击败钱镠之军，生擒主将王球，并夺占了婺州。王坛从景福元年十一月占领婺州，至今八年而败。

光化三年一月，康儒领军进攻睦州（今浙江省建德市），钱镠派遣堂弟钱銶抵御。八月，康儒所部粮食吃尽，从清溪逃回。同年睦州刺史陈晟去世，其弟陈询自称刺史。

川陕地区：

光化元年五月，朝廷任命武定节度使李继密为山南西道节度使。八月，改华州为兴德府。九月，加韩建为太傅、兴德尹，加王镕为中书令，罗弘信守侍中。二十二日，东川留后王宗涤对王建说，东川疆域五千里，公文往还动辄数月，请求把遂州（今四川省遂宁市）、合州（今重庆市合川区）、泸州（今四川省泸州市）、渝州（今重庆市）、昌州（今重庆市大足区）五州，另行设置一镇，王建上书奏报朝廷。

光化二年五月，朝廷在遂州设置武信军，下辖上述五州。六月，朝廷任命王建部将王宗佶担任武信军节度使。光化三年二月，昭宗任命西川节度使王建为兼中书令。六月，加东川节度使王宗涤同平章事。七月，朝廷晋升西川节度使王建为兼东川、武信军两道都指挥制置等使。至此，不论从名义上还是实际上，王建已全取了四川。

湖南、岭南地区：

马殷控制潭州之后，部将姚彦章请求领兵夺取衡州、永州、道州、连州、郴州五州，并推荐李琼担任统帅。光化元年五月，马殷任命李琼、秦彦晖为岭北七州游弈使，张图英、李唐为副使，领兵进攻衡州，斩杀了盘踞衡州的杨师远。夺取衡州之后，他们又转攻永州，围困一个多月，唐世旻弃城逃走，途中被杀。马殷遂任命李唐担任永州刺史。同年，韶州刺史曾衮领兵进攻广州，州将王瓌率领战舰接应。清海行军司马刘隐一战破敌。韶州将领刘潼又占领了浈（今广东省英德市）、浛（今广东省英德市北）二地，刘隐领兵讨伐，将其斩杀。

光化二年七月，马殷派遣永州刺史李唐进攻道州，变民头领蔡结集结山蛮，埋伏交通要道上，大破李唐之兵。李唐说道："山蛮依靠的就是山林，如果在平地作战，岂能击败我！"遂命人纵火焚烧山林，山蛮纷纷逃窜，遂攻克了道州，生擒蔡结，将其斩杀。十一月，马殷又派遣部将李琼进攻郴州，活捉陈彦谦，将其诛杀。继而，进攻连州，鲁景仁自杀，湖南各地全部被平定。

光化三年五月，邕州发生兵变，驱逐节度使李鐬。李鐬借来邻道的军队将兵变扑灭。九月，朝廷升桂管为静江军，以桂管经略使刘士政为静江军（治所今广西壮族自治区桂林市）节度使。十月，刘士政听说马殷平定岭北的消息，大为恐慌，派遣副使陈可璠领兵进驻全义岭（今广西壮族自治区资源县东越城岭）戒备。马殷派人向刘士政求和，但陈可璠一口拒绝。马殷派遣部将秦彦晖、李琼率领七千人马进攻刘士政。马殷所部推进到全义岭，刘士政又派遣指挥使王建武领兵进驻秦城（今广西壮族自治区桂林市北八十里）。陈可璠劫掠百姓的耕牛宰杀，犒赏军中将士，引起当地百姓们的怨恨，自愿给湖南军队充当向导，他们对湖南军队说："从这里往西南有一条小路，距离秦城才五十里，只能通过单人单骑。"秦彦晖派遣李琼率领六十名骑兵、三百名步兵偷袭秦城，夜半，这支奇袭部队来到秦城城下，翻越城墙，进入城内，生擒了王建武，等到天明，他们又返回到全义岭。湖南军队将王建武五花大绑，推到陈可璠的营垒前面，但陈可璠仍不相信。湖南军队遂斩杀了王建武，将其人头扔到陈可璠的营垒之内，桂管守军这才相信，顿时军心大乱。李琼趁机领兵发起进攻，生擒陈可璠及其手下两千将士，全部斩杀，然后，领兵直扑桂州，从秦城以南桂管军的二十余座营垒均望风溃散。湖南军队包围桂州数日后，刘士政出城投降，桂州、宜州（今广西壮族自治区河池市宜州区）、岩州（今广西壮族自治区来宾市）、柳州（今广西壮族自治区柳州市）、象州（今广西壮族自治区象州县）五州全部投降。马殷任命李琼担任桂州刺史，不久又上表朝廷任命其为静江节度使。刘士政在乾宁三年夺取桂州，前后六年至今被消灭。

七四五　宫中惊变（一）

相对于纷乱不已的各地藩镇，这三年来，京畿地区稍稍安定一些。

昭宗自从华州回京之后，一直是闷闷不乐，经常酗酒，喜怒无常，令近臣们都是人人自危。光化二年九月十二日，昭宗任命凤翔节度使李茂贞为凤翔、彰义（治所泾州）两镇节度使。昭宗安抚住了李茂贞和韩建二人，才使得京畿粗安起来，然而，当光化二年一月昭宗把崔胤罢相之后，朝中政局就发生了一丝微妙的变化。我们先说光化元年、二年朝廷的重臣，分别为：光化元年，太师李克用，司徒徐彦若，守太傅韩建，同平章事崔胤、王抟、崔远，左神策军护军中尉景务修，右神策军护军中尉宋道弼（《资治通鉴》称枢密使朱道弼、景务修，《旧唐书》亦称是宋道弼），枢密使严遵美。光化二年，太师李克用，太保徐彦若，太傅韩建，司空兼同平章事王抟，同平章事崔远、陆扆（正月崔胤罢相、陆扆拜相），左神策军护军中尉景务修，右神策军护军中尉宋道弼，枢密使严遵美。

光化二年（公元899年）一月，昭宗把崔胤罢相、再次提拔陆扆为宰相，实际上是乾宁三年（公元896年）罢免崔胤、提拔陆扆为相的延续，至此，朝中宰相是徐彦若、崔胤和陆扆三人。光化二年昭宗回京之后，宦官宋道弼、景务修又开始专权，与崔胤发生矛盾，而昭宗素来就厌恶宦官专权，崔胤就时常与昭宗一起商量除掉宦官们，此事也让宦官们知道了，导致南衙北司之间形同水火，矛盾加深，各自联络地方藩镇作为外援，相互倾轧。徐彦若和王抟明达有度量，时人称为贤相，见朝中斗争日趋激烈，都很担心风波再起。王抟曾劝说昭宗道：“君王应当从大处着眼，对待众人一视同仁，不要厚此薄彼。偏任偏听，是最不可取的。如今宦官专权，这是人尽皆知的，然而一直未能改变。主要是因为现在的形势无法短时间内彻底清除，等到天下逐渐太平之后，再采取稳妥的办法予以清除。陛下千万不可轻易走漏风声，以免加速变乱的发生。”崔胤也听说了王抟的话，就诬陷王抟说：“王抟奸佞邪恶，已经被宋道弼等人收买，成为宦官们在外朝的同党，不可再居相位。”听了崔胤的话，昭宗也开始对王抟怀疑起来了。等崔胤罢相后，就怀疑是王抟说了自己的坏话，对王抟更为恼怒。到光化三年二月二十四日，昭宗任命崔胤为同平章事、充清海节度使。崔胤就给朱全忠写信求援，把王抟的话又转述给了朱全忠，让朱全忠上书一一予以驳斥。朱全忠上书称：“朝廷不可让崔胤离开相位，王抟与宦官们相互勾结，一起危害江山社稷。”昭宗虽然了解崔胤与朱全忠勾结的内情，但迫于朱全忠一而再、再而三上书的压力，不得已又召回了崔胤。当时崔胤已经行至湖南，到光化三年六月十一日，昭宗再次任命崔胤为司空、门下侍郎、同平章事，把王抟贬为工部侍郎；又将宋道弼贬为荆南监军，景务修贬为青州监军。十二日，再把王抟贬为溪州刺史。十三日，再贬为崖州司户；宋道弼流放到驩州；景务修流放到爱州。同日，又将三人全部赐死。王抟死在蓝田驿马站，宋道弼和景务修死在灞桥驿马站。昭宗又改任枢密使刘季述、王奉先（《资治通鉴》记作王仲先）为两军中尉。自此，崔胤开始把持朝政，威震内外，宦官们对他都是侧目而视，非常愤恨。

崔胤把持朝政后，又因太保、门下侍郎、同平章事徐彦若官位在自己之上，对徐彦若很是嫉恨。徐彦若也有所察觉，就自请离开朝廷，到地方上任职。当时，全国各地的藩镇都被强臣把持，只有清海节度使是薛王李知柔，朝廷还能调得动，徐彦若就请求接替李知柔。九月二十日，昭宗任命徐彦若为同平章事、充清海节度使。徐彦若路过荆南时，荆南节度使成汭设宴款待。过去，澧州和朗州属于荆南，后被雷满占据。成汭屡屡上书朝廷，请求朝廷下令将两州归还荆南。朝廷早已对地方失去控制，如果照成汭的话下诏，雷满根本不会理睬，不仅令朝廷颜面全无，而且还会引发新的战争，因此，宰相徐彦若就没有答应，相反，还承认了既成事实，在澧州和朗州设立了武贞军，由雷满担任武贞军节度使。此举让成汭一直耿耿于怀，等徐彦若来到后，成汭就在宴席上旧话重提。徐彦若说道：“大人是地方大员，还自比为齐桓公和晋文公，雷满不过是一个小小的盗贼，你尚且打不过，难道还想埋怨朝廷吗？”成汭听了，满脸羞愧。

崔胤逼死王抟，赶走徐彦若之后，紧接着，又将崔远罢相。九月二十一日，昭宗下诏将中书侍郎兼吏部尚书、同平章事崔远罢相，只保留中书侍郎一职，提拔刑部尚书裴贽为中书侍郎、同平章事。裴贽，字敬臣，进士及第，是懿宗时期宰相裴坦的侄儿。昭宗曾经怀疑裴贽表里不一，外表严谨，私下淫荡，就问翰林学士韩偓，韩偓回答："裴贽，是以节俭传家的咸通大臣裴坦侄儿，为人友爱，与疏远的族人生活在一起，所以才有人制造这种流言。"

昭宗一会儿贬斥崔胤、一会儿又召回崔胤；一会儿诛杀王抟、一会儿又赶走徐彦若；一会儿贬斥崔远、一会儿又怀疑裴贽，都说明经历了这么多次的颠沛流离和各方打击，昭宗内心已经到了行将崩溃的边沿。在华州，随着诸王的被杀和亲军的被遣散，昭宗复兴帝国的希望也破灭了，眼看着满目疮痍、千疮百孔的帝国，他已经是有心无力、回天乏术了。原本就欠缺政治智慧的他，如今变得更为颟顸冲动起来。实际上，在他回到京师之后，最需要做的是团结内臣、外臣，和解南衙北司，一致对外，宋道弼、景务修所谓的专权其实是与外朝宰相，具体地说就是与崔胤一人的争权，昭宗不应介入他们之间的争斗，并且，此时的神策军中尉已无多少实权，也没有多少兵力了，如果昭宗应对适当，宦官集团对昭宗本人是没有太大的威胁的，这从昭宗轻易将宋道弼、景务修二人处死就可见一斑。然而，失去理智的他，在崔胤的鼓动下，反而想趁宦官集团虚弱之际把整个宦官集团彻底清除干净，这无疑让朝廷内部争斗加剧起来，也把他自己置于一个非常危险的境地了。

宋道弼和景务修死后，整个宦官集团更加害怕，于是，新任左军中尉刘季述、右军中尉王仲先、枢密使王彦范、薛齐偓等宦官们暗中商议道："主上轻佻，诡计多端，很难侍奉。他只听南司的，我等最终还会大祸临头。不如拥立太子为帝，尊主上为太上皇，争取凤翔（李茂贞）、镇国军（韩建）的支持，挟天子以令诸侯，谁又能奈我何？"遂订下了发动政变的计划。

光化三年十一月五日，昭宗在皇家园林内打猎，就在苑中设宴饮酒，直到夜幕降临，喝得酩酊大醉的他才回到宫中。不知何故，酒后的他情绪失控，竟然亲手砍死了数名侍从宦官和宫女。次日，已经到清晨八九点钟了，宫门还未打开。刘季述来到中书省对崔胤说道："宫中一定出现了变故，我是内臣，有处置紧急情况之权，请允许我入宫察看。"遂率领一千名禁卫军破门而入。入宫之后，经过询问，才得知实情，刘季述又从宫中出来，再次面见崔胤，说道："主上所作所为，竟然是这个样子，岂能再治理天下？废黜昏君，拥立明主，这从古至今都有先例。这种做法是为江山社稷着想，并非忤逆啊。"崔胤害怕受到连累被杀，遂不敢有异议。

当天，刘季述就在大殿上排列军队，召来百官，拿出一份请求太子监国的奏疏，让百官们署名。崔胤等百官不得已，都一一签字。当时，昭宗还在乞巧楼，刘季述、王仲先提前在门外埋伏一千士兵，而后，与准备受昭宗接见的宣武进奏官程岩等十余人一起入内。等刘季述、王仲先二人刚登上大殿，提前埋伏在门外的士兵们突然大喊，冲入宣化门，朝思政殿杀来，一路上碰见宫女就杀掉，径直赶到乞巧楼前。昭宗看见军人杀入，吓得从座位上栽下来，再从地上爬起，想要逃走。刘季述、王仲先见状，赶忙一左一右架住他，将他摁在座位上。惊慌失措的宫女们逃到何皇后那里禀报，何皇后闻讯，匆忙赶来，向刘季述和王仲先叩头恳求道："大帅不要吓坏了主上，有什么事全听大帅的。"刘季述等人遂将百官签名的奏疏呈给昭宗，并说："陛下厌倦了当皇帝，内外群臣的一致意见是请太子监国，请陛下居住东宫，颐养天年。"昭宗说道："昨天与你们一起饮酒作乐，不觉喝得太多，事情也不至于走到这一步吧。"二人回答："这不是臣等所为，是朝廷群臣的意思，不可违背啊。请求陛下暂且先去东宫，等事态稍稍平定之后，再迎陛下回到皇宫。"何皇后见双方僵持不下，唯恐昭宗受害，说道："陛下赶快答应了吧。"遂上前将玉玺拿着交给了刘季述，程岩牵着昭宗的衣服下殿，宦官们当即扶着昭宗、何皇后上了人力推车，十余名嫔妃、侍女一起前往少阳院（东宫）。

七四六　宫中惊变（二）

等昭宗一行进入少阳院后，刘季述手持银棍，在地上画线，数落起昭宗起来。

他边数落，边画线，说道：“某年某月某日，某件事，你不听我的话，这是你的一条罪……”就这样数落了几十件事，还没说完。而后，他亲自动手用大锁锁住了院门，命人熔化铁水将大锁灌死，派遣左神策军副使李师虔领兵围住少阳院，昭宗的一举一动都要禀报刘季述，在墙上挖一个小洞，每天从小洞送入日常饮食，任何武器，甚至是一根针、一片刀都不允许送入。昭宗要求送来一点钱和一点布帛，刘季述也不答应，又索要纸张、毛笔，也不给。当时已经进入隆冬，随从昭宗进入少阳院的嫔妃、公主们没有棉衣、棉被，号哭之声传到墙外。

同日，刘季述等人矫诏命令太子李裕监国，将李裕迎入皇宫。次日，他们再次假传圣旨，令李裕即皇帝位，改名为李缜；以昭宗为太上皇，何皇后为太上皇后。十一月十日，李缜即皇帝位，将少阳院改名为问安宫。刘季述给宰相、百官、藩镇节度使加官晋爵，又赏赐百官、将士们钱财布帛，以取悦众人。杀害了昭宗幼弟、睦王李倚；凡是昭宗宠信的宫女、侍从、术士、僧道，一律用棍棒打死。刘季述等人每夜都要杀人，白天用十辆车从宫中运出尸体，为了恐吓众人，有的车上只装载一两具尸体。刘季述将要杀害司天监胡秀林时，胡秀林斥责道：“大帅已经囚禁了君父，难道还想多杀无辜之人吗？”刘季述忌惮他的正直，才罢手。刘季述等人还想杀害崔胤，但又顾忌到朱全忠的态度，遂只是解除了崔胤兼任的度支盐铁转运使一职而已。

崔胤偷偷给朱全忠写信，劝说朱全忠起兵，帮助昭宗复辟。前尚书左仆射张濬现已退休，居住在长水（今河南省洛宁县郊区），听说京师政变的消息后，也赶往洛阳，面见河南尹张全义，劝说他起兵，而后，张濬又给包括朱全忠在内的藩镇节度使们写信，劝说大家起兵勤王。此时，一名叫李愚的举人正在华州游历，听说昭宗被囚禁后，就给韩建上书，劝说韩建勤王。他在书信中写道："我每每读书，读到君臣父子之间发生忤逆之事时，恨不得将书中的忤逆之人绑到街市上斩首。大人身居京畿重镇，君父已经被囚禁月余，而你却袖手旁观，无动于衷，这是我不理解的。我私下判断，朝中宰相们有心无力，藩镇诸侯则有力无心，只有大人心怀忠义，是朝廷的依靠。往年皇上逃难，大人哭号着奉迎圣驾，一连几年供应饮食，重建皇家宗庙、宫室，您的忠义令天下之人都深为感动，人们至今还在歌咏传唱。如今的情况又与往日不同，大人身处要地，身兼将相。自从宫中变故以来，已过去多日，大人如果不率先号令勤王，迟疑不决，一旦山东诸侯号召起来，联兵西上，到那时大人想全身而退，也恐怕是不能了！这是事态发生的必然结果。大人不如向全国各地发布檄文，晓谕顺逆的道理，等军声一振，元凶必然破胆，十余日之内刘季述和王仲先一定会人头落地，这是最好的策略。"韩建没有听从，李愚遂告辞而去。李愚，字子晦，曾被卢彦威任命为安陵簿。五代十国时期，李愚曾在后梁、后唐任官，后唐明宗李嗣源时，李愚官至中书侍郎、同平章事。

朱全忠听到京师政变的消息时，还在定州行营，十一月二十三日，他领兵开始南返。十二月十四日，朱全忠回到了大梁（今河南省开封市）。刘季述听说朱全忠南返的消息后，也非常害怕，赶忙派养子李希度赶赴大梁，面见朱全忠，许诺把大唐江山送给朱全忠；又派遣供奉官李奉本携带太上皇的诏书，让朱全忠过目。在巨大的利益面前，朱全忠开始犹豫起来，遂召集幕僚们一起商议。有人说："朝廷大事，不是我们藩镇该管的。"唯独天平节度副使李振提出："王室有难，正是我们成为霸主可以利用的机会。如今，大人就是大唐的齐桓公和晋文公，是朝廷安危所系。刘季述不过是一介宦官而已，竟然敢囚禁天子，大人如果置之不理，又怎么号令诸侯呢！况且，一旦幼主之位稳定下来后，朝廷大权都归于宦官了，这是把太阿宝剑的剑柄拱手让人啊！"朱全忠听后，茅塞顿开，当即下令囚禁了李希度、李奉本二人，并派遣李振前往长安了解情况。李振回来后，朱全忠又派遣心腹蒋玄晖再次赶赴长安，与崔胤接头，权衡利弊。据《旧唐书·崔胤传》记载，当初朱全忠虽然盘踞河南，但忌惮河朔、河东，根本没有产生取代唐朝之意，"及得胤为乡导，乃电击潼关，始谋移国。自古与盗合从，覆亡宗社，无如胤之甚也。”大约崔胤之言，让朱全忠产生了入主关中、控制朝廷的打算。在把蒋玄晖派往长安之后，朱全忠又把在长安的进奏官程岩召回了大梁。

李缜即位数十日，各地藩镇大多在观望，很多藩镇都未送来贺表，这意味着新朝并未得到大多数藩镇的认可。王仲先本性苛察，素知左右神策军的积弊，等他当上中尉之后，就开始进行整顿，核查军中钱粮，凡是侵吞军中钱粮的官兵，一律予以毒打，勒令交回侵吞的钱粮，弄得军中将士人人自危。曾任盐州雄毅军使的孙德昭现任左神策军指挥使，自从刘季述等人废黜昭宗之后，经常愤愤不平。崔胤听说后，就派遣判官石戬与其来往，每次酒酣耳热之际，孙德昭总会泪流满面。石戬知道孙德昭的诚意后，就偷偷把崔胤的意思转述给他道："自从太上皇被囚禁以来，朝廷内外大臣乃至贩夫走卒，无不恨得咬牙切齿。如今，谋反之人只有刘季述、王仲先二人而已，大人如果真能诛杀此二人，迎接太上皇复辟，定能富贵一时，流芳千古。如果迟疑不决，这份功劳恐怕会落入他人之手了。”孙德昭感动得说道："德昭我不过是一介低级军官，国家大事，岂敢擅自做主。既然相国有命，不敢爱惜生命。”石戬遂向崔胤汇报。崔胤遂割下衣襟，亲笔写下指令，交给了孙德昭。孙德昭又联络右神策军清远都将董彦弼、周承诲，密谋除夕之夜在安福门设下伏兵，袭杀刘季述和王仲先。

光化三年（公元900年）除夕之夜，三将各自率领本部人马偷偷埋伏安福门外。次日就是公元901年的元旦，一大早，右神策军中尉王仲先就上朝了，当他行至安福门时，早已在此等候多时的孙德昭，突然上前将其生擒、斩杀，然后，带着人头飞奔至少阳院，敲门喊道："逆贼已经被杀，请陛下速速出来犒劳将士们！"何皇后不信，说道："如果真是如此，把逆贼的人头送来。"孙德昭献上王仲先的人头，昭宗才与何皇后命人毁坏宫门，走出少阳院。

崔胤迎接昭宗驾临长乐门楼，率领百官向昭宗道贺。与此同时，周承诲领兵逮捕了刘季述、王彦范，将二人押至昭宗面前。昭宗正要开口责问，二人已被乱棍打死。薛齐偓见大势已去，只好跳井自杀，也被人从井中拖出尸体，将人头砍下。昭宗下令将刘季述四人灭族，并诛杀二十余名四人的同党。宦官们保护着太子李缜藏匿左神策军军营，献出传国玉玺。昭宗说道："李裕年幼，被奸党拥立，不是他的罪过。"命其返回东宫，废掉其太子之位，免为德王，恢复李裕之名。光化四年（公元901年）一月三日，昭宗下令晋升孙德昭为同平章事，充静海（治所交州，今越南河内市）节度使，赐名李继昭。四日，昭宗晋升崔胤为司徒，崔胤坚决推辞。昭宗对他更加优厚。六日，朱全忠听说刘季述等人已经被杀的消息，遂下令打断程岩的双脚，将其与刘希度、李奉本等人一起押送到京师，程岩等人均被斩首示众。朱全忠也因此事对李振越发敬重起来了。七日，昭宗晋升周承诲为同平章事、岭南西道节度使，赐名李继诲；晋升董彦弼为同平章事、宁远节度使，赐名李彦弼，与李继昭三人均留在宫中护驾，十日之后才放三人回家，赏赐给三人无数财物，当时的人们称三人为“三使相”。十日，昭宗晋封朱全忠为东平王。

一月二十三日，昭宗下令称：“近年以来，宰相们在延英殿商议军国大事之时，枢密使也一同出席，经常发生争吵。议事之后，中书省起草的诏书，枢密使又称与皇帝的旨意不符，又一再改动，争权乱政。从今以后，完全恢复大中时期（宣宗朝）的旧例，等宰相们奏事之后，枢密使才能上殿听命。”又下令将刘季述一党、左右神策军副使李师虔和许彦孙二人赐死。也许是出于维护京师稳定方面的考虑，崔胤又将凤翔、彰义节度使李茂贞征召入朝护驾，昭宗遂晋封李茂贞为守尚书令，兼侍中，封为岐王。

刘季述和王仲先死后，崔胤、陆扆上书认为：“祸乱发生的根本原因就在于宦官统领禁军。请求命崔胤统领左神策军，陆扆统领右神策军，如此一来，诸侯就不敢再冒犯朝廷，王室自然就恢复了尊严。”昭宗犹豫了两天，迟迟没有作出决定。没有不透风的墙。在此期间，李茂贞就得知了此事，顿时大怒说：“崔胤还没有把军权弄到手，就已经想剪灭诸侯了！”昭宗召来李继昭、李继诲、李彦弼三人商量，三人纷纷说道：“我们世代在军中任职，从未听说过以书生当统帅的；如果把左右神策军划归南司，一定会任免很多人，不如还归北司妥当。”于是，昭宗就对崔胤、陆扆说道：“将士们不愿隶属于文臣，你们就别再强求了。”遂任命枢密使韩全诲、凤翔监军使张彦弘分别担任左右神策军中尉。韩全诲也曾任凤翔监军，二人之所以能够当上中尉，应该与李茂贞入朝有密切关系，如此一来，李茂贞多少可以间接控制左右神策军，至少能够保证神策军对自己不构成太大的威胁。昭宗又征召已经退休的前枢密使严遵美担任两军中尉、观军容处置使。严遵美是宦官集团中为数不多的忠厚长者，声望很高，但此时的他已经看透了朝中险恶的政局，不愿再履险地了。严遵美说道：“让我统领一军尚且做不到，何况还统领两军呢？”遂坚决予以推辞，昭宗只好作罢。又任命袁易简、周敬容担任枢密使。

七四七　大举攻晋（一）

要求得到满足的李茂贞很快就离京回镇了。

崔胤觉得用宦官领兵，终归是个心腹之患，打算用外镇之兵制约神策军，就暗示李茂贞在京师留下三千军队，充当宿卫军，由李茂贞的养子李继筠统领。左谏议大夫韩偓提出反对意见，崔胤推脱道："是士兵们自己不愿离京，不是朝廷要留下他们的。"韩偓反驳道："一开始为何要召来他们呢？"崔胤无言以对。韩偓又说："留下这支军队只能让家国都陷于危险境地，不留他们家国都会安全。"但崔胤不从。

二月，在崔胤的引荐下，昭宗又晋升翰林学士、户部侍郎王溥为中书侍郎、同平章事。王溥，字德润，是文宗朝大理卿王正雅的堂孙。进士及第，历任礼部员外郎、史馆修撰，与崔胤私交较深。在崔胤说服孙德昭诛杀刘季述等人时，王溥也出了力，所以崔胤举荐其为宰相。昭宗在提拔王溥的同时，又提拔了吏部侍郎裴枢为户部侍郎、同平章事。有唐一代，裴氏出任宰相的共有十七人，《新唐书·宰相世系表》序称："裴氏定著五房：一曰西眷裴，二曰洗马裴，三曰南来吴裴，四曰中眷裴，五曰东眷裴。"其中，"中眷有（裴）光庭、遵庆、枢、贽"出任宰相。中晚唐时期，有两个裴枢，一个出自南来吴裴，系玄宗朝宰相裴耀卿的侄儿，为代宗、德宗时期的人；另外一个就是这个裴枢，出自中眷裴，其曾祖父裴遵庆，曾任肃宗、代宗两朝宰相；祖父裴向，在德宗朝曾任太原少尹、行军司马；父亲裴寅，官至御史大夫。裴枢，字纪圣，咸通进士及第。曾在杜审权、王铎手下任职，昭宗即位后，晋升为给事中、京兆尹。因与宰相孔纬私交很好，等孔纬被贬后，裴枢也随之被调离京师，外贬为歙州刺史。随着朝中政局的变化，后又被晋升为右散骑常侍，为汴州宣谕使。裴枢素来就与朱全忠有来往，他担任汴州宣谕使后，说服朱全忠听命朝廷，贡献不绝，令昭宗大喜，将其又晋升为兵部侍郎。因崔胤也想依靠朱全忠这个强大的外援，遂与裴枢搞好关系，这也是裴枢能被晋升为宰相的原因。

至此，朝中重臣分别为太师李克用、朱全忠，太傅韩建，司空兼同平章事崔胤，同平章事陆扆、裴贽、王溥、裴枢，左右神策军中尉韩全诲、张彦弘，枢密使袁易简、周敬容。

昭宗很快复辟，让朱全忠措手不及，李振策划的入关勤王、控制朝廷的计划就此泡汤。但主意已定，没有借口就要寻找借口，于是，朱全忠就把矛头对准了李克用的女婿、河中节度使王珂。河东李克用是朱全忠控制朝廷最大的障碍，但是，要一口吃掉李克用并不容易，只能先剪除其羽翼，其平定河朔之举，就是此意，而如今，河朔藩镇已经臣服自己，只剩下河中的王珂了。河中（今山西省永济市）位置重要，如果能够控制河中，不仅切断了李克用与长安之间的联系，剪除李克用的羽翼，同时还可以入据京师，左右朝廷，可谓是一石数鸟，因此，当朱全忠听说昭宗已经复辟之后，立即开始着手发动对河中的战争了。

光化四年（公元901年，该年四月后被昭宗改元为天复元年）一月十六日，朱全忠召集众将商议，他对大家说："河中节度使王珂是个蠢材，他自恃有河东这个后台，就张扬跋扈，无法无天。我如今想砍断长蛇之腰，诸位替我拿一根绳子把他擒来！"次日，朱全忠派遣部将张存敬率领三万人马从汜水关北渡黄河，沿着含山（今山西省绛县以东）的山间小道，一路急行军长途奔袭河中，朱全忠则亲自率领中军随后进发。二十五日，张存敬所部进抵绛州（今山西省新绛县）。晋州（今山西省临汾市）、绛州两地完全没有料到汴军会突然杀来，全无戒备。二十七日，绛州刺史陶建钊投降；二十九日，晋州刺史张汉瑜投降。朱全忠命令部将侯言驻守晋州，以部将何絪驻守绛州，留下两万人马切断河东李克用援军之路。

昭宗君臣听说消息后，担心朱全忠会趁机入关，赶忙下诏劝解，但朱全忠不从。王珂派遣使者从小路向李克用告急，但因汴军已先期占领了晋州和绛州，援军无法赶赴河中。王珂妻子李氏给李克用写信道："女儿就要被人俘虏了，父亲大人怎么忍心拒不援救！"李克用回信道："如今敌人已经占领了晋州、绛州，众寡不敌，我援军贸然进攻，只能玉石俱焚，不如与王珂率领全族一起逃归朝廷。"王珂又给李茂贞写信求救，他在信中写道："天子刚刚复辟，下诏各地藩镇不得相互攻击，一起保护王室。如今，朱大人不顾诏命，最先兴兵，其真实想法由此可见。河中如果灭亡，则同州、华州、邠州、岐州也都不能自保，天子宝座势必也拱手让人。大人应当立即率领关中各镇军队，固守潼关，速速救援河中。我自知没有才能，情愿大人在您的西边赏赐给我一座小镇，河中就送给大人。关中安危，国祚长短，就在大人此举，希望大人深思！”但李茂贞素来没有什么见识，接到王珂的书信后，拒不回复。

为了减轻王珂的压力，李克用在无法直接派军救援河中的情况下，只能采取围魏救赵的办法，派兵进攻被朱全忠控制的泽州。二月一日，河东大将李嗣昭领兵进攻泽州，一举将其攻克。二日，汴军将领张存敬领兵从晋州出发，朝河中杀来。六日，汴军进抵河中，将河中团团围住。王珂军队力量薄弱，打算弃城逃往长安，但城内人心已经大乱，又遇上黄河桥梁被人破坏，流冰布满河道，难以行船。王珂想率领全族数百人趁夜上船逃离，亲自到城墙上叮嘱守城将士们，但士兵们无人响应。牙将刘训说道：“如今人心大乱，如果夜里乘船，势必乱作一团，一旦一人作乱，后果难以预料。不如暂且向张存敬请降，再作打算。”王珂想想，也只有如此了。

二月九日，王珂命人在河中城头上高悬白旗，派遣使者携带印信向张存敬请降。张存敬要求王珂打开城门，王珂回复道：“我们王家与朱大人有两代交情（朱全忠降唐后曾投降王珂之父王重荣），请大人退避三舍，等朱大人来到后，我自当把城池亲自献上。”张存敬答应了，命令使者火速禀报朱全忠。十二日，朱全忠行至洛阳，接到了张存敬的口信，顿时大喜，立即下令火速赶往河中。十五日，朱全忠行至虞乡（今山西省永济市东六十里），先在王重荣的坟墓前假模假样地哭祭一番，让河中军民都觉得他是个重情义之人。城内的王珂也深受感动，打算自行捆绑，牵着羊出城迎接朱全忠。朱全忠连忙派人制止道：“我怎么敢忘记舅父之恩，如果郎君这样，我将来有什么脸面在九泉之下与舅父见面呢！”王珂遂以常礼出城迎接，见到朱全忠后，二人紧握双手，唏嘘感叹，并马入城。朱全忠上书朝廷任命张存敬担任护国军留后，把王珂全族迁往大梁。此后，朱全忠又派王珂入朝，途中，派人将其在华州杀害。

轻松夺得河中后，还没等朱全忠高兴多久，就从大梁传来张夫人病重的消息。张夫人一直是朱全忠的贤内助，二人伉俪情深，得知张夫人病重的消息后，朱全忠顿时方寸大乱，匆匆离开河中东归。期间，李克用派人携带重金给朱全忠，请求和解。朱全忠看了书信后，对信中言辞所表现出来的傲慢态度非常不满，虽然也派人给李克用回信了，但其已经下定了消灭李克用的决心。

三月一日，朱全忠回到大梁，立即着手部署对河东的进攻。朱全忠的部署如下：兵分六路，对晋阳发起总攻，其一，汴军西进，由孟州北上，翻越太行山进攻晋阳；其二，魏博军由东南翻越太行山，向晋阳杀来；其三，由洺州刺史张归厚率军在魏博稍北，向晋阳发起进攻；其四，由葛从周统领兖州、郓州之兵，会同成德军队，由东而西朝晋阳进发；其五，由义武军绕道飞狐口（今河北省蔚县），再由北而南，进攻晋阳；其六，以驻守晋州的侯言所部，会同慈州、绛州等地军队，由西南而东北，进攻晋阳。

七四八　大举攻晋（二）

光化四年（公元901年）三月二十一日，六路大军气势汹汹朝晋阳杀来。

南路，朱全忠部将氏叔琮等人率领五万大军由南而北，攻入天井关（今山西省晋城市南），翻越太行山，直扑昂车（今山西省武乡县东北）；东、南两路，一路由魏博都将张文恭率军从磁州新口（今河北省武安市西）发起进攻，另一路则由洺州刺史张归厚从马岭（今河北省邢台市西北），进入河东腹地；东路，朱全忠部将葛从周率领兖州、郓州、成德军从土门（今河北省石家庄市鹿泉区西南），杀向晋阳；北路，义武节度使王处直率领军队从飞狐口进入河东境内；西南路，权知晋州侯言率领慈州（今山西省吉县）、隰州（今山西省隰县）、晋州（今山西省临汾市）、绛州（今山西省新绛县）等地的军队，从阴地关（今山西省灵石县西南）杀向晋阳。

在战斗初期，朱全忠各路大军进展顺利。三月二十九日，河东任命的沁州（今山西省沁源县）刺史蔡训投降；河东都将盖璋也向侯言投降，侯言随即任命其权知沁州。三十日，氏叔琮攻克泽州，泽州刺史李孝璋弃城而逃。氏叔琮乘胜进攻潞州，昭义节度使孟迁投降。河东驻军将领李审建、王周率领一万步兵、两千骑兵，不战向氏叔琮投降。潞州、泽州失守，晋阳南面门户洞开，氏叔琮立即领兵直扑晋阳。

四月三日，氏叔琮率军从石会关（今山西省榆社县西）杀出，进驻洞涡驿站（在今山西省太原市南）。与此同时，张归厚也率军推进到辽州（今山西省左权县），五日，辽州刺史张鄂投降。张归厚的别将白奉国率军会同成德军队从井陉关（今河北省井陉县西）杀入河东境内，七日，攻克承天军（今山西省阳泉市东北），与氏叔琮所部点燃烽火，遥相呼应。

就在朱全忠大军进抵晋阳城下时，昭宗于四月二十二日拜谒太庙，二十五日，宣布大赦天下，改元为天复元年。下诏给六十七年前在甘露之变中为宦官所杀的王涯等十七家，予以平反昭雪。最初，杨复恭担任神策中尉时，曾借度支部门酿造酒曲专卖一年所得的利润，用于贴补左、右神策军将士的粮饷，后来就形成了惯例，酿酒专卖权就归了神策军，不再归还度支部门。至此，崔胤起草大赦令，打算压制宦官，遂在赦文中宣布允许卖酒百姓自行酿制酒曲，只需每月向朝廷缴纳相应的赋税即可，等于变相地剥夺了宦官们控制酒曲专卖权。同时，崔胤还下令神策军原来酿制的酒曲，必须在七月之前降价处理完毕，过期之后即不得再向市场出售了。崔胤剥夺京师神策军的酒曲专卖权的同时，也将关中藩镇们拥有的该项特权也一并剥夺。李茂贞不愿放弃这项利益，就上书昭宗请求入朝讨论此事，韩全诲从中斡旋，昭宗最终答应了李茂贞的请求。李茂贞随后就来到了京师，因酒曲专卖权问题把宦官集团与李茂贞捆绑在一起，韩全诲极力巴结李茂贞，二人有过去的旧谊，又有现实的利益，很快就结成同盟，一起对付崔胤。崔胤得知后，开始害怕起来，暗中对朱全忠更为亲密，而已把李茂贞视为仇敌了。

回到晋阳前线。

氏叔琮等将领兵进抵晋阳城下，屡屡挑战，城内一片恐慌。李克用登上城墙，亲自组织防御，无暇进食。当时，大雨已经接连下了几十天，晋阳城墙多处坍塌，在主帅的带领下，晋阳军民随坏随修，没有给汴军以可乘之机。同时，河东将领李嗣昭、李嗣源还在城墙上开挖“暗门”（挖好后，保留一层薄砖，外人难以发现），趁夜领兵突出城外，袭击汴军营垒，给敌人以大量杀伤；李存进也在洞涡击败了汴军。当时，汴军人数很多，后勤保障困难，加之一直下雨，大批将士得了疟疾和痢疾，丧失了战斗力。在这种情况下，朱全忠不得不下令全线撤军。

天复元年（公元901年）五月，氏叔琮等将领军从石会关南撤，其他各道军队也都一一撤去。河东将领周德威、李嗣昭率领五千精锐骑兵，尾随撤退的汴军，杀伤很多敌人。前不久，汾州刺史李瑭以汾州（今山西省汾阳市）投降汴军，李克用派遣部将李存审领兵进攻，经过三天激战，汾州城破，活捉了李瑭，将其斩杀。氏叔琮路过上党时，孟迁也携带全族随之一起南迁。朱全忠派遣丁会代替孟迁进驻潞州。

在讨伐李克用失败之后，朱全忠悍然决定入关，把昭宗劫持到洛阳，挟天子以令诸侯。为了便于从河中进入关中，同月，朱全忠上书请求朝廷任命自己兼任河中节度使，又鼓动河中军民向朝廷施加压力。五月二十二日，昭宗不得不任命朱全忠为宣武、宣义、天平、护国四镇节度使。也许是预见到了朱全忠的野心，二十八日，昭宗又加封镇海、镇东节度使钱镠为兼侍中；佑国军节度使张全义兼中书令。

六月十三日，朱全忠从大梁来到河中。同月，李克用收复失地的战斗还在进行。他派遣部将李嗣昭、周德威领兵从阴地关出击，进攻隰州，隰州刺史唐礼投降；又转攻慈州，慈州刺史张瓌投降。闰六月，朱全忠请求朝廷任命河阳节度使丁会为昭义节度使，以孟迁为河阳节度使，朝廷只好从命。

天复元年上半年，朱全忠收获颇丰：他兵不血刃拿下了河中，官位也随之晋升为太师，并兼任四镇节度使，紧接着，又组织六路大军，向李克用的老巢发起进攻。曾几何时，李克用的沙陀军是那么强悍，几乎是所向无敌，而如今，在朱全忠强大的军事压力下，李克用却只能困守穷城，如果不是汴军准备不足以及天气因素，晋阳能否坚持下来，还是个未知数。

当朱全忠来到河中时，京师政局更显诡异。谁都知道，崔胤背靠朱全忠这一强大的外援，已经与宦官集团结下深仇，而昭宗更是把崔胤当成自己复辟的大功臣，对他宠信有加，把军国大事全部交给他处理。昭宗每次接见崔胤，都是神态安详，气氛融洽，有时一直谈到黄昏，燃起蜡烛继续。新上位的宦官首领们对年初那场血雨腥风记忆犹新，在崔胤面前战战兢兢，事无大小，都不敢决定，都要禀报崔胤之后才敢执行。宦官们其实已经服软，崔胤却必欲除之而后快，给事中韩偓屡屡劝谏道：“做事最怕做绝。这些人也不能全无，我担心对他们过于严厉，会激起变故。”但崔胤就是不听。

自从年初复辟以来，昭宗似乎对宦官们把自己赶下台一直是耿耿于怀，在他看来，整个宦官集团都应该为此次事变负责。数月之内，如何进一步清理宦官集团就成了他一块心病，时刻萦绕于怀。崔胤一直建议彻底清除宦官，但昭宗深知此事非同小可，必须慎重而行。就在朱全忠来到河中之后，到了六月十七日，昭宗单独召见韩偓，问道：“宦官集团中作恶多端的人，比比皆是，该如何处置他们？”韩偓回答：“政变之时，宦官们没一个不支持的，在年初之时就该一一予以惩处，如今已经失去时机了。”昭宗又说：“当时你为何不提醒崔胤？”韩偓回答：“臣当时见陛下的诏书中说：‘除了刘季述等四家之外，其余人等一概不予追究。’君王最珍视的就是诚信，陛下既然已经颁布了这道诏书，就该固守这条底线。如果再处死一人，就会人人自危了。可是，诏书颁发之后，陛下陆续处死的也不算少，这就是他们惶恐不安的原因。陛下不如挑出几个罪大恶极的，公开他们的罪行，予以惩处，然后安抚其余人等说：‘我恐怕你们会认为我还暗藏心事，所以决定一次性予以清理，从今往后，你们再也不用担心了。’再从中挑选一些忠厚之人当他们的头领。对于他们，行善就予以奖励，作恶则予以惩处，这样一来大家都安心了。如今，整个宦官集团人数将近上万，岂能全部诛杀？帝王之道，应当敦厚慎重，才能镇抚万民，再以公正之心驾驭他们，至于靠玩弄一些小伎俩、小变诈，最终是不可能建立大功的，这正所谓的你这里生出一计，他那里就有对策了，越理越乱。况且，如今朝廷大权旁落，假如能先把大权从各地藩镇手中收回，那么，再想干什么就无所谓了。”韩偓指出了帝国面临最大的威胁是藩镇割据，只有先团结朝廷内外臣子，才有可能逐步从藩镇手里夺回大权，挽回帝国的命运，昭宗听了，有所感悟，说道：“这事最终会交给你完成的。”

七四九　全忠入关（一）

虽然韩偓这么说，但如今毕竟是崔胤为相，昭宗对崔胤的意见更为看重。

崔胤始终坚持彻底清除宦官集团，在他看来，宦官在宫中其实是多余的，保留他们除了危害国家之外，没有一点好处，宫中只需保留宫女完全能够胜任宫中各项事务。在唐代，妇女尚未裹足，壮硕的宫女应该能够完成宫中一些粗活，并且，当时男女之防还没有后世那么严格，由宫女出外宣布诏令等也是可行的，这应该是崔胤得出这一结论的依据。而在韩偓看来，唐代宦官专权由来已久，宦官人数众多，与各种势力盘根错节，更重要的是如今朝廷实力不足，一旦出现意外，势必引发另外一场大乱，因此，提出了保留宦官集团、杀鸡儆猴、稳定大多数的策略，从后来事态的发展来看，显然韩偓的策略是正确的。

早已成为惊弓之鸟的宦官们对昭宗和崔胤的一举一动都格外关注，他们安插在昭宗身边的内线也风闻了崔胤的建议，走投无路之下，韩全诲等宦官首脑在昭宗面前哭泣求饶，昭宗自然是一番安抚，但此后则对崔胤说道："以后再奏事，要封好奏章，书面上奏，不要再口头报告了。"显然，昭宗的这一指令更让宦官们惶惶不安了。正如韩偓所言，用这些小技巧治国，你生一计，人家就会生出另外一个对策。据《北梦琐言》记载，昭宗已经不信任身边的侍从宦官、宫女了，为了身家性命，韩全诲等人就从长安城内找来数十名貌美如花的妇女送给了昭宗，而这些美女其实是他们安插在昭宗身边的间谍，趁昭宗不注意时，偷看奏章，探访昭宗与崔胤之间的动向，昭宗为美女们所惑，对此竟然毫无觉察，一段时间之后，崔胤的阴谋逐渐被韩全诲等人掌握。

崔胤的阴谋究竟是什么，史无明文，但揣测起来，应当是借故征召朱全忠入京，利用朱全忠的武力将宦官们一网打尽。等韩全诲等人掌握了实情之后，都非常害怕，有了刘季述等人的前车之鉴，他们明白废黜一个皇帝的后果，是无人能够承受得了的，只能绞尽脑汁想方设法除去崔胤。每次聚在一起饮宴，都会流泪诀别，惶恐不安。当时，崔胤兼任三司使，韩全诲等人就指使禁军在昭宗面前喧哗吵闹，控诉崔胤克扣冬衣。昭宗不得已只好解除了崔胤盐铁转运使一职。双方之间的关系已经剑拔弩张起来了。

京师政局紧张，而就在昭宗眼皮底下的李茂贞和朱全忠则各自心怀鬼胎，一个想把昭宗弄到凤翔，一个则想把昭宗弄到洛阳，挟天子以令诸侯，也让昭宗脱离宦官集团的控制。虽然各有想法，但在对待宦官集团方面，崔胤与朱全忠二人存在一定的共识，因此，当密谋败露后，崔胤预感到事态已经发展到非常危险的境地，遂赶忙给朱全忠送去信，称自己接到昭宗的密诏，命令朱全忠率军奉迎圣驾，他还在信中说："前不久皇帝复辟，都是您的功劳，想不到凤翔却先一步抢了头功。如今，你再不速速入京，一定会成为千古罪人，不仅功劳会被他人抢去，而且还会被人讨伐了！"朱全忠等到崔胤的书信后，到了七月五日，赶忙返回大梁发兵去了。

八月五日，昭宗问韩偓说："我听说陆扆不乐意我复辟，元旦那天，他骑着小马，换上一身平民衣服，逃出了启厦门，有这事吗？"韩偓回答："复辟之谋，只有臣与崔胤等几个人知道，陆扆并不知情。突然听说宫中有变，谁不害怕？换装逃跑，有什么错？陛下指责他身为宰相在政变时没有以死抗争则罢，至于说人家不乐意看到陛下复辟，恐怕就是出自奸臣挑拨离间之口了吧，希望陛下明察。"昭宗这才作罢。从昭宗这番言辞看来，他的确不是一个智商很高的君王，可谓是德不配位、才不配位，一生颠沛流离在所难免。

韩全诲等人害怕被杀，就想出一条以武力制服昭宗，进而控制朝廷的办法，遂主动拉拢李继昭、李继诲、李彦弼、李继筠等军中实力派，唯独李继昭不肯从命。又过了几天，昭宗也感觉情况不妙，就问韩偓："外面有什么传闻？"韩偓回答："只听说宦官们忧惧，与功臣以及李继筠结交，恐怕要发动政变，只是不知是否属实？"昭宗说道："不会假了。近日，李继诲、李彦弼等人言语逐渐傲慢，让人无法忍受。令狐涣建议让朕召来崔胤与韩全诲等人，在内殿设宴劝解他们，你看怎么样？"韩偓回答："这样的话，他们的气焰会更加嚣张。"昭宗又问："那该怎么办呢？"韩偓回答："只有对那些罪大恶极的几个人速速予以贬斥，允许其余人改过自新，也许才能平息这场危机。陛下如果置之不理，他们肯定会认为陛下内心另有安排，会更加不安，事态就不会平息下来。”昭宗说：“好。”令狐涣，是宣宗时期的宰相令狐绹的儿子，时任中书舍人。昭宗如果早按照韩偓之计采取行动就好了，如今，宦官们认为已经成功取得军中实力派人物的支持，尤其是把李继筠拉到自己一边了，就等于得到了李茂贞的支持，遂不再听命于昭宗了。等昭宗下旨将有的宦官贬出京师，到外地担任监军，或者让他们看护皇陵，这些人都不从命，失去军方支持的昭宗，也无可奈何，再次成了孤家寡人。有为之君能把仇敌变为心腹，无能之主会把亲人弄成死敌，这全在于一个人的人格魅力、胸怀、智略，而昭宗总会把一开始忠于自己的人化为自己的对手，平白无故地给自己树立一个新的对立面，就拿前不久刚把自己推回皇位的李继诲等功臣们来说，突然之间就站到了韩全诲等人一边，令人大跌眼镜，可见昭宗此人做人是多么失败。

朝廷内外已风声鹤唳，就在这时，昭宗又风闻朱全忠要领兵入京，九月五日，他急急忙忙地把韩偓召入宫中，嘱咐道：“我听说朱全忠要来清除君王身边的恶人，这实在是大大的忠臣，然而，需要与李茂贞一起行动。如果他们两位再打起来，事情就坏了。爱卿替我告诉崔胤，命其立即给两镇写信，让他们之间好好商量，就最好了。”十四日，昭宗又对韩偓说：“李继诲、李彦弼等人更加骄横了，数日前，他俩与李继筠一起入宫，竟然在大殿东侧让小宦官、小宫女给他们歌舞陪酒，这太不成体统了！”韩偓回答：“臣知道一定会这样，这事一开始就错了。当今年元旦他们立功之时，陛下只需用官爵、田宅、金帛赏赐他们，而不该让他们自由出入宫中。这些人素来没有见识，屡屡请求入宫面见陛下，有的妄议朝政、有的越职推荐，稍有不从，他们就会心生埋怨。况且他们唯利是图，宦官们拿出丰厚的钱财雇用他们，故意让他们这么干而已。崔胤留下三千凤翔军队，原本的目的是制约宦官们的，如今，宦官与这些卫兵变成一党，我们能有什么办法？汴军如果赶来，一定会在京城与凤翔军队交战，臣想到这就感到寒心啊！”听了韩偓的判断，昭宗面如土色，再也说不出一句话来，只是神情沮丧、忧愁发呆而已。

十月十九日，韩全诲听说朱全忠行将抵京，遂命令李继诲、李彦弼等人领兵劫持昭宗，请求昭宗驾临凤翔。皇宫各个宫门都增加兵力，对于出入宫禁的人员以及传送的文书盘查很严，等于把昭宗软禁了起来。昭宗派人给崔胤送去亲笔密信，信中言辞十分凄惨，在信的末尾，他写道：“为了江山社稷，我势必西行，爱卿你们就东去吧！惆怅！惆怅！”十月二十日，朱全忠率领大军从大梁出发，一路西进，直扑长安。同日，昭宗再派赵国夫人宠颜出宫对韩偓传话：“早上，李彦弼等人十分无礼，我想召你入宫问话，已不可能了。”赵国夫人宠颜又说：“皇上与皇后只是相对哭泣。”自此，翰林学士也不能入宫面见昭宗了。二十五日，韩全诲等人让昭宗在内殿召见百官，下令撤销了一月二十三日禁止枢密使与宰相同登延英殿议事的诏书，恢复咸通年间以来的做法。同日，昭宗驾临延英殿议事，韩全诲等人就站在昭宗身边，一起议事。二十九日，神策都指挥使李继筠派遣本部人马劫掠皇宫内库中的宝贝、帷帐、法物，韩全诲则派人先把诸王、宫女秘密送往凤翔。三十日，朱全忠领兵抵达河中，上书请求昭宗驾临东都，长安上下一片恐慌，百姓纷纷逃入山谷避难。同日，朝廷百官也都不再上朝，皇宫门前一片死寂，空无一人。

七五〇　全忠入关（二）

天复元年（公元901年）十一月一日，李继筠等人领兵来到皇宫门外，禁止他人出入，并开始大肆劫掠，被劫百姓无衣可穿，在寒冬中身披纸张、单衣的，满街望去，比比皆是。同日，朱全忠率领四镇七万大军直扑匡国军（同州，今陕西省大荔县），韩建任命的匡国留后司马邺自知不敌，出城迎降。

韩全诲等人因李继昭不与他们同流合污，遂不让他与昭宗见面。当时，崔胤的家在开化坊，李继昭率领本部六千人马以及关东各道派驻京师的部队一起守护那里，朝廷百官以及京师百姓也都前去投靠。十一月二日，昭宗派来供奉官张绍孙前来召集百官，崔胤等人都纷纷上表推辞不来。四日，韩全诲等人率军进入内殿，对昭宗说道："朱全忠率领大军进逼京师，想劫持天子前往洛阳，阴谋篡位。臣等请陛下驾临凤翔，组织军队抵御。"昭宗没有同意，手持宝剑登上了乞巧楼。韩全诲等人逼迫昭宗下楼，等昭宗下楼后，刚行至寿春殿，李彦弼已经命人在昭宗的寝宫纵火了。当天正值冬至日，昭宗一人坐在思政殿内，一条腿踏着栏杆，另外一条腿翘在这条腿上，昔日满是群臣的院内再也不见一人，身边也没有一个侍从。他前思后想，全无头绪，僵持了一会儿，不得已只好与皇后、嫔妃、诸王一百余人开始上马，众人看着后宫冲天的大火，哭声一片。出了宫门，回望宫中，大火已经照亮了天空。当晚，昭宗一行留宿鄠县（今陕西省西安市鄠邑区）。

同日，朱全忠派遣司马邺来到华州，对韩建说："你如果不早早改过，归附于我，又将麻烦我的军队来你华州城下了。"朱全忠从故市（今陕西省大荔县西南）领兵南渡渭河，韩建派遣节度副使李巨川请降，献出三万两银子犒劳朱全忠的军队，朱全忠遂率部向西南而去，直奔赤水（在今陕西省渭南市东注入渭河）。

十一月五日，李茂贞在田家砲（今陕西省周至县东）奉迎昭宗一行，昭宗下马慰问。次日，昭宗抵达盩厔（今陕西省周至县），七日，昭宗一行在盩厔逗留一天。此时，朱全忠已经进抵零口（今陕西省西安市临潼区东北）以西地区，听说昭宗已经西去，与部下商议后，又领兵返回到赤水。前尚书左仆射张濬劝说朱全忠道："韩建，是李茂贞一党，不先将其制服，必为后患。"朱全忠也听说韩建曾上书劝说昭宗驾临凤翔，遂率军进逼华州。韩建单枪匹马出城迎接，朱全忠斥责他劝说昭宗西去，韩建回答："我目不识丁，所有奏表都是李巨川所为。"朱全忠知道李巨川是韩建的智囊，遂将其在军门之外斩杀，而后，又对韩建说道："大人是许州（今河南省许昌市）人，你可立即前去，衣锦还乡。"

十一月九日，朱全忠任命韩建为忠武节度使，治所设在陈州（今河南省淮阳县），派遣部队送他上任；又任命前商州刺史李存权知华州，调赵犨幼弟、忠武节度使赵珝为匡国节度使。当初，昭宗在华州两年，商旅从四面八方涌来，韩建征收重税，获取九百万串钱，至此全被朱全忠获得。

此时，京师内没有天子，昭宗身边没有宰相。崔胤派遣太子太师卢渥等二百余人签名给朱全忠写信，请其领兵迎回昭宗，又派遣王溥前往赤水与朱全忠见面商议。朱全忠回信称："我如果西进的话，恐怕会受到挟持君王的诽谤，退军的话，又心怀辜负国家的羞愧，不过，我不敢不努力为之。"十一月十日，朱全忠率军从赤水出发，开始西进。

十三日，昭宗任命兵部侍郎卢光启暂时负责中书省事务。昭宗一行在岐山（今陕西省岐山县）停留三天，于十四日，抵达凤翔。同日，朱全忠来到长安，宰相们率领百官在长乐坡列队迎接。次日，朱全忠开始西进，群臣又在临皋驿站列队送别。朱全忠犒赏李继昭保护百官之功，任命他暂且担任匡国军留后，留在京师任两街制置使，赏赐给他很多财物，李继昭感动之余，把本部八千人马全部献出，交给朱全忠指挥。朱全忠派遣判官李择、裴铸前往凤翔晋见昭宗，称："接到陛下密诏以及宰相崔胤书信，命臣领兵入朝。"韩全诲等人矫诏答复："朕避难到此，并非宦官劫持，密诏系崔胤个人伪造，爱卿应该收兵返回本镇。"李茂贞派遣部将符道昭领兵进驻武功（今陕西省武功县）抵御朱全忠的大军，十一月十五日，朱全忠部将康怀贞领兵将其击败。十九日，昭宗任命卢光启担任右谏议大夫，参知机务。卢光启，字子忠，进士及第，受到前宰相张濬的赏识，被提拔为兵部侍郎。

十一月二十日，朱全忠领兵来到凤翔城下，在城东安营。李茂贞登上城楼，说道："天子避难，并非臣下无礼，是说谗言的人才令大人来到此地。"朱全忠回复道："韩全诲劫持天子，如今我来问罪，护送天子还宫。岐王假如不是同党，就别费口舌了！"昭宗屡屡下诏要求朱全忠返回本镇，朱全忠说："这都是李茂贞和韩全诲的主意。"均不奉诏，但不久，他觉得要想消灭李茂贞，必须先清除其羽翼，决心先拿下邠州再说，遂命人把奏表射入城内，谎称听命。二十三日，朱全忠领兵移驻邠州。二十六日，昭宗下诏，将崔胤贬为工部尚书，户部侍郎、同平章事裴枢贬为户部侍郎。

二十七日，朱全忠领兵进攻邠州。二十九日，静难节度使、李茂贞养子李继徽请降，朱全忠恢复其本姓杨崇本。朱全忠将杨崇本的妻子儿女留作人质，送往河中，令杨崇本仍旧镇守邠州。当朱全忠大军西进时，李茂贞和韩全诲以昭宗之名征召李克用河东军队护驾，李茂贞又给李克用写信敦促李克用出兵，此时，李克用派遣部将李嗣昭率领五千骑兵从沁州直扑晋州，与汴军在平阳以北交战，将其击败。三十日，朱全忠进驻三原（今陕西省三原县东北）。

十二月五日，崔胤从长安赶到三原，面见朱全忠，请求其奉迎昭宗还京。十一日，朱全忠派遣朱友宁领兵进攻盩厔，但没有攻下。二十日，朱全忠亲自前往督战，盩厔投降，朱全忠下令将盩厔屠城。而后，朱全忠命令崔胤率领百官以及长安百姓全部迁至华州。昭宗下诏任命裴贽充任大明宫留守。

朱全忠入关后，昭信（治所金州，今陕西省安康市）节度使冯行袭派遣副使鲁崇矩向朱全忠表示忠心。韩全诲派遣二十余名宦官赶赴江淮地区，征调军队，企图牵制朱全忠，冯行袭将这些宦官全部杀死，将诏书送交朱全忠。韩全诲又派宦官向王建征兵，而朱全忠也给王建请求帮助。王建表面上支持朱全忠，归罪于李茂贞，私下里却劝李茂贞固守凤翔，答应派兵帮助李茂贞。王建的打算是，借此机会，蚕食李茂贞在山南西道的州郡，遂任命武信军节度使王宗佶、前东川节度使王宗涤等人为扈驾都指挥使，率领五万大军出川，对外宣称要去扈驾，其实是要袭占李茂贞的山南西道各州。

天复二年（公元902年）一月六日，朱全忠再次进驻三原，又移驻武功。李克用部将李嗣昭、周德威领兵进攻慈州、隰州，以牵制朱全忠。二十日，在凤翔的昭宗任命给事中韦贻范担任工部侍郎、同平章事。韦贻范，字垂宪，原为龙州刺史，被贬为通州刺史，听说昭宗逃难后，投奔昭宗，被晋升为给事中。韦贻范投靠李茂贞，受到李茂贞的举荐，才被拜为宰相。史称，他“倚权臣，恣骜不恭”。

二十九日，昭宗任命给事中严龟担任岐、汴和协使，给朱全忠赐姓李，与李茂贞约为兄弟，但朱全忠不从。朱全忠听说河东军队在后方发起攻势，遂于二月一日，领兵返回河中。李嗣昭等人很快就攻克了慈州、隰州，并乘胜逼近晋州、绛州。十二日，朱全忠派其侄儿朱友宁领兵与晋州刺史氏叔琮一起发起反击。李嗣昭袭占了绛州，朱全忠部将康怀英又将绛州收复。李嗣昭等人进驻蒲县。十八日，十万汴军进驻蒲县以南，氏叔琮趁夜领兵切断河东军的退路，并乘机进攻河东军营垒，将河东军击败，斩杀上万人。二十二日，朱全忠率领大军从河中增援，二十八日，进抵晋州。王建的军队推进到利州（今四川省广元市），李茂贞任命的昭武（治所利州）节度使李继忠弃城而逃，逃回凤翔。王建任命剑州刺史王宗伟担任利州制置使。

三月四日，昭宗与李茂贞、宰相、学士、神策中尉、枢密使一起饮宴，酒酣耳热之际，李茂贞和韩全诲二人偷偷离席而去。喝得大醉的昭宗问韦贻范道：“朕是怎么跑这里的？”韦贻范回答：“臣在宫外，不知。”但昭宗追问不已，韦贻范闭口不答。昭宗又说：“你竟敢当着朕的面谎称不知？”又说：“你既然侥幸当上了宰相，就该依法办事，如果你处事不公，朕一定会查办你！”头脑已经糊涂的昭宗怒目盯着韦贻范，自言自语道：“这个蟊贼，应当杖打二十！”又扭头看看韩偓，说道：“这种家伙竟然也能当宰相！”韦贻范不断用大杯给昭宗敬酒，昭宗反应稍稍缓慢，韦贻范的杯子就直接碰到了昭宗的嘴唇。

七五一　全忠入关（三）

天复二年三月十二日，汴军大将氏叔琮和朱友宁领兵进攻河东军李嗣昭和周德威所部。

当时，河东军人数不过数万，而汴军则列阵十里，声势浩大，河东军又深入敌境，军心不稳。周德威领兵出战被汴军击败，暗中让李嗣昭率领后军偷偷撤退，周德威随后也率领骑兵撤离。氏叔琮和朱友宁领兵长驱直入，河东军顿时溃散。李克用的儿子李廷鸾被汴军生擒，河东军的武器、辎重全被汴军缴获。朱全忠闻讯大喜，说道："这是李茂贞的依靠，如今这样，不久凤翔就会内乱。"遂命令氏叔琮和朱友宁乘胜朝晋阳杀来。

李克用听说李嗣昭和周德威战败的消息后，连忙派遣李存信率领亲兵迎击汴军。李存信领兵行至清源（今山西省清徐县），遭遇汴军先头部队，李存信自知不敌，不战逃回晋阳，汴军遂轻松夺取了慈州、隰州、汾州。周德威和李嗣昭率领残兵败将，沿着西山小道才逃回晋阳，氏叔琮遂包围了晋阳。当时，晋阳城内守军不足，氏叔琮命令部队向晋阳发起猛攻，而他本人每次巡视各军，却身穿宽大的便服，以示闲暇。李克用则不分昼夜，在城墙上巡视，无暇吃饭、睡觉。在危急关头，李克用召集众将，提出逃往云州的打算，李嗣昭、李嗣源、周德威说道："儿子们在此，一定能守住晋阳。大王别再提出此议，以动摇军心了！"李存信说道："关东、河北各藩镇已经都被朱全忠征服，我们兵微将寡，守着这座孤城，敌人构筑堡垒把我们团团围住，对我长期围困，我军无路遁逃，只能坐以待毙。如今情势危急，不如暂且逃往北方蛮族部落，以图后举。"李嗣昭竭力反对，李克用左右为难，无法作出决定。刘夫人对李克用说道："李存信，不过是个北方的牧羊小儿罢了，哪有深谋远虑！大王经常耻笑王行瑜轻易放弃邠州而逃，为我们所杀，为什么现在你自己却又要效仿他呢！况且，大王昔日在鞑靼之时，差一点丢了性命，正是因为天下大乱，大王才得以返回中原。如今，大王前脚出城，就会危机四伏，岂能逃到塞外！”李克用这才打消了放弃晋阳的打算。数日后，溃散的士兵陆续逃回城内，城内逐渐安定下来。李克用的弟弟李克宁担任忻州刺史，听说汴军来攻，赴任途中又折返回来，说道：“这座城池就是我的葬身之地，我还能去哪里呢？”众人听了，也都产生了固守晋阳之心。

三月二十一日，朱全忠从前线回到河中，派遣朱友宁领兵西进，进攻李茂贞，驻军于兴平、武功之间。李嗣昭和李嗣源屡屡率领敢死队员，趁夜偷袭氏叔琮的营垒，不断骚扰汴军，弄得汴军风声鹤唳，自顾不暇。加之军中又出现了大面积的传染病，二十六日，氏叔琮领兵撤退。李嗣昭与周德威率领河东军追击，追至石会关，氏叔琮在高岗之上留下数匹战马、旌旗。李嗣昭等人担心有伏兵，遂掉头而去，重新夺回了慈州、隰州、汾州这三州。经此一战，在随后的数年里，李克用一直不敢与朱全忠争锋。朱全忠一连两次兵临晋阳城下，晋阳差一点陷落，李克用声威大损，也促使他开始认真反思。在氏叔琮退去之后，李克用就用公文的形式向幕僚们征求意见，他说：“不囤积军粮，如何能集结民众？没有铠甲武器，怎么能击败敌人？不整修城池，怎能抵御入侵？是非利害，请大家一起讨论。”掌书记李袭吉献策，大体上讲：“国家富裕不在于国库是否充裕，军队强弱也不在于人数多少，百姓归附有德之君，神灵厌弃骄傲之人。只知强征暴敛，百姓宁可投靠强盗；苛政就如同猛虎，令民心涣散，所以，周武王散去商纣王的鹿台之财，周王室得以兴起；齐国仓库失火，晏子反而入朝道贺。”又说：“我认为，变法不如培养人才，改革不如依照旧规。韩建屯聚了无数钱财，却第一个投降朱全忠；王珂变法不止，却很快就投降了贼人（指朱全忠）；中山国城池不可谓不高（指王处直投降朱全忠），蔡州的军队不可谓不多（指秦宗权失败之事），先例很多，可以引以为戒。况且，称霸之主不会贫困，强将手下没有弱兵。我希望大王推崇德行，爱护百姓，去除奢侈，节省民力，扼守险要，巩固边境，训练军队，劝课农桑。平定叛乱就依靠武将，治理百姓就任用文官，钱粮收支都有规矩，惩治罪犯都依法办事。赏罚在我，下面之人就不能作威作福；近臣都是正直之人，则大家就不会担心受到诬陷。顺应天道，杜绝欺诈；敬奉鬼神，禁止无谓的祭祀，则国家自然就富裕、安定了。对外击破元凶大恶，对内振兴颓废的民俗，您的名望将会高过昔日的五霸（春秋五霸），德行超越昔日的八元

（春秋时八位高才）。至于加强税收，修订房屋税，增加专卖收入，重新丈量土地，都还不是迫切需要办理的事。”李克用的亲军都是沙陀人，经常欺压良民，河东百姓深受其苦。李克用之子李存勖也提出此事。李克用说道：“这些人跟着我南征北战数十年，过去仓库空虚，各军穷到卖掉马匹过活。如今，各地诸侯都拿出重赏来招募战士，我如果对他们过于严厉，恐怕他们会纷纷离去，我还拿什么来保有一方呢？等天下稍稍安定以后，再整饬军纪吧。”李存勖自幼聪明，有勇有谋，李克用看到自己受到朱全忠的打击，地盘越来越小，一脸忧愁。李存勖对父王说道：“事物没有发展到极致，就不会走向反面；人的恶行没有达到极点，也不会灭亡。朱全忠凭借他的狡诈，穷凶极恶，吞并四邻，已人神共愤。如今，他又逼迫皇帝，觊觎皇位，这就说明他的恶行已经到了极点，也行将灭亡了。我家世代忠贞，就算一时陷于困境，也问心无愧。父王应当韬光养晦，以等待他盛极而衰之时，为何轻易就心生沮丧，而令下属们失望呢？”李克用听后，顿时高兴起来，立即命人摆酒奏乐，尽欢而散。刘夫人自己没有生育孩子，李克用宠爱的姬妾曹氏生下李存勖，刘夫人对曹氏更加厚待，李克用因之越发觉得刘夫人贤惠，其姬妾生了孩子也都交给刘夫人养育。刘夫人对这些孩子都视如己出，悉心养育。

氏叔琮在晋阳失利前后，身在凤翔、受制于李茂贞和宦官们的昭宗也任命左金吾将军李俨（张濬之子，赐姓李）为江淮宣慰使，亲自给杨行密写信，拜其为东面行营都统、中书令、吴王，命其立即发兵讨伐朱全忠，从东南面威胁朱全忠的后方，以减轻凤翔的压力，与此同时，昭宗还晋升朱瑾为平卢节度使，取代现任节度使王师范；以盘踞升州的冯弘铎为武宁节度使，取代现任节度使、朱全忠部将张廷范；以杨行密部将朱延寿为奉国军节度使。又加封武安节度使马殷为同平章事，要求他们北上勤王，并训令，凡是淮南、宣歙、湖南等道在讨伐朱全忠战争中的立功将士，都统杨行密可以代行皇帝职权加官晋职，然后再上报朝廷。不久，昭宗又给镇海、镇东节度使钱镠晋爵为越王，也希望他能够派兵加入讨伐朱全忠的队伍。

然而，杨行密、马殷、钱镠、钟传等南方各地军阀，也都有各自的打算，无法形成统一的反朱全忠阵营。就在天复元年，当朱全忠进攻河中、晋阳前后，杨行密和钱镠二人之间刚刚进行过一场大战。当时，有人向杨行密禀报称，钱镠被人刺杀了，杨行密信以为真，就派遣步军都指挥使李神福等将率领军队大举南下，企图趁机夺取杭州，一举消灭钱镠集团，镇海、镇东大将顾全武等人安下八座营寨防御。淮南军与两浙军相持了很长一段时间，李神福抓获了钱镠军队的将领，故意让其随意出入自己的卧室。一次，李神福对众将们说道："两浙军队实力尚强，我们趁夜撤军。"故意放那位俘虏逃回，那位俘虏逃回后告诉了顾全武。夜里，李神福命老弱之军先撤，亲率精兵断后，又命行营都尉吕师造领兵在青山（今浙江省杭州市临安区东北）之下设下埋伏。顾全武素来轻视李神福，就听信了那位俘虏的话，见淮南军北撤，立即率军追击。很快，两浙军就陷入李神福的包围圈，李神福、吕师造前后夹击，大破两浙军，临阵斩杀五千余人，生擒了顾全武。钱镠听到消息，大惊失色，哭着说道："丧失我一员名将！"青山之战后，李神福乘胜领兵进攻临安（今浙江省杭州市临安区），两浙守将秦昶率领本部三千人马投降。到了两浙之后，李神福才得知钱镠还活着，而临安城墙坚固，淮南军顿兵坚城之下，迟迟未能破城，就萌生了撤军的打算，但又唯恐钱镠趁机截杀，就派人看护钱镠的祖坟，禁止别人在附近砍柴放牧，又命顾全武给家人报平安。钱镠回信对李神福表示感谢。李神福命人在交通要道上插满旗帜，设立了很多空营，让钱镠误以为淮南援军已源源不断到来了，遂主动向李神福求和，李神福顺水推舟，接受了钱镠财物后撤回了淮南。同时，江西节度使钟传也在领兵包围抚州（今江西省抚州市）刺史危全讽。城内发生火灾，百姓们一片惊慌，众将建议趁机攻城。钟传却说："乘人之危，这不仁义。"就祷告说："是危全讽一人之罪，不要殃及百姓。"不久，城内大火被扑灭了。危全讽听说后，深受感动，献出城池投降，并把自己的女儿嫁给了钟传的儿子钟匡时。钟传年少时，一次出外打猎，酒后遇到老虎，趁着酒劲与猛虎搏斗，老虎抓住了钟传的肩膀，钟传则牢牢抱住虎腰不放，旁边的人们合力把老虎打死，钟传才捡回一条性命。等他当上节度使后，对此非常后悔，常常告诫儿子们说："大丈夫活在世上，最可贵的是运用智谋，千万不要逞一时之勇，像我过去那样赤手空拳打虎！"

七五二　全忠入关（四）

到天复二年年初，当朱全忠回到河中前后，杨行密暂时与钱镠实现了和解，把顾全武放回，交换四年前被俘的苏州刺史秦裴。钱镠大喜，放回了秦裴。

新任武宁节度使冯弘铎也根本没有去上任，还在升州。他地处宁国（治所宣州）节度使田颙和淮南节度使杨行密之间，一直十分不安，但又自恃拥有强大的舰队，不肯依附两道。宁国节度使田颙打算吞并他，就招募冯弘铎的工匠给自己建造战舰，工匠们说："冯大人从远方购置结实木材，战舰才能持久耐用，这里没有这种木材。"田颙回答："你们就建造吧，我只用一次。"冯弘铎也察觉出田颙的企图，其部将冯晖、颜建劝说他先发制人，冯弘铎听从了，遂率领军队逆流而上，谎称要进攻洪州的钟传，实际上是想袭取宣州。杨行密命人劝阻，但冯弘铎不从。

朱全忠也担心自己的后方，因此，一直在河中犹豫不定。就在这时，天复二年四月二十一日，崔胤从华州来到河中，向朱全忠哭诉，称担心李茂贞会把昭宗劫持到西蜀，劝说朱全忠抓紧时间迎回昭宗，不可耽误。朱全忠与之饮宴，崔胤毕恭毕敬，亲手拿着木板打着拍子，高歌一曲给朱全忠劝酒。二十五日，回鹘使者来到凤翔进贡，提出愿意发兵替朝廷平定叛乱，昭宗命翰林学士承旨韩偓起草回信答应回鹘人的请求。二十九日，韩偓劝说昭宗道："夷狄人面兽心，不可相信。他们看到国家奢华，而城池荒凉，武器落后，一定会产生轻视我们之心，生出贪婪之心。况且，自从会昌年间以来，回鹘被我朝击破（指石雄迎回太和公主，黠戛斯击破回鹘一事），如今会生出怨恨。给回鹘可汗的回信，应当告诉他们，我们只遇上一些小小的叛乱，无须前来，表面上感激他们，实际上阻止他们的阴谋。"昭宗听从了。同月，汴军将领康怀贞领兵在莫谷（今陕西省乾县以北）大破凤翔将领李继昭（原名符继昭）的军队。

凤翔军民听说朱全忠大军将至，非常害怕，五月八日，凤翔城外的居民全部迁入城内。十四日，朱全忠率领五万精兵从河中出发，行至东渭桥，遇上大雨，停留了十日。二十五日，工部侍郎、同平章事韦贻范母亲去世，宦官们推荐翰林学士姚洎担任宰相。姚洎与韩偓商量应否上任，韩偓说道："如果眼光放远一点，不如不上任；倘若出自皇上之意，就无所谓了。况且，汴军行将到来，孤城难保，家族都在东方，怎能不忧虑呢！"姚洎遂称病，昭宗也没同意。六月二日，昭宗任命中书舍人苏检担任工部侍郎、同平章事。当时，韦贻范向李茂贞推荐苏检和姚洎，昭宗没有任用姚洎，李茂贞和宦官们恐怕昭宗会提拔其他人，就竭力推荐苏检，昭宗遂提拔了他。苏检，字圣用，是唐昭宗乾宁元年的状元。该科进士二十八人，包括韦庄等人。苏检历任洋州刺史、中书舍人等职。

天复二年（公元902年）六月三日，朱全忠率部进驻虢县（今陕西省宝鸡市虢镇）。七日，遥远的江浙一带，田頵率领水军在葛山（今安徽省宣城市宣州区西南）大破冯弘铎之军。

六月十日，李茂贞亲自领兵，倾巢出动，与朱全忠之军在虢县以北会战，结果被朱全忠打得大败，被杀一万余人，狼狈退回凤翔。十二日，朱全忠派遣部将孔勍领兵从散关（今陕西省宝鸡市西南）南下，一举夺占了凤县（今陕西省凤县），切断了凤翔与山南西道州县的联系。十三日，朱全忠大军进抵凤翔城下。朱全忠身穿朝服，对着城内哭泣，说道："臣只想奉迎陛下还宫而已，并不是来与岐王争个你高我低啊！"遂在凤翔城外构筑五座营垒，将凤翔围住。七月，孔勍领兵夺取了成州（今甘肃省成县）、陇州（今陕西省陇县），完全没有遇到守军的丝毫抵抗。孔勍率部进逼秦州（今甘肃省秦安县西北），秦州军民登上城墙抵御，孔勍遂不战而退，从故关（今陕西省陇县西大震关）而回。

战败的冯弘铎收拾残兵败将沿着长江东下，将要逃入大海，自从张雄在光启三年（公元887年）割据升州以来，历经十五年，至此而败。杨行密担心在自己发兵北上以后，冯弘铎之众会骚扰自己的后方，就派人带上酒肉劳军，并劝他道："大人的部众还很强，为何要逃入大海？我军府虽小，足够容纳大人之众，令将士们各得其所，你看如何？"冯弘铎身边的将士们都深受感动，哭着表示从命。冯弘铎率众来到东塘，杨行密乘坐一艘小舟，只带十余人，身穿便服，不带武器，亲自前来迎接。他登上冯弘铎的战舰，对冯弘铎及其部众进行慰问，令冯弘铎之众都很感动。此后，杨行密上表任命冯弘铎为淮南节度副使，给予其丰厚的待遇。当初，冯弘铎曾派遣牙将尚公迺向杨行密索要润州，杨行密没有答应。尚公迺口出狂言，说道："大人不从，恐怕你抵挡不住我们强大的舰队。"至此，杨行密对尚公迺说道："还记得润州之事吗？"尚公迺道歉道："将吏各为其主，遗憾的是没有成功罢了。"杨行密笑道："你侍奉我就像曾经侍奉冯大人时，就没有什么可担忧的。"在清除了冯弘铎集团之后，杨行密任命李神福为升州刺史。

这时，杨行密才能放心发兵北上，讨伐朱全忠。他任命副使李承嗣权知淮南军府事，军吏打算用大船装运军粮，都知兵马使徐温说道："水运河道长期没有通行，泥沙堵塞，改用小船，才能通过。"杨行密的大军行至宿州，遇上连阴雨，大船无法行动，军中开始断粮，而小船先到，解决了前线的军粮问题，经过此事后，杨行密对徐温刮目相看，开始就军事问题征询他的意见。杨行密大军进攻宿州多日，迟迟未能攻克，最终因军粮无法供应，只好南撤。

韦贻范担任宰相期间，收受他人大量钱财，到处封官许愿，等到其因母丧罢相后，债主们每天都跑到他家中吵闹，其心腹刘延美欠钱最多，穷于应付，所以，韦贻范迫切想官复原职，每天派人向韩全诲、张彦弘两个中尉，袁易简、周敬容这两个枢密使以及李茂贞央求。十六日，昭宗命韩偓起草韦贻范官复原职的诏书，韩偓说道："我的手腕可断，也不能起草这道诏书。"遂上书斥责韦贻范母亲刚刚去世不足三月，就想复出，实在是骇人听闻，有伤国体。韩全诲派遣两名宦官常驻学士院，监视学士们会与昭宗有来往，这两人恐吓韩偓道："学士你别把死当儿戏！"韩偓遂将自己的奏表交给二人，解下衣服，倒头就睡，二人不得已只好把奏表呈上。昭宗看到后，当即下令取消，并下令对韩偓予以褒奖。

八月一日，群臣已经按照次序排列整齐，等待宣布拜相诏书，可等了很久无诏书可宣。宦官们吵嚷着韩侍郎不肯起草，众人听了都大吃一惊。李茂贞面见昭宗，说道："陛下拜相而学士不肯起草诏书，这与谋反有什么两样！"昭宗回答："你们推荐韦贻范，朕不反对；学士不肯起草诏书，朕也不反对。况且，学士所言，事埋明白，朕岂能不从！"李茂贞听了，一脸不悦。退下后，他来到中书省见到苏检，说道："奸邪朋党，与过去没什么两样。"自己握着手腕，叹息很久。韦贻范仍不死心，李茂贞对旁人说道："我实在不懂儒家的礼数，竟被韦贻范害得丢脸，看我不把他弄到邠州安置算了。"韦贻范听了这才作罢。刘延美无钱还账，投井自杀。

李茂贞的堂弟、保大节度使李茂勋领兵进驻三原，救援李茂贞。朱全忠派遣部将康怀英、孔勍领兵迎战，李茂勋逃走。八月，李茂贞领兵趁夜偷袭奉天，俘获汴军将领倪章、邵棠而归。二十二日，李茂贞再次率领大军出城，与朱全忠决战，未能取胜，夜幕降临，李茂贞撤回，汴军趁机追赶，差一点攻入凤翔西门。二十六日，昭宗再次下令让韦贻范官复原职，命姚洎起草诏书。韦贻范也不谦让，诏书刚一宣布，他就上书谢恩，表示接受了，次日就上班了。

七五三　全忠入关（五）

王建的勤王军请求借道兴元北上，李茂贞养子、山南西道节度使李继密派遣军队进驻三泉（今陕西省宁强县）阻挡。

八月二十八日，西川先锋将领王宗播领兵进攻，但未能得手，退守山寨。亲信幕僚柳修业对王宗播说道："大人带着全族投奔他人，如果不替人家死战，岂能自保？"王宗播遂对部众下了死命令，说道："我与你们一起决战，夺取功名，如果失败，我们都死在此地！"遂一举攻破山南西道军队的金牛（今陕西省勉县西）、黑水（今陕西省城固县西北）、西县（今陕西省勉县）、褒城（今陕西省汉中市汉台区）四座营寨。军中小校秦承厚在西县战斗中，被流箭射中左眼，贯穿右眼，箭头无法取出。王建亲自舔舐他的伤口，脓包溃烂，箭头随之而出。王宗播又领兵进攻马盘寨（今陕西省勉县西北），李继密战败，逃奔汉中。西川军队乘胜逼近城下，王宗涤领兵最先冲上城墙，遂一举将汉中攻克，李继密请降。王建遂将其迁至成都，收编了山南西道军队三万步兵、五千骑兵，王宗涤进驻汉中。王建说道："李继密残害京畿，因其请降，我才没有忍心将其杀掉。"遂恢复其本名王万弘。此后，王建时常命众将欺凌他，连地位低贱的倡优们也对他嘲笑不已。王万弘气愤难耐，终日酗酒解忧，最终喝得烂醉，投水而死。昭宗下诏任命王宗涤为山南西道节度使。王宗涤有勇有谋，深受部下爱戴，王建对其十分猜忌。王建把衙门正门涂成红色，人称"画红楼"，王建因与王宗涤原名华洪谐音，担心将来会应验，王宗佶等人嫉妒王宗涤的战功，又从中陷害。王建遂把王宗涤召至成都，训斥了他一番，王宗涤说道："三蜀已经平定，大王听信谗言，自然到了诛杀功臣的时候。"王建命令亲随马军都指挥使唐道袭夜里把王宗涤灌醉，将其勒死。王宗涤被杀后，成都百姓为之罢市，军中将士无不哭泣，就像自家亲戚去世一样悲痛。王建又任命指挥使王宗贺暂且代理兴元留后。

九月一日，朱全忠见凤翔各军营寨平添许多，遂率领一千骑兵登上高山察看。二日，朱全忠因一直下雨，军中很多将士患上疾病，召集众将商议暂且返回河中。亲从指挥使高季昌、左开道指挥使刘知俊说道：“天下英雄，已经盯着大王此次勤王之战一年了，如今李茂贞已经陷入颓势，为何放他一马！”朱全忠担心李茂贞一直坚壁不战，高季昌遂建议用诡计引诱其出战，招募能混入凤翔城内的勇士。骑士马景报名，说道：“此行必死无疑，希望大王能照顾抚养我的妻子儿女们。”朱全忠听了，顿生恻隐之心，就不让他去了，但马景坚持要去。当时，朱全忠已经派遣朱友伦从大梁带来援军，次日将至，大营应当派兵接应。马景请求趁机给他一匹良马，混在众人中出营，朱全忠答应了，命令各军厉兵秣马准备厮杀。九月四日凌晨，朱全忠全军偃旗息鼓，埋伏营中，整个军营一片死寂，仿佛空无一人。马景与众骑兵从营中出来，突然单枪匹马往西而去，装作叛变，投奔凤翔。进入城内后，马景对李茂贞说道：“朱全忠已经全军撤离，只留下一万余伤病之卒守营，今天晚上这批人也将撤离，请大人速速发兵消灭他们！”李茂贞信以为真，打开城门，倾巢而出，进攻朱全忠的营垒。突然，朱全忠的中军响起雷鸣般的鼓声，汴军从各个营垒中杀出，朝李茂贞的军队发起猛烈的进攻，与此同时，朱全忠又派遣数百骑兵杀到凤翔城下，堵住了城门，凤翔军队顿时大乱，一败涂地。此战让李茂贞元气大伤，再无战心，开始商议与朱全忠和解，护送昭宗还京，不再以昭宗名义敦促朱全忠返回本镇了。朱全忠上表任命高季昌担任宋州团练使。

九月五日，武定（治所洋州、今陕西省洋县）节度使李思敬献出城池，向王建投降。八日，李茂贞派出全部骑兵前往邠州筹措军粮。九日，朱全忠下令构筑弯曲的壕沟把凤翔团团围住，在壕沟内安置警犬、响铃警戒，彻底切断了凤翔内外的联系。二十日，昭宗下诏任命李茂贞为凤翔（治所凤翔）、静难（治所邠州）、武定（治所洋州）、昭武（治所利州）四镇节度使。此时，武定、昭武已被王建夺去。十月，王建又攻克了兴州（今陕西省略阳县），任命军使王宗浩担任兴州刺史。六日夜晚，李茂贞的养子李彦询率领三队人马投奔汴军；次日，李彦韬也投降了汴军。八日，朱全忠派遣幕僚司马邺携带奏表入城。十二日，又派遣使者给昭宗献上熊油，自此不断献上食物、丝绸等物。昭宗总是先让李茂贞过目，李茂贞也不敢打开检查。十四日，朱全忠又派人入城，请求与李茂贞和解，不再干扰城内百姓出城砍柴。十五日，朱全忠上书请求重修长安宫室，并请求奉迎昭宗回京。十七日，昭宗派遣国子司业薛昌祚、内使王延缋携带诏书送给朱全忠。二十一日，李茂贞再次派兵出城进攻朱全忠的城西营寨，结果又被打败。朱全忠命投降的凤翔官员身穿红色官服，招诱城内之人，很多凤翔城内守军趁夜翻墙逃去，也有很多人趁出城砍柴之机不再回城，此后，李茂贞再派军出城，很多派出城的军队纷纷溃散，不再为其所用了。李茂贞怀疑昭宗与朱全忠之间有秘密约定，十月三十日，他下令在昭宗行宫的北墙外增加兵力守卫。

十一月一日，保大节度使李茂勋率领一万余人再次赶来，进驻凤翔城北高坡上，高举烽火，与城内相互呼应。

二日，昭宗让赵国夫人宠颜去学士院，趁两名宦官不在，急忙召来韩偓、姚洎二人，在行宫的便门外，握手哭泣。姚洎请求昭宗速速回去，恐怕被外人看见，昭宗听了，赶忙回去。朱全忠派遣部将孔勍、李晖领兵乘虚偷袭李茂勋的老巢鄜州（今陕西省富县）、坊州（今陕西省黄陵县）。十日，汴军攻克坊州。十二日，天降大雪，汴军冒雪夜行，天明时分，来到鄜州城下。鄜州守军毫无防备，汴军冲入城内。当时，城内守军尚有八千余人，双方发生激烈的巷战，一直激战到中午，鄜州守军才被击败，汴军生擒鄜州留后李继璙。孔勍下令保护李茂勋和鄜州将士的家属，任命李晖权知军府事，城内很快就恢复了秩序。李茂勋听说老巢失守，赶忙领兵撤离了凤翔。汴军每晚都要擂动战鼓，吹响号角，震得地动山摇。汴军辱骂城内守军是“劫持天子的贼人”，守军则辱骂汴军是“夺天子的贼人”。当年冬天，天降大雪，城内粮食吃尽，冻饿而死的数不胜数，甚至有的人还在床上呻吟，就被人用刀割下身上的肉吃掉。凤翔街市上公然贩卖人肉，一斤一百钱，而狗肉则一斤五百钱。李茂贞储备的粮食也已吃尽，只能拿出狗肉、猪肉送给昭宗吃。昭宗也拿出御衣和小皇子们穿的衣服，送到市场上卖掉换钱，用水泡过的松果、柿子皮喂马。二十一日，朱全忠派人把城外野草全部割光，企图困死城内守军。二十二日，李茂贞增兵守卫宫门，宦官们自知难逃一死，遂开始互相埋怨起来。同月，韦贻范病死。苏检屡屡运作，想让韩偓当上宰相，向李茂贞以及中尉、枢密使推荐，又派遣心腹给韩偓传话。韩偓怒道：“大人与韦贻范大人一起从被贬之地召回，十天半月都当上了宰相，至今却毫无作为。现在很快就要失败了，你想用这官位拉我下水吗！”

十二月，李茂勋派人向朱全忠投降，朱全忠将其改名为李周彝，于是，李茂贞山南各州都落入王建之手，关中各州都落入朱全忠之手了。

如今的李茂贞自己只能困守凤翔孤城。眼看大势已去，李茂贞遂密谋诛杀宦官，给自己洗刷罪过，他给朱全忠写信道："发生祸乱，全在于韩全诲。我在此迎接皇上，是为了防备别的强盗。大人既然要匡扶社稷，就请大人护送皇上回京，我愿意率领我的残破军队，替大人尽力。"朱全忠回信道："我起兵来到此地，就是因为圣驾逃到此地，大人能与我同心协力，我当然愿意了。"二十五日，昭宗召集李茂贞、苏检、李继诲、李彦弼、李继岌、李继远、李继忠一起吃饭，讨论与朱全忠和解之事。昭宗说道："十六宅诸王，每天都会冻死几人。就是住在行宫之内的诸王以及公主、嫔妃们，也是今天吃粥，明天吃汤饼，现在也都吃完了，你们大家有什么看法？"众人都无言以对。看大家一直沉默不语，昭宗最后说道："只有速速和解这一个办法了！"

有十余名凤翔军人在左银台门外挡住了韩全诲，高声谩骂道："我们凤翔全境生灵涂炭，全城军民冻饿而死，都是因为你们这几个家伙！"韩全诲向李茂贞叩头谈及此事，李茂贞解劝道："小卒们懂什么！"遂命人斟满两杯酒，二人各干一杯。韩全诲又向昭宗解释，昭宗也予以安抚。李继昭对韩全诲说道："昔日杨复恭害死了杨守亮一家，如今你也想害死我一家吗！"对韩全诲破口大骂，遂出城投降了朱全忠，恢复原名符道昭。

七五四　徐绾之乱

在朱全忠围困凤翔之际，天复二年下半年，遥远的江浙又发生了一场大乱。

景福元年（公元892年）孙儒被杀后，其部众有的投奔了杨行密，杨行密组成一支精锐部队黑云都，还有不少部众投奔了钱镠，钱镠同样看重他们骁勇，把他们编入中军，号称武勇都。当时，行军司马杜稜就曾告诫他道：“这些人狼子野心，不知道感恩，将来肯定会有后患，还是用本地人代替他们。”但钱镠没有听从。钱镠是临安人，当上高官后，把自己的出生地改为衣锦军，经常回家探望故老。天复二年下半年，钱镠再次还乡，命令武勇右都指挥使徐绾领兵整治河道，徐绾及其部众很不高兴，口出怨言。镇海节度副使成及听说后，赶忙禀报钱镠，并请求取消这项工程，但钱镠不从。等到天复二年八月十三日，钱镠宴请众将，徐绾密谋在宴会上刺杀钱镠，但没有机会下手，遂称病先退下。钱镠也十分警觉，次日，就命徐绾率领本部人马先回杭州。徐绾之众行至杭州外城时，即发动了兵变，纵兵烧杀抢掠。武勇左都指挥使许再思率领迎接军队，与徐绾乱兵合兵一处，直逼内城。钱镠的儿子钱传瑛与三城都指挥使马绰等人紧闭城门固守，牙将潘长领兵发起反攻，徐绾率部退守龙兴寺。

钱镠在返回途中，行至龙泉（今杭州市西），得知兵变消息，立即飞马赶到杭州城北，命令成及竖起帅旗，与徐绾作战，自己则身穿便装乘坐小船，趁夜从牙城东北角翻城墙，进入城内。岗哨值班士兵正靠着战鼓熟睡，钱镠手起刀落，将其砍死，城内这才知道钱镠已安全回来。杜稜之子、武安都指挥使杜建徽从新城（今浙江省杭州市富阳区西南）领兵入援，徐绾正命人堆积木材，准备焚烧北门，杜建徽将木材全部焚毁。湖州刺史高彦听说兵变的消息后，也派遣儿子高渭领兵入援，援军进至灵隐寺，被徐绾伏兵击杀。当初，钱镠在修筑杭州外城时，曾对部下说道："十步就修一座城楼，够坚固了吧。"掌书记罗隐说道："城楼不如都面向内。"至此，人们都觉得罗隐的话应验了。

有人劝说钱镠放弃杭州，逃往越州。杜建徽紧握宝剑，说道："一旦失败，大家都一起死在此地，岂可东渡！"钱镠也担心徐绾等人去夺占越州，就派遣大将顾全武领兵前去镇守。顾全武说道："越州不值得前去，不如派我去广陵。"钱镠一脸不解，问道："为什么这么说呢？"顾全武回答："我听说徐绾等人一起商议召来田頵，一旦田頵领兵前来，杨行密再从中帮助，我们就难以抵挡了。"杜建徽说道："孙儒之乱时，大王曾经帮助过杨行密，如今前去求援，他应该会对我们报恩的。"钱镠遂命顾全武向杨行密告急。顾全武说道："空手前去，不会有什么效果，请让大王之子当人质。"钱镠遂让儿子钱传瓘装扮成顾全武的奴仆，一起来到了广陵，并向杨行密求婚。二人路过润州时，团练使安仁义见钱传瓘眉清目秀，强行要用十个奴仆换钱传瓘。顾全武深夜送给守门人很多钱财，这才逃出了润州。

徐绾等人果然向田頵求救，田頵也真的领兵杀来。他先派心腹何饶对钱镠说："请大王东去越州，腾空衙门等我入驻，不要白白杀伤士卒。"钱镠回复道："军中发生叛乱，哪里没有这种事？大人身为一方大员，却助纣为虐，要打就打，说什么大话！"田頵命令构筑堡垒，切断了杭州与外界的联络，钱镠对此十分担忧，在城内招募能摧毁其堡垒之人，即提拔其为刺史。衢州制置使陈璋率领三百士兵杀出城外，经过苦战，遂夺下了田頵的堡垒，钱镠当即任命其为衢州刺史。顾全武来到广陵后，劝说杨行密道："田頵一旦得手，一定会成为大王的后患。请大王召回田頵，钱王请求把儿子钱传瓘留在广陵当人质，并请大王赐婚。"杨行密遂答应下来，把女儿嫁给了钱传瓘。

天复二年十月，历经七个月的长途跋涉，昭宗派出的使者李俨一行才到达扬州。杨行密才开始修建专门用来宣布诏命的庭院，每次代行皇帝之命任命官员时，杨行密总会先向李俨禀报，再在紫极宫唐玄宗的塑像前陈列诏书，叩拜后才予以颁布。

当凤翔城岌岌可危之际，田頵也对杭州发起了猛烈的进攻，并组织战舰，打算从西陵东渡钱塘江。钱镠则派遣部将盛造、朱郁领兵抵御，将其击破。与此同时，杨行密派人征召田頵，说道："你再不撤军，我就派人代替你镇守宣州。"十二月八日，田頵不得不撤军，遂向钱镠索要二十万钱犒赏军队，又让钱镠送来儿子当人质，打算把女儿嫁给钱镠之子。钱镠对儿子们说道："谁愿意当田家的女婿？"儿子们没有一人吱声。钱镠打算让最小的儿子钱传球当人质，钱传球不从，惹得钱镠大怒，打算杀了钱传球。次子钱传瓘见状，主动站出来愿意前往。吴夫人哭着说道："为何把儿子放到虎口！"钱传瓘说道："消除家国之难，我岂敢爱惜自己！"向父母叩头后，起身离去，钱镠哭着把他送出了城。钱传瓘带了几个侍从从城北门楼缒下，于是，田頵与徐绾、许再思一起返回了宣州。钱镠免去了钱传球内营卫队将领一职。

越州客军都指挥使张洪因是徐绾一党，害怕受到钱镠的报复，遂率领三百人逃奔衢州，刚刚当上衢州刺史的陈璋收容了张洪等人。徐绾之乱中，温州将领丁章也趁乱赶走了温州刺史朱敖，朱敖逃奔福州，丁章遂占据了温州。田頵派人召唤丁章，使者途经衢州，而陈璋却未予阻止，听任其往来，从此，钱镠对陈璋痛恨起来。数月后，丁章为一个木工李彦所杀，其部将张惠继续盘踞温州。

同年，割据赣南的虔州刺史卢光稠领兵进攻岭南，攻克了韶州（今广东省韶关市），命其子卢彦昌驻守，又转攻潮州。清海留后刘隐领兵将卢光稠之军击退，并乘胜反攻韶州。刘隐的弟弟刘陟认为卢彦昌有虔州支援，不可匆忙争夺，刘隐不从，遂包围了韶州。正值江水上涨，军粮无法运至前线，卢光稠又领兵从虔州赶来。卢光稠部将谭全播在山谷之内埋伏一万伏兵，让老弱之兵前去挑战，刘隐领兵交战，结果中了谭全播的埋伏，在韶州城南被打得大败，刘隐逃回广州。战后，谭全播把功劳都让给了众将，卢光稠对其更加欣赏了。同年，变民头领、岳州刺史邓进思去世，其弟邓进忠自称刺史。

七五五　返回长安

天复三年（公元903年）一月二日，昭宗派遣殿中侍御史崔构、供奉官郭遵诲来到朱全忠大营。四日，李茂贞也派牙将郭启期出城与朱全忠议和，而这时，朱全忠的后方真的出现了麻烦。

虽然韩全诲等人对杨行密寄予厚望，但杨行密进攻宿州失利后，就没再对朱全忠形成威胁，天复二年下半年，钱镠遭遇徐绾之乱，又把杨行密的精力吸引到了江浙，让他无暇北上，倒是一直以来保持中立、不显山不露水的平卢节度使王师范给朱全忠以迎头痛击。王师范颇为好学，经常自诩为忠义之人，把辖区治理得井井有条。朱全忠包围凤翔后，韩全诲以昭宗的名义向各地藩镇发布勤王诏书，王师范见到诏书后，泪如雨下，说道："我等身为皇室的屏障，岂能坐视天子受到此等困辱！各地藩镇拥有强兵，难道只是用来自卫的吗！"张濬也从长水给王师范写信，劝其发起义军。王师范说道："张大人之言正合我意，还有什么可迟疑的呢！虽然我力量不足，但我不会计较生死。"《新唐书》则称，朱全忠包围凤翔时，昭宗下诏号召各地勤王，认为王师范依附朱全忠，遂任命朱瑾为平卢节度使，取代王师范。王师范听说后，大哭说："我替国家镇守一方，君王处于危难之际而不伸出援手，这能行吗？"遂与杨行密结盟。因此，王师范因为自己将要被取代才起兵的。

当时，关东各镇的军队大多随朱全忠在凤翔前线，后方十分空虚，王师范派遣部将装扮成商贩或者进贡使者，把武器暗藏在小车上，混入汴州、徐州、兖州、郓州、齐州、沂州、河南、孟州、滑州、河中、陕州、虢州、华州等州，约定同日发动，讨伐朱全忠，然而，由于涉及面过广，混入其他州城的将领们很多因阴谋败露而被擒，只有行军司马刘鄩夺取了兖州。泰宁节度使葛从周当时正领兵驻守邢州，刘鄩先派人假扮买油小贩混入城内，察看城内虚实。天复三年一月四日，刘鄩率领五百精兵趁夜从兖州排水沟进入城内，等天明之后，完全占领了兖州，城内局面毫无察觉。刘鄩占领军府之后，拜见葛从周之母，每天清晨都会入内问安；对待葛从周的妻子儿女们也都很有礼貌，让葛从周的子弟们仍旧担任原来的官职，待遇不变。

在刘鄩夺占兖州的同一天，青州牙将张居厚率领二百壮士带着小车也来到了华州东城，知华州事娄敬思发现不对劲，就下令割开包裹检查。青州人突然大喊，杀死了娄敬思，进攻华州西城。崔胤当时正在华州，率众抵御，不能取胜，遂弃城而逃，逃至商州，被青州追兵追上擒获。朱全忠留下节度判官裴迪守大梁，王师范派人给裴迪送信，裴迪询问青州之事，送信人脸色大变。裴迪觉察有问题，就屏退众人，单独询问送信之人，此人遂把王师范的阴谋和盘托出。裴迪听后，大吃一惊，来不及派人向远在凤翔的朱全忠禀报，赶忙请马步都指挥使朱友宁率领一万余人向东巡视兖州、郓州。朱友宁召回邢州的葛从周，一起进攻王师范。朱全忠很快也得到了东方有变的消息，也从凤翔前线分出一部分军队，增援朱友宁。

天复三年一月六日，李茂贞单独面见昭宗，神策中尉韩全诲、张彦弘，枢密使袁易简、周敬容均不得在场。李茂贞请求昭宗下令诛杀韩全诲等宦官，与朱全忠和解，一起护送昭宗还京。昭宗听后，大喜，当即派遣内养（贴身宦官）率领四十名凤翔士兵逮捕了韩全诲等人，全部将其斩杀；改任御食使第五可范担任左神策军中尉，宣徽南院使（宫廷南院事务总监）仇成坦担任右神策军中尉，以王知古为上院（东院）枢密使，杨虔朗为下院（西院）枢密使。当晚，昭宗又下令斩杀了李继筠、李继诲、李彦弼以及内诸司使韦处廷等十六人。次日，昭宗派遣韩偓以及赵国夫人宠颜来到朱全忠的军营，又派人拿着韩全诲等二十余人的人头送给朱全忠过目，并对朱全忠说道："过去胁迫朕，唯恐受到惩处，而离间君臣，不想和解的，都是这些人。如今，朕与李茂贞决心杀掉他们，你要告知各军，以平息众怒。"九日，朱全忠派遣观察判官李振携带奏表入城道谢。

李茂贞诛杀韩全诲等人之后，朱全忠并没有立即解除对凤翔的包围。李茂贞怀疑是崔胤让朱全忠一定要拿下凤翔，遂建议昭宗立即召回崔胤，让其率领百官赶赴凤翔。昭宗一连下了四道诏书，又送去三封亲笔书信，言辞恳切，并恢复崔胤的所有官爵，可是崔胤称病不来。李茂贞越发害怕起来，亲自给崔胤写信，言辞十分谦卑。朱全忠也给崔胤写信，召其前来，并幽默地说："我不认得天子，需要大人你前来辨认。"接到朱全忠的信后，崔胤才赶到凤翔。

一月十二日，凤翔在经历了这么长时间的围困后，才第一次打开了城门。十四日，朱全忠巡视各寨，来到凤翔城北，他突然发现有一队凤翔军人从北山上下来，怀疑是要偷袭自己，遂派兵发起进攻，生擒凤翔将领李继钦。昭宗派赵国夫人宠颜、冯翊夫人来到朱全忠军营询问原因，朱全忠派心腹蒋玄晖携带奏表入城禀报。为了巩固自己的地位，李茂贞请求昭宗把次女平原公主嫁给自己的儿子李侃，又想让苏检的女儿嫁给昭宗第六子、景王李秘。平原公主是何皇后所生，何皇后有点为难，昭宗说道："只要我能出了凤翔城，就不用担心你的女儿！"何皇后这才勉强答应。二十日，李茂贞之子李侃恢复本姓，改名宋侃，娶了平原公主；同日，景王李秘娶妃苏氏。当时，凤翔城内已经诛杀了七十二名宦官，朱全忠又密令京兆尹搜捕那些已经退休或者未在凤翔的宦官，又诛杀了九十人。

一月二十二日，昭宗从凤翔出来，驾临朱全忠军营。朱全忠身穿素色衣服，等候昭宗的"惩处"。昭宗命令客省使宣布诏书，赦免了朱全忠的罪过，撤去所有警卫，只派金吾将军一人来到朱全忠面前，通报平安。朱全忠换穿朝服，觐见昭宗，叩头流泪。昭宗也流下眼泪，并命韩偓搀扶朱全忠起身，对他说道："宗庙社稷，全靠你才得以安宁；朕与宗室，也全靠你才得以重生。"说完，亲自解下玉带赏赐给朱全忠。稍事休息后，昭宗就开始向长安进发了。朱全忠单枪匹马，走在昭宗车驾最前面，充当前导，行了十里左右，昭宗坚决让他停了下来。朱全忠命令侄儿朱友伦率军护送，自己留下来指挥后卫部队，焚烧拆除各座营寨。当晚，昭宗留宿岐山。二十五日，昭宗来到兴平，崔胤这才率领百官在兴平迎驾。昭宗恢复了崔胤司空、门下侍郎、同平章事，领三司如故。二十七日，昭宗回到长安，拜谒太庙，驾临长乐楼。昭宗对朱全忠说道："朕能活着回到长安，是爱卿之力啊。自古解救君王之难，再无如此的。况且，今天朕能够再回到太庙，祭奠先帝，爱卿之德，朕知道无以为报啊！"说完，召朱全忠近前，紧紧握着他的双手，哭泣了很久。

一月二十八日，朱全忠、崔胤一起登殿觐见昭宗。崔胤上奏称："开国之初，天下太平，宦官们并不掌握军队、干预朝政。天宝以来，宦官人数逐渐增多。贞元末年，从羽林卫中分出左右神策军护驾，才开始令宦官掌握兵权，但军队人数也就两千人。从此以后，宦官们开始参与国家机密，侵夺百官之权，上下祖护，一起违法乱纪。大的煽动藩镇，危害国家；小的卖官鬻爵，毒害朝政。王室衰微，全在于此，再不彻底剪除，大乱就不会停止。请求陛下罢免宫内各司之官，宫内事务全交由外廷朝臣处理，各道监军也全部召回朝廷。”昭宗同意了。当天，朱全忠派兵把第五可范等五百多名宦官驱赶到内侍省内，全部予以斩杀，喊冤哭号之声，响彻宫内宫外。昭宗下令那些出使在外的，由当地予以逮捕诛杀，宫内只留下三十名年幼的六七品宦官负责打扫卫生。因北方民风淳朴，昭宗又下诏命令成德节度使王镕挑选五十人充当宦官，传达诏命。诛杀第五可范等人，并非昭宗的本意，昭宗心知他们是无辜的，专门撰写悼词予以哀悼。从此以后，昭宗的诏命都由宫女负责出入传达。神策两军及其内外八镇的军队都划归了六军，崔胤兼判六军十二卫事务。

二月一日，昭宗下诏称：“凡是前不久在凤翔任命的官员，一律罢免。”当时，宦官集团被崔胤、朱全忠一网打尽，只有河东监军张承业、幽州监军张居翰、清海监军程匡柔、西川监军鱼全禋以及已经退休隐居在青城山的严遵美五人，分别被李克用、刘仁恭、杨行密、王建保全起来，斩杀了其他死囚，应付诏书。三日，昭宗下诏将门下侍郎、同平章事陆扆贬为沂王傅、分司。昭宗回京之后，下达各道的诏书，唯独不送给凤翔。陆扆曾说：“李茂贞虽然罪大，但朝廷还未与之决裂，如今唯独不给凤翔送去诏书，让人觉得朝廷心胸太狭隘了。”崔胤听了，勃然大怒，遂上奏昭宗将其贬官。宋柔等十一名宫女都是韩全诲献给昭宗、充当内线的，加上二十余名与宦官们过从甚密的僧道，也一律送往京兆府，用棍棒打死。昭宗对韩偓说道：“崔胤虽然忠心，但与你相比，颇为权诈。”韩偓回答：“凡是君王，万民都是他的耳目，岂能用权诈蒙蔽？倒不如以诚待人，正直处事，虽然短期内看不出成效，日子一长效果就出现了。”

二月五日，昭宗下令将工部侍郎、同平章事苏检，吏部侍郎卢光启赐死。六日，又将中书侍郎、同平章事王溥贬为太子宾客、分司，苏检、卢光启均为凤翔时期任命，这三人都是崔胤厌恶之人。八日，昭宗下诏赐朱全忠荣誉称号为回天再造竭忠守正功臣，赐其部下敬翔等人为迎銮协赞功臣，朱友宁等众将为迎銮果毅功臣，都头以下号称四镇静难功臣。昭宗打算再给予朱全忠更大的荣誉，想任命皇子担任诸道兵马元帅，以朱全忠担任副元帅。崔胤秉承朱全忠的密旨，觉得昭宗第九子、辉王李祚年幼，就建议由辉王李祚担任诸道兵马元帅，昭宗不同意，说道：“濮王（德王）李裕年长。”崔胤态度坚决，昭宗只好让步。八日，昭宗下诏任命李祚为天下兵马元帅。九日，昭宗下诏晋升朱全忠为守太尉，天下兵马副元帅，晋爵梁王；晋升崔胤为司徒兼侍中。崔胤依仗有朱全忠的支持，专权跋扈，完全根据个人好恶，进行赏罚，还把昭宗的一举一动都禀报给朱全忠。追随昭宗前往凤翔的朝臣，被崔胤贬官放逐了三十人。朝廷任命敬翔担任太府卿，朱友宁遥兼宁远节度使。朱全忠上表任命符道昭为同平章事、天雄节度使，企图在李茂贞背后插上一刀。他派兵护送符道昭上任，但被李茂贞之军阻挡，未能成功。

昭宗回京之后，就想拜翰林学士承旨韩偓为相，韩偓推荐御史大夫赵崇和兵部侍郎王赞。崔胤唯恐二人会分割自己的相权，就让朱全忠入宫反对。朱全忠见到昭宗后，说道："赵崇轻薄，王赞无才，韩偓岂能随便举荐他们！"昭宗见朱全忠气得满脸通红，遂不敢提出异议。十二日，昭宗下令将韩偓贬为濮州司马。临别之际，昭宗偷偷与韩偓见上一面，哭着与他道别。韩偓说道："此人已经与原来判若两人，臣能够被远贬在外，死到远方，实在是万幸，不忍心看到陛下被篡位，被弑杀，受尽屈辱啊！"

二月十八日，昭宗命令朱全忠给李茂贞写信，送回平原公主。李茂贞不敢抗命，赶忙把平原公主送回京师。二十一日，昭宗任命朱友裕担任镇国（治所华州）节度使。二十四日，朱全忠上奏留下一万步骑进驻已经撤销的左右神策军军营，以朱友伦担任左军宿卫都指挥使，以部将张廷范担任宫苑使，王殷为皇城使，蒋玄晖为两街使，完全控制了长安以及京畿各地。在安排妥当之后，二十七日，朱全忠辞别昭宗，返回大梁。昭宗在寿春殿设宴给朱全忠送行，又在延喜楼再次给其饯行。昭宗登上高楼与朱全忠洒泪而别，让朱全忠在楼前上马。昭宗又作诗送给朱全忠，朱全忠和诗送给昭宗，昭宗当时已经喝醉，又赐给朱全忠五首《杨柳枝诗》。朝廷百官在长乐驿站与朱全忠辞别，崔胤单独把朱全忠送到灞桥，自己出钱宴请，直喝到夜里二更，崔胤才回到城内。昭宗还没入睡，又召见崔胤，询问朱全忠是否平安，又在宫内安排酒宴，演奏音乐，一直喝到四更才罢。同日，在朱全忠的举荐下，昭宗任命清海节度使裴枢为门下侍郎、同平章事。

七五六　一枝独大

至此，朝廷重臣分别是：太师李克用，太尉朱全忠，太傅韩建，司徒崔胤，同平章事裴贽、裴枢，天下兵马元帅李祚，副元帅朱全忠，度支盐铁转运使崔胤。

各地藩镇分别是：

一、朱全忠势力。

（一）朱全忠自身军镇。

1．宣武节度使朱全忠，辖区：汴州（今河南省开封市）、宋州（今河南省商丘市）、亳州（今安徽省亳州市）、颍州（今安徽省阜阳市）。

2．宣义（原义成）节度使朱全忠，辖区：滑州（今河南省滑县）、郑州（今河南省郑州市）。

3．天平节度使朱全忠，辖区：郓州（今山东省东平县）、曹州（今山东省曹县）、濮州（今山东省菏泽市鄄城县）、齐州（今山东省济南市）、棣州（今山东省惠民县）。

4．护国（原河中）节度使朱全忠，辖区：河中府（今山西省永济市）、绛州（今山西省新绛县）、晋州（今山西省临汾市）、慈州（今山西省吉县）。

5．忠武节度使韩建（朱全忠任命），辖区：陈州（今河南省淮阳县）、许州（今河南省许昌市）、蔡州（今河南省汝南县、蔡州设奉国节度使）。

6．泰宁节度使（原兖海节度使）葛从周（朱全忠任命），辖区：兖州（今山东省济宁市兖州区）、沂州（今山东省临沂市）、海州（今江苏省连云港市）、密州（今山东省诸城市）。但实际上，沂州和密州在王师范的控制之下。

7．武宁节度使朱友恭（朱全忠任命），辖区：徐州（今江苏省徐州市）、濠州（今安徽省凤阳县）、宿州（今江苏省宿州市）。

8. 昭义节度使丁会，辖区：潞州（今山西省长治市）、泽州（今山西省晋城市）、邢州（今河北省邢台市）、洺州（今河北省邯郸市永年区）、磁州（今河北省磁县）。

9. 佑国节度使张全义，辖区：东都（今河南省洛阳市）、汝州（今河南省汝州市）。

10. 河阳节度使孟迁（朱全忠任命），辖区：孟州（今河南省孟州市）。

11. 保义节度使（原陕虢节度使）朱简（自立、投靠朱全忠，认朱全忠为叔父），辖区：陕州（今河南省三门峡市）、虢州（今河南省灵宝市）。

12. 匡国（原同州）节度使赵珝（天复元年，原节度使司马邺投降朱全忠后，朱全忠以原忠武节度使赵珝调任），辖区：同州（今陕西省大荔县）。

13. 镇国节度使朱友裕（朱全忠之子，天复三年二月任命），辖区：华州（今陕西省华县）。

14. 保大节度使李周彝（原名李茂勋，天复二年投降朱全忠），辖区：鄜州（今陕西省富县）、坊州（今陕西省黄陵县）、翟州（今地不详）。

15. 静难（原邠宁）节度使杨崇本（天复元年投降朱全忠），辖区：邠州（今陕西省彬县）、宁州（今甘肃省宁县）、庆州（甘肃省庆阳市）。

（二）依附于朱全忠的势力。

1. 王镕势力。

成德节度使王镕，辖区：镇州（今河北省正定县）、赵州（今河北省赵县）、深州（今河北省深州市）、冀州（今河北省衡水市冀州区）。

2. 王处直势力。

易定节度使王处直，辖区：易州（今河北省易县）、定州（今河北省定州市）。

3. 罗绍威势力。

魏博节度使罗绍威，辖区：魏州（今河北省大名县）、博州（今山东省聊城市）、贝州（今河北省清河县）、相州（今河南省安阳市）、澶州（今河南省内黄县东南）、卫州（今河南省卫辉市）。

4. 赵匡凝势力。

忠义（原山南东道）节度使赵匡凝，辖区：襄州（今湖北省襄阳市）、邓州（今河南省邓州市）、唐州（今河南省泌阳县）、随州（今湖北省随州市）、均州（今湖北省十堰市）、房州（今湖北省房县）。原辖区金州（今陕西省安康市）、商州（今陕西省商洛市商州区），已于光启元年划出，成立昭信防御使，由武当变民头领冯行袭担任防御使。光化元年，升格为昭信节度使。

5. 卫国（原保塞）节度使李思谏（拓跋思谏，党项头领），辖区：延州（今陕西省延安市）、丹州（今陕西省宜川县）。

（三）结好朱全忠的势力。

1. 杜洪势力。

武昌节度使杜洪，辖区：鄂州（今湖北省武汉市）、蕲州（今湖北省蕲春县）、申州（今河南省信阳市）、黄州（今湖北省武汉市新洲区）。原辖郡岳州（今湖南省岳阳市）为邓进忠割据。原辖郡安州（今湖北省安陆市），在光化元年已被朱友恭攻陷，似已纳入朱全忠势力范围。

2. 钟传势力。

镇南节度使钟传，辖区：洪州（今江西省南昌市）、吉州（今江西省吉安市）、江州（今江西省九江市）、抚州（今江西省抚州市）、袁州（今江西省宜春市）、饶州（今江西省鄱阳县）、信州（今江西省上饶市）。原辖郡虔州（今江西省赣州市）为卢光稠占领。

3. 刘仁恭势力。

幽州节度使刘仁恭，辖区：幽州（今北京市）、涿州（今河北省涿州市）、蓟州（今天津市蓟州区）、妫州（今河北省怀来县）、檀州（今北京市密云区）。

义昌节度使刘守文，刘仁恭之子，辖区：沧州（今河北省沧州市）、景州（今河北省沧州市交河镇）、德州（今山东省陵县）。

另外，值得注意的是，在天复元年，朝廷又在原幽州节度使辖区设置了平营瀛莫观察使，辖区：平州（今河北省卢龙县）、营州（今辽宁省朝阳市）、瀛州（今河北省河间市）、莫州（今河北省任丘市北）。该观察使为天复元年刚刚设立，疑为朱全忠汴军占领瀛州、莫州、祁州（今河北省无极县）及义昌的景州之后，以交回祁州、景州为条件，从幽州割出四郡而另设。另据《辽史·太祖本纪》记载，天复二年，（耶律阿保机）率领四十万大军伐河东代北，攻下九郡云云，由此可见，此时的平州、营州已在契丹的控制或者威胁之下，朱全忠把祁州、景州交出，换回毫无意义的平州、营州，实际上是为了得到瀛州、莫州而作出的让步。

二、与朱全忠对立的势力。

（一）李克用势力。

河东节度使李克用，辖区：太原府（晋阳、今山西省太原市）、仪州（今山西省左权县）、石州（今山西省吕梁市离石区）、岚州（今山西省岚县）、汾州（今山西省汾阳市）、蔚州（今河北省蔚县）、云州（今山西省大同市）、麟州（今陕西省神木市）、代州（今山西省代县）、忻州（今山西省忻州市）、朔州（今山西省朔州市）、宪州（今山西省静乐县）。

（二）李茂贞势力。

1. 凤翔节度使李茂贞，辖区：凤翔（今陕西省凤翔县）、秦州（今甘肃省秦安县）。

2. 彰义（原泾原）节度使李茂贞，辖区：泾州（今甘肃省泾川县）、原州（今宁夏回族自治区固原市）、渭州（今甘肃省陇西县）、武州（今甘肃省陇南市武都区）。

（三）王师范势力。

平卢节度使王师范，辖区：青州（今山东省青州市）、淄州（今山东省淄博市）、登州（今山东省蓬莱市）、莱州（今山东省莱州市）。光化二年，沂州、密州内叛，杨行密发兵打下了密州，交还给了王师范，但未能打下沂州，沂州究竟属于王师范或是朱全忠，或是自立，不详。

（四）杨行密势力。

1. 淮南节度使杨行密，辖区：扬州（今江苏省扬州市）、楚州（今江苏省淮安市）、滁州（今安徽省滁州市）、和州（今安徽省和县）、寿州（今安徽省寿县）、庐州（今安徽省合肥市）、舒州（今安徽省潜山县）、光州（今河南省潢川县）。另外，在冯弘铎被田頵赶跑之后，杨行密任命李神福担任了升州（今江苏省南京市）刺史，把升州纳入自己的统治之下。

2. 宁国节度使田頵（朝廷任命、杨行密举荐），辖区：宣州（今安徽省宣城市宣州区），根据朝廷任命的辖区还包括：池州（今安徽省池州市贵池区）、歙州（今安徽省歙县），但杨行密没有把两地交给田頵，以限制其势力的发展。

3. 奉国节度使朱延寿，辖区：申州（今河南省信阳市）、和州（今安徽省和县）、蔡州（今河南省汝南县），应在朱全忠控制之下。

三、地处偏远、与中原联系不太紧密的势力。

（一）钱镠势力。

1. 镇海节度使钱镠，辖区：苏州（今江苏省苏州市）、杭州（今浙江省杭州市）、湖州（今浙江省湖州市），原辖郡常州、润州则被杨行密占领；睦州（今浙江省建德市）则被陈询割据，表面上服从钱镠。

2. 镇东节度使钱镠，辖区：越州（今浙江省绍兴市）、明州（今浙江省宁波市）、台州（今浙江省临海市）、衢州（今浙江省衢州市）、婺州（今浙江省金华市、田頵在光化二年短暂占领后放弃）、处州（今浙江省丽水市）。原辖区温州（今浙江省温州市）被张惠占领。

（二）王审知势力。

威武节度使王审知，辖区：福州（今福建省福州市）、泉州（今福建省泉州市）、建州（今福建省建瓯市）、汀州（今福建省长汀县）。

（三）马殷势力。

武安节度使马殷，辖区：潭州（今湖南省长沙市）、衡州（今湖南省衡阳市）、邵州（今湖南省邵州市）、永州（今湖南省永州市）、道州（今湖南省道县）以及新占领的静江（原桂管观察使）节度使辖地桂州（今广西壮族自治区桂林市）、宜州（今广西壮族自治区河池市宜州区）、岩州（今广西壮族自治区来宾市）、柳州（今广西壮族自治区柳州市）、象州（今广西壮族自治区象州县）等州，节度使系马殷任命的李琼。

（四）成汭势力。

1. 荆南节度使成汭，辖区：荆州（今湖北省江陵县）、郢州（今湖北省京山县）、复州（今湖北省天门市）、夔州（今重庆市奉节县）、峡州（今湖北省宜昌市）、归州（今湖北省秭归县）、忠州（今重庆市忠县）、万州（今重庆市万州区）。原辖区澧州、朗州被雷满割据，天复元年年底，雷满去世，其子雷彦威自称留后。

2. 武泰节度使赵武，辖区：黔州（今重庆市彭水县）、施州（今湖北省恩施土家族苗族自治州）、夷州（今贵州省凤冈县）、辰州（今湖南省沅陵县）、思州（今贵州省沿河县）、费州（今贵州省思南县）、播州（今贵州省遵义市）、南州（今重庆市重庆市綦江区）、溱州（今重庆市重庆市綦江区东南）、珍州（今贵州省正安县）、锦州（今湖南省凤凰县）、奖州（今湖南省新晃县东北）、溪州（今湖南省永顺县）、涪州（今重庆市涪陵区）。虽然辖区这么大，但根据当时的情况来看，其实际控制区大约只有长江沿岸地区。

（五）雷彦威势力。

武贞节度使雷彦威，辖区：朗州（今湖南省常德市）、澧州（今湖南省澧县）、溆州（今湖南省怀化市）。

（六）王建势力。

1. 西川节度使王建，辖区：益州（今四川省成都市）、蜀州（今四川省崇州市）、汉州（今四川省广汉市）、眉州（今四川省眉山市）、邛州（今四川省邛崃市）、嘉州（今四川省乐山市）、嶲州（今四川省西昌市）、黎州（今四川省汉源县）、雅州（今四川省雅安市）、戎州（今四川省宜宾市）、维州（今四川省理县）、扶州（今四川省九寨沟县）等州。

另外，原属于龙剑节度使辖区的龙州（今四川省平武县东南）、剑州（今四川省剑阁县）；威戎节度使辖区的彭州（今四川省彭州市）、文州（今甘肃省文县）、成州（今甘肃省成县）、茂州（今四川省茂县）；武定节度使辖区洋州（今陕西省洋县）、果州（今四川省南充市）、蓬州（今四川省仪陇县）、壁州（今四川省通江县）；昭武节度使（治所利州）辖区利州以及原属于李茂贞的兴州（今陕西省略阳县）等地。

2. 东川节度使王宗裕，王建侄儿，辖区：梓州（今四川省三台县）、绵州（今四川省绵阳市）、普州（今四川省安岳县）、陵州（今四川省仁寿县）、荣州（今四川省荣县）。

3. 武信节度使王宗佶，辖区：遂州（今四川省遂宁市）、合州（今重庆市合川区）、泸州（今四川省泸州市）、渝州（今重庆市）、昌州（今重庆市大足区）五州。

4. 山南西道节度使王宗贺，辖区：兴元（今陕西省汉中市）、集州（今四川省南江县）、通州（今四川省达州市）、开州（今重庆市开县）、渠州（今四川省渠县）、巴州（今四川省巴中市，设巴州防御使）。

（七）刘隐势力。

清海留后刘隐，辖区：广州（今广东省广州市）、循州（今广东省惠州市）、潮州（今广东省潮州市）、康州（今广东省德庆县）、泷州（今广东省罗定市）、端州（今广东省肇庆市）、新州（今广东省新兴县）、封州（今广东省封开县）、春州（今广东省阳春市），等等。原辖郡韶州被卢光稠夺取。

（八）刘隐周边势力。

1. 卢光稠势力。虔州刺史卢光稠，辖区：虔州、韶州（今广东省韶关市）。

2. 容管经略使庞巨昭，《旧唐书·僭伪列传》称庞巨源，辖区四州，不详。

3. 岭南西道节度使叶广略，治所邕州（今广西壮族自治区南宁市），包括容管（治所容州，今广西壮族自治区北流市）、静海（原安南）等广西、越南等地区。

七五七　讨伐青州（一）

朱全忠能够在乱世中崛起，自然有其过人之处，而他最大的特点就是狡诈刚狠和那一股永不服输的冲劲。

《洛阳缙绅旧闻记》记载，朱全忠“英威刚狠，视之若乳虎”，在他身边的人犯了一点小错，他立马下令就杀了。他身边的侍从每天上班之前都要与家人诀别，下班到家，家人们都会纷纷庆贺，又平安度过了一天。不论是他手下的人或是宾客，在他的面前都会不寒而栗。书中举了一个例子，说的是：进士杜荀鹤曾到大梁想拜见朱全忠，负责接待的官员向朱全忠禀报后，朱全忠一言不发，也没说不见，也没说要见。过去，凡是要拜谒朱全忠的人，只要通名之后，就算朱全忠当时没见，负责接待的官员也不敢放他们离去，因为哪天朱全忠想起来要见此人的话，一旦得知此人已经离去，这些负责接待的官员小命就不保了，因此，就算这些人滞留大梁多年，饥寒交迫，官员们也不敢放他们离开，杜荀鹤也被扣留了几个月，每天都要去接待处打听。终于有一天，朱全忠闲坐时突然问道：“杜荀鹤在哪里？”侍从们回答：“就在接待处。”朱全忠正要接见，有人飞马来见，朱全忠与其商议了很久，到了中午就回内宅了。杜荀鹤恳求接待官员说：“我太饿了，让我回馆驿吧。”官员们自己出钱，给杜荀鹤准备午饭让他吃，并说：“您就救我们一命吧。大王如果出来，要见秀才你，我们说你回馆驿了，我们就没命了。”

一直等到黄昏，朱全忠果然又从内宅出来了，让人取出骰子来，似乎要占卜什么，掷了很久都不如意，怒不可遏，屡屡拿眼看侍从们。侍从们吓得大气不敢出，唯恐被杀。过了一会儿，朱全忠拿着骰子大喊一声：“杜荀鹤！”掷出六枚红色，遂请杜荀鹤入内。谈话间，天上下起雨来，抬头却不见一片云彩，朱全忠笑道："这就是无云而雨，所谓的天哭，不知是什么征兆？"让杜荀鹤写首无云雨诗。杜荀鹤不敢推辞，写道："同是乾坤事不同，雨丝飞洒日轮中。若教阴朗都相似，争表梁王造化功。"朱全忠看后大喜，立即命人摆上宴席一起喝酒，对其十分欣赏。杜荀鹤回到馆驿后，因惊吓过度，腹泻不已，主管官员们围绕他的身边，侍奉汤药，就像对待父母一般小心。次日凌晨，朱全忠命人再召，杜荀鹤只得上马前去，一副病恹恹的模样。朱全忠见到后，大喊一声："杜秀才！争表梁王造化功！"杜荀鹤一听，顿时忘了疾病，健步如飞，拜见朱全忠。

另有一事，说的是：朱全忠已经产生了废唐自立之意，也想在自己身边培养一批正直骨鲠之臣。一次，他来到大梁门外，坐在一棵大柳树下休息。柳树下能坐五六十人，已经有一群游客在那里坐了，朱全忠独自说道："好大一棵树！"然后环顾众人，众人纷纷离席附和。朱全忠又说："这么好的柳树，正能用来做车头。"有五六个人也起身附和。朱全忠转眼看了看敬翔，敬翔起身回答："虽说是棵好柳树，但要是做车头还需夹榆树。"朱全忠听了，顿时变了脸色，大喝道："你们这群傻瓜，就喜欢顺嘴糊弄人！柳树岂能做车头？车头肯定要榆木。你们就顺着我的意思，也说能做。我见别人说秦朝时有指鹿为马的事，你们这样，也干出这种事又有什么难的！"当即对卫士们说道："还等什么！"立即将说柳树能做车头的几个人打死了。最后，该书说道，朱全忠出身群盗，"安忍雄猜，甚于古昔，至于刚猛英断，以权数御物，遂成兴王之业，岂偶然哉！"

《明道杂志》也记载了一件小事，称，一次朱全忠与属下到大梁城外出游，突然他指着一处地说道："这里可以修建一座庙宇，赶快找来相士看看地。"过了很久，相士还没来，朱全忠等得不耐烦了，一脸怒气。等相士来后，看看地，叩头说道："这地就是所谓的乾上龙尾地，修建庙宇当然非常合适，不过，不是大贵之人是看不出这地的。"朱全忠转怒为喜，赏了相士一点钱打发他走了。事后，朱全忠的幕僚们戏弄这相士道："你如果不说乾上龙尾，一定会坎（砍）下你的驴头了！"

天复三年（公元903年）三月十七日，朱全忠回到了大梁，命令将士们好好休整，准备东征。

李克用的使者从长安回到晋阳后，向李克用禀报崔胤在京师专权跋扈之状，李克用说道："崔胤身为臣子，外面依靠奸贼，对内胁迫君王，既掌握政权，又把持兵权。他手中的权力越大，招致的怨恨也就越多，一旦对立面的力量上升，与之可以抗衡，祸乱就会发生，家破国亡，就在眼前了！”朱全忠在离开长安之前，曾上奏昭宗道：“李克用与臣之间，本来并无深仇大恨，希望陛下对他要予以厚待，派遣大臣前往晋阳进行抚慰，令其知道臣的内心。”河东的进奏官也将朱全忠这番话转述给了李克用，李克用听后，哈哈大笑道：“此贼行将进攻淄青的王师范，害怕我抄他的后路罢了！”

让朱全忠忌惮的除了李克用之外，还有杨行密。不过，此时的杨行密正把注意力集中于长江中游。

淮南处于长江下游，一旦朱全忠占领了长江中游，然后顺流而下，就非常危险了，因此，杨行密要想确保自身安全，就必须拿下武昌，控制住长江中游这一枢纽地带，这也是他频频向杜洪用兵的原因。在本年年初时，杨行密就代行皇帝职权，加封朱瑾为东面诸道行营副都统、同平章事，以升州刺史李神福为淮南行军司马、鄂岳行营招讨使，舒州团练使刘存为副招讨使，率领大军西进，讨伐武昌节度使杜洪。在淮南大军的压力下，驻守永兴（今湖北省永兴县）的杜洪守将骆殷弃城而逃，夺取永兴之后，李神福说道：“永兴是一个大县，军粮就靠它供应，我们已经得到大半个鄂州了！”就在朱全忠全力进攻王师范之际，杨行密的主力部队也包围了杜洪盘踞的鄂州。李神福眺望城内堆积的荻草，对监军尹建峰说道：“今晚我就烧了它！”尹建峰还不相信。当时，杜洪向朱全忠求救，李神福派遣部将秦皋驾驶小舟来到滠口（今湖北省武汉市黄陂区南），在树上高举火把。杜洪在城内误以为朱全忠的救兵赶到了，果然也焚烧了城内的荻草呼应。

李克用自身难保、杨行密用兵杜洪，这让朱全忠可以放心大胆地全力向王师范发起总攻。当朱全忠回到大梁之时，朱友宁已经率军赶跑了包围齐州的王师范之弟王师鲁的军队，齐州之围解除；王师范派往增援兖州刘鄩的援军，也被朱友宁全歼，葛从周之军把兖州团团围住，兖州已无外援；朱友宁在解除了齐州之围后，又乘胜直扑王师范的老巢青州，战场形势已经朝朱全忠一方倾斜了。在这种情况下，三月二十七日，朱全忠亲率下辖的宣武、宣义、天平、泰宁四镇之兵再加上魏博的军队，共计十万大军一起朝青州杀来，企图一举解决青州问题。四月九日，朝廷任命朱全忠为判元帅府事。

面对气势汹汹的朱全忠大军，王师范赶忙向杨行密求救，但此时的杨行密再也抽不出多余的军队，只能派出少量部队北上。四月二十五日，杨行密派遣部将王茂章率领七千步骑北上，另派别将率领数万人马进攻宿州。朱全忠派遣部将康怀英救援宿州，淮南军不战而逃。与此同时，杨行密还派人前往湖南，劝说马殷与朱全忠断绝来往，双方之间尽弃前嫌，结为兄弟。马殷部将许德勋说道：“朱全忠虽然无道，却挟天子以令诸侯，大人素来尊奉王室，不可轻易与之绝交。”马殷遂拒绝了杨行密的请求。

七五八　讨伐青州（二）

在王师范向杨行密告急之时，武昌节度使杜洪也派人向朱全忠求救。

与杨行密相反，由于朱全忠兵多将广，再加上有了天下兵马副元帅的头衔，他向中立藩镇发出的命令就比杨行密管用得多。朱全忠在得到杜洪的求救后，派遣部将韩勍率领一万人马进驻滠口（今湖北省武汉市黄陂区南），与此同时，朱全忠又派人命令荆南节度使成汭、武安节度使马殷、武贞节度使雷彦威出兵救援杜洪。马殷和雷彦威没把朱全忠的命令当回事，而成汭却害怕朱全忠，自己又想顺流而下，击败杨行密，侵占江淮之地，以成霸业，就调集十万水军，倾巢出动，沿着长江浩浩荡荡东进了。

成汭命人花了三年之久才建成一艘巨大的战舰，命名为“和州号”，他将这艘战舰当作旗舰，其上如同衙门一样，其余战舰有“齐山号”“截海号”“劈浪号”等，数量惊人。临出发之时，掌书记李珽劝谏道：“我们每艘战舰能装载一千名士兵，又装运一倍以上的军粮，遇到紧急情况时，很难作出快速反应。淮南军队素来剽悍，行动迅速，我们难以与之角逐；我们身边的马殷、雷彦威都是我们的仇敌，岂能不做防备？不如派遣一员猛将进驻巴陵（今湖南省岳阳市），把主力部队停靠长江北岸，严守营垒，不与敌人交战，不出一个月，淮南军队军粮吃尽，就会自行退去，武昌之围也就解除了。”但成汭不从。李珽是死于安史之乱中的东都留守李憕的五世孙。

果然，不出李珽预料，成汭大军还没走到鄂州（今湖北省武汉市），马殷就派大将许德勋率领一万余水军、雷彦威派遣大将欧阳思率领三千余水军在荆江口（洞庭湖注入长江处）秘密会师，企图乘虚袭占成汭的老巢江陵。五月十日，马殷、雷彦威联军逆流而上，直扑江陵，一举攻克江陵，将江陵城内的军民、财物劫掠一空。消息很快就传到了成汭军中，军中将士们家眷被掠，顿时失去斗志，军心大乱。淮南大将李神福听说成汭之军行将到来，亲自乘坐小船前去侦察，回来后对众将说道："敌人战舰虽多，相互之间却没有联络，很容易对付，应当迅速向其发起进攻！"五月十二日，李神福派遣部将秦裴、杨戎率领数千人马在君山（从地望上看，此处似为军山，即今湖北省武汉市汉阳区大军山，而非洞庭湖中君山小岛，因淮南军就在武汉附近）向成汭军发起突然袭击，借着风势，发动火攻，将成汭旗舰焚毁，大破成汭军。成汭的十万大军纷纷溃散，成汭也投水自杀，淮南军缴获成汭二百余艘战舰。韩勍听说淮南军取得军山大捷后，遂领兵退去。

许德勋领兵从江陵返回、路过岳阳，自封的岳州刺史邓进忠打开城门，拿出酒肉犒劳武安军。许德勋借战胜之威劝说邓进忠归顺马殷，邓进忠遂带着全族老少，离开岳州，迁往长沙。马殷不战取得岳州，非常高兴，遂任命许德勋为岳州刺史，以邓进忠为衡州刺史。

打下江陵后，武贞节度使雷彦威占领了江陵，但雷彦威与其父雷满一样，是个混世魔王，无意长期驻守，而是大肆劫掠一番而去。据《新五代史·杂传二十九》记载，雷彦威之父雷满活着时，曾在府中挖了一个深水池，在池上招待客人。酒酣耳热之际，他指着水中说道："蛟龙水怪都藏在这里，就是所谓的水府。"遂把席上器皿扔入水中，光着身子入水捞取，意气自若。他以朗州为基地，引来沅水环绕城池，其上架设长桥，把朗州修成一座坚固的堡垒。雷满死后，雷彦威自立，并联合马殷，打下了江陵，此后不久，雷彦威的弟弟雷彦恭依靠忠义节度使赵匡凝的力量，赶走了雷彦威，取而代之。雷彦恭与父兄一样残暴，经常率领水军劫掠邻境，致使荆南、鄂州一带千里没有人烟。

当杜洪向朱全忠求救之时，李克用这里也发生了内乱。五月七日，李克用的云州（今山西省大同市）都将王敬晖发动兵变，杀死云州刺史刘再立，投降了刘仁恭。李克用闻讯，赶忙派遣李嗣昭、李存审领兵北上，前去平叛。刘仁恭也派出五万军队救援王敬晖，李嗣昭退守乐安（今山西省代县北），王敬晖率众放弃云州而去。在此之前，振武（今内蒙古自治区和林格尔县）将领契苾让发动兵变，赶走了守将石善友，占领振武背叛了李克用。李嗣昭在收复云州之后，乘胜北上，进攻契苾让，契苾让走投无路，投火自杀。李嗣昭等人重新夺回了振武，杀死两千余名背叛的吐谷浑人。李克用得知李嗣昭等人没有抓住王敬晖，大怒，将李嗣昭、李存审二人杖打一顿，免去官职。

回到青州前线。

朱全忠上表任命颍州刺史朱友恭担任武宁节度使。朱友宁领兵进攻博昌（今山东省博兴县），进攻一个多月迟迟未能攻下。朱全忠大怒，派遣客将（礼宾官）刘捍前去督战。刘捍来到前线后，朱友宁驱赶十余万百姓，身背木材、石块，手牵毛驴，在城南构筑土山，土山建成之后，朱友宁下令将百姓、牲畜、石头、木料，一起推下土山，推入护城河内，再用泥土填平，惨叫之声一直传到数十里开外。很快，博昌城就陷落了，朱友宁又下令将城内军民全部屠杀。攻克博昌之后，朱友宁乘胜又攻克了临淄（今山东省青州市西北），直抵青州城下，然后派遣部将分兵进攻登州（今山东省蓬莱市）和莱州（今山东省莱州市）。

与此同时，北上救援王师范的淮南将领王茂章与王师范的弟弟、莱州刺史王师诲合兵一处，进攻密州（今山东省诸城市），一举拿下密州，斩杀了密州刺史刘康乂，任命淮海都游弈使张训担任密州刺史。

六月六日，汴军攻克登州。王师范率领登州、莱州军队在石楼（今山东省青州市西）构筑两座大营，与朱友宁的大军相持。七日夜晚，朱友宁领兵进攻登州营寨，营中告急，王师范急命王茂章出战，王茂章却按兵不动。朱友宁很快就攻破了登州大营，转而进攻莱州大营。战至凌晨，王茂章判断汴军已经精疲力尽，遂与王师范一起领兵出战，大破汴军。朱友宁见情况危急，赶忙从战场旁边的高坡上率领骑兵飞驰而下，谁知马失前蹄，翻身落马。说时迟那时快，青州将领张士见状，手起刀落，将其人头砍下，把他的人头送往淮南。朱友宁被杀后，汴军士气全无，顿时崩溃，王师范与王茂章率领青州、淮南军队乘胜追杀，一直追到米河，俘虏、斩杀上万人，参战的魏博军队几乎全军覆没。

朱全忠惊闻朱友宁被杀的消息，立即率领二十万大军昼夜兼行，赶往青州。七月十四日，朱全忠抵达临朐（今山东省临朐县），命令众将朝青州发起总攻。王师范领兵出城迎战，被汴军打得大败。王茂章紧闭营门，示弱于敌，等到汴军稍稍疲惫之后，突然领兵捣毁营栅，快如闪电，杀入汴军阵中。打得酣畅淋漓之后，又退入营垒，召来众将一起喝酒，喝了一会儿，再出营激战。朱全忠站在高坡之上，远远望见，询问俘虏对面战将是谁，得知是王茂章后，不禁叹息说道："假如让我得到此人，定能平定天下啊！"战至黄昏，汴军无法取胜，只好撤离战场。

王茂章断定众寡不敌，当晚遂率领本部人马撤离青州。朱全忠派遣曹州刺史杨师厚领兵追赶，在辅唐（今山东省菏泽市定陶区）追上了王茂章所部。王茂章命令先锋指挥使李虔裕率领五百骑兵殿后，李虔裕殊死搏斗，被杨师厚生擒杀掉。张训听说王茂章南撤的消息后，对众将说道："汴军行将来到，我们如何应对？"众将纷纷建议焚烧密州、大肆劫掠一番南撤。张训说道："不行。"遂封好仓库，在城墙上竖起军旗，命老弱之兵在前，精兵殿后，离城而去。朱全忠派遣左踏白指挥使王檀领兵进攻密州，来到密州城下，发现城上的旗帜，一直逡巡城外，数日后才敢入城。发现仓库完好，遂不再追赶淮南军，张训也得以安全返回。朱全忠遂任命王檀为密州刺史。

八月一日，朱全忠风闻李茂贞和杨崇本将要起兵，进逼京师，担心二人再将昭宗劫去，遂打算先把昭宗迎到洛阳再说，遂留下齐州刺史杨师厚继续进攻青州，自己返回了大梁。杨师厚驻军临朐，谎称将要移兵密州，把辎重留在临朐。九月六日，王师范果然上当，出兵进攻临朐，结果中了杨师厚的埋伏，被打得大败，被杀上万人，王师范的弟弟王师克也被汴军生擒。次日，五千莱州军队前来增援青州，杨师厚领兵截击，将其全歼，遂将营寨移至青州城下。十四日，汴军将领刘重霸攻克棣州，活捉了刺史邵播，将其诛杀。十七日，朱全忠赶赴洛阳，途中得病，只好又返回了大梁。

九月二十一日，王师范派遣副使李嗣业、弟弟王师悦向杨师厚请降，称："王师范我不敢背叛，是韩全诲和李茂贞用皇上的亲笔书信命我出兵的，我不敢违抗。"并请把弟弟王师鲁留为人质。此时的朱全忠已把注意力转向了长安，遂接受了王师范的投降，挑选众将分别进驻登州、莱州、淄州、棣州等州，以王师范暂时代理淄青留后。王师范又说先前派遣行军司马刘鄩率领五千人马占领了兖州，并非刘鄩本人的主意，请求赦免其罪，并派人告知了刘鄩。

在青州激战的同时，葛从周也向兖州发起了猛烈的进攻。刘鄩让葛从周的母亲乘坐小轿登上城墙，对葛从周说道："刘将军对我不亚于你，家中的媳妇们都安然无恙，人家各为其主，你要明白这个道理。"葛从周见到母亲，流泪而退，攻势稍缓。刘鄩挑选妇女以及老弱患病之人，送出城外，只留下年轻力壮的人，与他们同甘共苦，平分衣食，固守城池。军中纪律严明，秋毫无犯。兖州被围日久，外援断绝，节度副使王彦温翻城投降，城上很多士兵纷纷追随，无法遏止。刘鄩派人从容对王彦温说道："这些士兵不再调遣之列，不要多带！"又命人在城墙上巡视，大声说道："不是奉命由副使带领而擅自出城的，一律灭族！"士兵们遂吓得不敢再出城了。汴军果然对王彦温产生怀疑，将其在城下斩首，城内守军守城决心更加坚定了。等到王师范投降后，葛从周对刘鄩分析祸福，刘鄩说道："我受王大人之命固守此城，一见王大人失败，不等王大人之命就出城投降，这不是侍奉上级的做法。"一直等到十月十一日王师范的使者来到兖州后，刘鄩才出城投降，葛从周给他准备行装，将其送往大梁。刘鄩说道："降将没有接到梁王赦免之命，岂敢身穿皮衣骑马前往！"遂身穿素色衣服骑着毛驴来到大梁。朱全忠见到他后，赏赐给他衣帽，他推辞不要，请求身穿囚服晋见，朱全忠没有答应。朱全忠见到他后，对他安抚一番，设宴款待，刘鄩又推辞没有酒量。朱全忠说道："夺取兖州，量怎么那么大呢？"遂任命其为元从都押牙。

当时，朱全忠兼领的四镇将吏都是功臣、旧人，刘鄩从一名降将被破格提拔为都押牙，位居众将之上，众将以军礼在大庭之上拜谒刘鄩，刘鄩坦然接受，朱全忠越发觉得他是个奇才。不久，就上表任命他为保大（治所鄜州）留后。葛从周一直患病，朱全忠遂任命康怀英担任泰宁节度使。

七五九　田頵之乱

按理说在王师范危急时刻，杨行密应该有能力给王茂章增兵救援，而杨行密却迟迟不动，最终导致王师范投降，其间又有什么原因呢？原来，杨行密这里也发生了内乱，已自顾不暇了。

宁国节度使田頵与杨行密从小就是玩伴，结为异姓兄弟，私交很深。当初田頵打败冯弘铎后，曾亲自来到广陵，面见杨行密索回池州和歙州，但杨行密就是不同意。杨行密的亲随们甚至最低级的狱吏也经常上门，向田頵索贿，惹得田頵怒不可遏，说道：“难道狱吏已经知道我要被打入大牢吗？”等离开广陵时，他指着广陵南门说道：“我再也不会进入此门了！”田頵兵强马壮，志在四方，而杨行密在打下淮南后，只想保境安民，二人在战略方针上发生分歧，杨行密总是阻止田頵侵扰邻道，但田頵不从，尤其是去年钱镠内部发生徐绾之乱后，田頵差一点灭掉钱镠，杨行密放出狠话，迫使田頵撤军，令田頵功亏一篑，也让他对杨行密非常恼火，暗中产生了背叛杨行密的打算。

李神福对杨行密说道：“田頵一定会发动叛乱的，应该趁早结果了他。”杨行密说道：“田頵立下大功，如今背叛的行径还没显露，如果杀了他，众将就会人人自危了。”田頵身边有位叫康儒的名将，经常与田頵的意见相左，杨行密知道后，就提拔康儒为庐州刺史。田頵认为康儒对自己怀有二心，就把康儒全家杀了。康儒临死前，说道：“我死以后，田大人你离死也不远了！”杀掉康儒后，田頵遂与润州团练使安仁义一起举兵，发动叛乱，安仁义焚烧了停泊东塘的杨行密的战舰。

田頵派了两个人假扮成商人赶往寿州，联络奉国节度使朱延寿（治所蔡州，为朱全忠辖区，遥领）。杨行密的部将尚公迺在途中遇到这两个人，说道：“这二人不是商人。”遂杀了一人，搜出了田頵的书信，交给杨行密。杨行密得到田頵、安仁义叛乱的消息后，赶忙派人赶往武昌前线，召回李神福。李神福担心撤军之际被杜洪截击，谎称奉命西进进攻荆南，整顿军队，准备战舰，等到天色已晚，战舰却顺流而下，此时李神福才告知全军东进讨伐田頵。

八月二十二日，当杨师厚还在与王师范激战时，杨行密的润州团练使安仁义正领兵奔袭常州，常州刺史李遇率军迎战，阵前，破口大骂安仁义，安仁义说道：“他竟然如此辱骂我，说明早有防备。”遂领兵撤去。二十五日，杨行密任命刚从青州前线返回的王茂章担任润州行营招讨使，领兵讨伐安仁义，未能得手，遂又命徐温率军增援。徐温命令本部人马全部换上王茂章军队的衣服，安仁义不知已有生力军加入，又出城迎战，徐温领兵发起猛攻，遂将其击败。

杨行密的夫人是朱延寿的姐姐，身为姐夫的杨行密经常戏弄朱延寿，令朱延寿又羞又怒，暗中与田頵联起手来。田頵派遣前进士杜荀鹤来到寿州，与朱延寿合谋，又派遣朱延寿来到大梁，通报给了朱全忠。朱全忠闻讯，大喜过望，遂派兵进驻宿州，与田頵等人相呼应。朱延寿的阴谋逐渐败露，杨行密谎称得了眼病，在朱延寿的使者面前假装看不清东西，甚至撞到柱子上摔倒在地。杨行密还对朱夫人说道：“我不幸失明了，儿子们都还年幼，军府事务应当都交给三舅（指朱延寿）处理。”朱夫人信以为真，就给朱延寿写信，杨行密也派人召唤朱延寿，暗中命令徐温做好准备。朱延寿不辨真假，遂来到了广陵，杨行密亲自将他迎接到卧室门内，将其杀掉。朱延寿随行士兵一片惊恐，徐温出面一一安抚，众人这才安定下来。于是，杨行密下令把朱延寿兄弟们全部斩杀，又把朱夫人赶出家门。朱延寿临行之际，他的妻子王氏曾对他说：“此行吉凶难测，你每天都要给我派人告知消息。”朱延寿被杀后，那天没有使者来寿州，王夫人说道：“事情已经很明白了！”遂安排奴仆，分发武器，关闭家门，不一会儿，抄家的骑兵就到了。王夫人召集家人们，把金银财宝集中起来，焚烧衙门、房舍，然后说道：“我誓死不让我的身体受到仇人的羞辱！”遂投火而死。朱延寿是杨行密身边的一员猛将，军法严明，擅长以少敌众，一次，他曾经率领二百人与汴军作战，有一名士兵应该留守，却请求参战，朱延寿以此人违抗军令，立即下令将其斩杀。

就在徐温、王茂章进攻润州之际，田頵已经顺利袭占了升州，俘获了李神福的家眷，对他们很是照顾。李神福领兵从鄂州东下，田頵派人给李神福传话：“大人如果知趣，我就与你划分土地各自称王，如若不然，你全家就完了！”李神福回答："我从一名普通士兵开始就追随吴王，如今被提拔为上将，大义不允许我因为顾及妻子儿女而背叛。田頵他还有年迈的母亲，竟然不顾老母死活而发动叛乱，连三纲都不知，跟他还有什么好谈的！"遂斩杀了使者，命令军队继续前进，军中将士们都深受感动。田頵派遣部将王坛、汪建率领水军迎战。

九月十日，李神福之军推进到吉阳矶（今安徽省东至县西北），与王坛、汪建之军遭遇。王坛、汪建把李神福的儿子李承鼎捆绑着让李神福看，李神福下令朝儿子射箭，并对众将说道："敌众我寡，应当出奇制胜。"等日暮后，两军交战，李神福假装战败，率领战舰逆流而上。王坛、汪建领兵追击，李神福却突然折返，顺流而下，发起反攻。王坛、汪建的战舰上燃起了很多火把，李神福命令士兵们："向有火炬的地方进攻。"王坛、汪建纷纷灭火，双方战舰交织在一起，李神福下令趁着风势纵火，焚烧敌人战舰，王坛、汪建大败，仅仅逃出一命。此战中，李神福还生擒了投靠田頵的钱镠叛将徐绾，杨行密用囚车把徐绾送给钱镠，钱镠下令挖出徐绾的心脏，祭祀高渭。

田頵听说台濛率军将至，亲自率领步骑迎战，留下部将郭行悰率领两万精兵加上王坛、汪建残存的水军驻守芜湖（今安徽省芜湖市），抵御李神福。侦察兵报告说："台濛的营寨很小，估计只能容纳两千人。"田頵就此判断台濛兵力不足，遂产生轻敌之心，不再召唤其他军队前来。台濛领兵进入田頵的辖区后，全军戒备，轮番前进，军中都嘲笑其胆怯，台濛却说："田頵是员沙场老将，不可不备。"

十月二日，台濛与田頵在广德（今安徽省广德县）遭遇，台濛先把杨行密的书信送给田頵的众将，众将纷纷下马叩拜接受，台濛见田頵军心不稳，趁机发起攻击，田頵遂被打败。双方又在黄池（今安徽省芜湖市东）交战，台濛诈败，田頵领兵追击，中了台濛的埋伏，结果大败，逃回宣州固守，台濛领兵将其围住。这时，田頵才赶忙派人召回芜湖之兵，但芜湖之兵回来后，已无法入城了。郭行悰、王坛、汪建以及当涂、广德各地守军纷纷投降。杨行密见台濛已经击破了田頵，遂命令王茂章再次领兵进攻润州，与此同时，他还向钱镠求援，钱镠派遣方永珍出兵润州，堂弟钱镒出兵宣州，又派遣指挥使杨习进攻睦州割据的陈询。

十二月九日，田頵率领数百名敢死队出城决战，台濛假装败退，示弱于敌。等田頵这支队伍越过护城河后，台濛突然命令军队发起反击。田頵众寡不敌，向城内逃去，可是等逃到桥上时，桥梁塌陷了，田頵摔下马来，被人斩杀。田頵的部众还在负隅顽抗，台濛命人把田頵的人头展示，其众才溃散，台濛遂攻克了宣州。等台濛把田颙的人头送到广陵，杨行密流下眼泪，赦免了田颙的母亲殷氏，与自己的儿子们以子孙之礼侍奉她。杨行密任命李神福担任宁国节度使，李神福以自己尚未完成消灭杜洪的任务，坚决推辞。宣州长史骆知祥精通财务，观察牙推沈文昌擅长作文，曾经替田颙起草辱骂杨行密的檄文，杨行密既往不咎，任命骆知祥为淮南支计官，沈文昌为节度牙推。

当初，田颙每次作战失利，总想杀掉钱传瓘，其母殷氏及内弟、宣州都虞候郭师从经常从中保护。等田颙被杀后，钱传瓘被杨行密送回杭州，钱镠任命钱传瓘为镇东都虞候。

田颙被杀后，到次年（公元904年）三月，杨行密把钱传璙以及妻子杨氏、顾全武一并送还钱镠，以报答钱镠相助之恩，又任命行军司马李神福为鄂岳招讨使，领兵返回鄂州，继续围攻杜洪。朱全忠给杨行密送信，请求放过杜洪，双方和好，杨行密回信道："等天子回到长安（此时朱全忠一直催促昭宗迁都洛阳、以图禅代），然后就罢兵和好。"李神福在鄂州前线打了半年，仍然未能攻下鄂州，自己反而得了重病，杨行密任命舒州团练使刘存代替其担任招讨使，李神福回到广陵，很快就去世了。与此同时，宣州观察使台濛也很快去世，杨行密任命其子、牙内诸军使杨渥担任宣州观察使。右牙都指挥使徐温对杨渥说道："大王已经生病，而您这位嫡子却被外调，这一定是奸臣之阴谋。来日如果召你，除非是我的使者或者大王的手令，你千万不要前来！"杨渥哭着拜谢而去。

杨行密迅速消灭了朱延寿和田颙二人，但对近在咫尺的安仁义无可奈何。安仁义作战勇敢，很得人心，王茂章领兵围攻润州一年多，竟然迟迟未能攻下。杨行密派人引诱安仁义："你的功劳我是不会忘记的，如果你能投降，我会让你当行军副使，只是不再掌握兵权罢了。"安仁义不从。到公元905年，也就是天祐二年年初，王茂章采取挖地道的办法，才进入城内，攻克了润州。安仁义全族登上城楼，王茂章的士兵们无人敢近前。攻城之际，众将见到安仁义无不破口大骂，唯独李德诚没骂过安仁义。此时，安仁义召唤李德诚上楼，对他说道："你为人有礼，我今天就替你立功。"遂把自己心爱的姬妾送给了他，然后，把弓箭扔到地上，李德诚揽住他的肩膀走下城楼。安仁义被送往广陵后，连同其子一起被斩杀。

七六〇　弑杀昭宗（一）

当朱全忠进攻王师范时，还在密切关注着长安及其周边地区的局势。

崔胤借助朱全忠诛杀了宦官，也让自己掌握了朝廷军政大权，而朱全忠也趁机夺占了河中、同州、华州、邠州等关中近畿之地，并萌生了篡位之心，这让崔胤顿时感到害怕起来，虽然与朱全忠表面上亲近，内心逐渐产生了隔阂。崔胤对朱全忠说道："长安接近李茂贞，不可不做好军事准备。六军十二卫徒有虚名，请允许我招募军队，让大人无后顾之忧。"朱全忠是何等聪明之人，在他看来，自己在长安以及近畿留下的军队足以对抗李茂贞，况且，如今的李茂贞态度已非常恭顺，前不久，李茂贞还因为自己的官位尚书令高于自己，屡屡上书请求辞职，昭宗才将其改任中书令，显然，崔胤的目的不是对付李茂贞，而是对付自己，增强朝廷的力量，不过，朱全忠还是假意答应了。

经过朱全忠的同意后，就在天复三年上半年，崔胤上奏昭宗称："左右龙武、羽林、神策等军名存实亡，陛下身边的侍卫之军人数太少，请求陛下允许每军招募步兵四队，每队二百五十人，骑兵一队，一百人，共计六千六百人，再从中挑选强壮的，轮流护驾。"昭宗答应了，命令六军各卫副使、京兆尹郑元规在长安街市上公开招募，而朱全忠则暗中从大梁派来壮士应募。崔胤对此毫不知情，与郑元规等人日夜加紧修造武器。

朝中崔胤等人正在扩充军力，放眼全国，各地军阀在天复三年也都在扩大各自的地盘。除了前述的朱全忠兼并青州、杨行密讨伐杜洪之外，王建也没闲着，他趁着李茂贞实力削弱之际，夺取了山南各州，又派遣判官韦庄入朝进贡，并与朱全忠和好。朱全忠派遣押牙王殷前往成都答谢，王建设宴款待王殷。席间，王殷说道："西蜀甲兵确实不少，只可惜马匹不足啊。"王建顿时拉下脸来，说道："本道江山险阻，骑兵无用武之地，即便如此，我们也不缺马，押牙稍稍留下几天，我们一起看看。"遂将各州的战马集中起来，在星宿山举行盛大的阅兵仪式，共计有八千匹军马、四千匹私马，参阅军队十分严整，令王殷大开眼界。王建出身骑兵将领，因此在夺取西蜀之后，十分重视骑兵建设，在文州、黎州、维州、茂州购买少数民族的马匹，十年之间累积到这个数目。

天复三年八月十六日，昭宗下诏加王建为守司徒，晋爵蜀王。前渝州刺史王宗本对王建建议出兵荆南，王建采纳了王宗本的建议，任命王宗本为开道都指挥使，领兵东出三峡。五月十五日成汭死后，成汭部将、夔州刺史侯矩从鄂州前线逃回，王宗本的军队随后就到了，侯矩遂献出城池投降，于是，王宗本一举夺得了夔州、忠州、万州、施州四州。王建留任侯矩担任夔州刺史，将其名字改为王宗矩。王建的幕僚们认为瞿塘峡是入川的险要之地，遂主动放弃了归州（今湖北省秭归县）、峡州（今湖北省宜昌市），把军队驻扎夔州（今重庆市奉节县）。王建任命王宗本为武泰（原黔中）留后，治所原在黔州（今重庆市彭水县），王宗本以该地多瘴气，请求把治所迁至涪州（今重庆市涪陵区），王建同意了。

在王建染指荆南之际，忠义节度使赵匡凝也派兵偷袭了荆南，驻守江陵的雷彦威的军队被赶走，赵匡凝上表请求朝廷任命其弟赵匡明担任荆南留后。当时，朝廷力量薄弱，各地藩镇大多不向朝廷进贡，唯独赵匡凝兄弟始终没有中断。

天复三年卢龙节度使刘仁恭除了从云州接回李克用的叛将王敬晖之外，还不时与契丹人发生交战。刘仁恭熟悉契丹人的虚实，经常训练军队，趁秋天来临时，率部越过摘星岭（今辽宁省凌源市西北），向契丹腹地发起进攻，令契丹人对他十分害怕。每当霜降时，刘仁恭总会派人深入契丹境内，纵火焚烧野草，契丹马匹无草可吃，很多都饿死了，只好拿出好马送给刘仁恭购买牧场。契丹头领耶律阿保机派他的妻兄述律阿钵率领一万骑兵进攻渝关（今山海关），刘仁恭派遣其子刘守光驻守平州（今河北省卢龙县），刘守光假装与其讲和，在城外安排宴席款待契丹头领，喝到半醉，伏兵突然杀入，将述律阿钵等人全部生擒，押进城内。契丹部众号啕大哭，拿出很多钱财送给刘仁恭，才把述律阿钵等人赎回。

回到朝廷。

在朱全忠对关中局势忧心忡忡之际，到天复三年十月，长安城内又发生了一件突如其来的事，更让朱全忠火冒三丈。就在朱全忠刚刚结束青州战役不久，十月十五日，他留在长安负责监视昭宗的侄儿、左军宿卫都指挥使朱友伦，在左军与客人们一起打马球时，不幸落马摔死了！听到噩耗，朱全忠悲痛之极，勃然大怒，怀疑是崔胤故意设下的圈套，他下令将与朱友伦一起打马球的十余人全部杀死，另派侄儿朱友谅接管禁卫军。与此同时，朱全忠还发现，凤翔、邠州的军队不时出现在长安附近，更让他怀疑李茂贞可能再次劫持昭宗，于是到了十一月，朱全忠下令向河中派驻骑兵部队，以备不测。

十二月十五日，朝廷任命礼部尚书独孤损为兵部侍郎、同平章事，将中书侍郎兼户部尚书、同平章事裴贽贬为尚书左仆射。独孤损是代宗时期太常博士、古文运动先驱者独孤及的堂曾孙。

闲居长水的前宰相张濬曾经劝说王师范举兵，等王师范投降后，朱全忠就指使张全义除掉张濬。十二月三十日，张全义派遣牙将杨麟领兵假扮强盗，包围了张濬的别墅，将其杀掉。永宁县吏叶彦很受张濬的器重，知道杨麟将至，偷偷告诉张濬的儿子张格："相公无法躲避，郎君还是自行逃难去吧。"张濬对张格说道："你留下来只能与我一起死，离开这里还能留下我们张家的后代。"张格遂哭拜而去，叶彦率领三十名义士护送张格渡过汉水之后才返回，张格从荆南西上进入蜀地。

朱友伦死后，朱全忠密谋把昭宗迁往洛阳，实施篡位的打算更为迫切了，他怀疑崔胤不与自己同心，遂决定先把崔胤除掉再说。公元904年一月，朱全忠就秘密上书昭宗，称崔胤专权乱国，离间君臣，请求昭宗诛杀崔胤及其同党刑部尚书兼京兆尹、六军诸卫副使郑元规，威远军使陈班等人。昭宗不得不从，一月九日，昭宗下诏将崔胤贬为太子少傅、分司，将郑元规贬为循州司户，陈班贬为溱州司户。十日，昭宗又下诏指斥崔胤的罪状，任命裴枢判左三军事、充盐铁转运使，独孤损判右三军事、兼判度支；崔胤新招募的军队全部予以遣散；任命兵部尚书崔远担任中书侍郎、同平章事；翰林学士、左拾遗柳璨为右谏议大夫、同平章事。柳璨，是唐代名臣柳公绰和著名书法家柳公权的堂孙。柳璨年少好学，性格直率，光化中进士及第，尤其精通《汉史》，受到颜荛的器重。当时颜荛担任中书舍人，判史馆，推荐其担任直学士，后晋升为左拾遗。因其博学，被朝廷上下称为"柳箧子"。昭宗喜欢文学，李溪死后，昭宗很是心痛，一直想再找到一个像李溪那样博学的人，有人就推荐了柳璨。见到柳璨后，昭宗大喜，召为翰林学士。处死崔胤前一天，昭宗面见翰林学士们，说道："朕因柳璨是个奇才，想提拔他，如果让其参与政事，给他一个什么官？"翰林学士承旨张文蔚说道："陛下选拔贤能，当不拘一格，是什么官全由陛下。如果依照两省晋升惯例，从拾遗破格提拔为起居郎，再提拔到高位，不太合适。"昭宗说道："破格提拔为谏议大夫行吗？"张文蔚回答："很合适。"遂任命其担任谏议大夫、同平章事。提拔之快，前所未有。

一月十二日，朱全忠暗中命令宿卫都指挥使朱友谅领兵包围了崔胤的宅邸，杀掉了崔胤、郑元规、陈班以及崔胤的数名亲信。

七六一　弑杀昭宗（二）

民间因崔胤曾经召来朱全忠，而朱全忠后来篡唐，因而对崔胤恨之入骨，将其视为唐朝灭亡的罪人，虽有一定道理，但并不全对。

从崔胤的所作所为来看，说他有专权的私心也罢，但其并无篡位的野心，也没有帮助朱全忠篡唐的主观动机；他有中兴唐室的愿望，只可惜的是没有深谋远虑和隐忍为国的才能，这一方面是因为其个人原因；另一方面与朱全忠长期以来伪装较好有关。晚唐各种矛盾叠加：宦官专权、朋党之争、藩镇割据等，在权衡哪一个是主要矛盾时，包括昭宗在内的君臣们都把宦官专权摆在了首位，从昭宗、崔胤等人角度来看，也是有一定道理的。晚唐宦官掌握着废立皇帝的大权，从一定程度上来说，皇帝本人的生命安全都掌握在宦官们之手，这自然会令在位的皇帝如芒刺在背，尤其是昭宗继位之前目睹了宦官跋扈之状，因此，从维护自身安全和朝廷稳定方面出发，昭宗、崔胤势必把清除宦官集团作为首要任务，这本无可厚非。然而，在天复元年孙德昭等人发动政变，斩杀了废黜昭宗的刘季述等人之后，宦官集团受到沉重打击，新任命的神策中尉韩全诲等人已经低头，在这种情况下，昭宗要么趁势罢黜宦官掌军之权，要么约束崔胤不再兴起波澜，目标是：一、限制宦官集团过分膨胀的权力，维护内廷安全；二、确立朝政由外廷朝臣主导，恢复朝廷秩序；三、和解内外朝之间的关系，解决长期存在的南衙北司矛盾，确保中枢的稳定。可是，不幸的是，昭宗和崔胤二人想的是正好可以趁宦官集团虚弱之机，将其一网打尽。如果昭宗一开始就有此想法，就不该让韩全诲等人继续掌握神策军，如果仍然让宦官们掌握兵权，就不能再任由崔胤胡来，在这一点上，昭宗本人是负有责任的。当时的情况是：崔胤已经掌握了外朝，宦官们已经屈服，但在昭宗和崔胤咄咄逼人的压力下，韩全诲等人为了各自的身家性命，不得不拉拢“三使相”和李茂贞，而崔胤在发现这一情况后，也只好求救于朱全忠，这恰恰犯了中枢问题由外地藩镇解决、从而引起社稷倾覆的大忌，与东汉末年董卓进京所带来的灾祸如出一辙。

朱全忠入关，是历史的一个重要转折点。随着朱全忠入关，他一方面冠冕堂皇地控制了河中、同州、华州、邠州等要地，清除了韩建和宦官集团，削弱了李克用、李茂贞；另一方面控制了朝廷、削弱了皇权、清除了昭宗和朝廷仅存的一点军事力量，也让朱全忠看清了朝廷虚弱的内情，产生了篡位的野心。从历史后来的发展轨迹上看，昭宗和崔胤都负有不可推卸的责任，但在当时，不论是昭宗还是崔胤都还对朱全忠的真实面目没有看清，当昭宗听说朱全忠将要入关时，对清除宦官集团并无异议，只是担心朱全忠会与李茂贞发生冲突，从而导致关中大乱，而崔胤则寄希望于朱全忠能彻底清除关中割据势力。问题又回到原点，即：天复元年昭宗复辟之后，最大的任务不是继续铲除宦官残余势力，而是稳定内廷外朝秩序，重树朝廷威信，加强朝廷军事力量，在稳定朝局之后，再逐步削藩。朱全忠入关之后，整个局面大变。《唐太祖纪年录》记载，“及（崔胤）事权既大，知朱温怀篡夺之志，虑一朝祸发，与国俱亡，因图自安之计，与朱温外貌相厚，私心渐异，与元规密为计划，倍招兵数，缮治铠甲，朝夕不止。”又称，当时，崔胤还打算带着昭宗避难荆襄，投奔赵匡凝。在这种情况下，朱全忠果断出手，诛杀了崔胤等人。崔胤一直折腾来，折腾去，最终成为朱全忠篡唐的引路人，也把自己给折腾死了。

朱全忠一直想让昭宗迁都洛阳，经常令佑国节度使张全义修缮洛阳皇宫。朱全忠在张夫人去世后，再无约束，荒淫本性开始暴露无遗。静难节度使杨崇本投降朱全忠后，把其家迁往河中，留作人质。杨崇本的妻子天姿国色，此后，朱全忠往来于河中，就把杨妻霸占了。杨妻素来刚烈，内心十分羞愧，遂派人给杨崇本送信说道：“我丈夫身为一方大将，却连自己的老婆都保护不了，我现在已经是姓朱的媳妇了，今生再无颜面见你了，就等一死了！”杨崇本接到书信，悲从中来，但也无能为力，只能忍着一腔怒火，默默流泪而已。等昭宗从凤翔回京之后，朱全忠才把杨崇本的家眷从河中送回邠州。杨崇本耻于爱妻被辱，遂产生了背叛朱全忠之心，派人对李茂贞说道：“姓朱的祸乱天下，阴谋夺取李唐天下，父亲身为国家重臣，不可坐视不理，应当在这危难之际舍身兴复唐室，即便失败，也是为国而死，也是值得的。”遂恢复本名李继徽，与李茂贞合兵一处，朝长安杀来。

一月十三日，朱全忠领兵进驻河中。二十一日，昭宗驾临延喜楼，朱全忠派遣牙将寇彦卿携带奏表，称邠州、岐兵（凤翔军）已经逼近长安，请求昭宗迁都洛阳。等昭宗下楼，宰相裴枢已经接到了朱全忠的书信，敦促百官立即东行。二十二日，迁都行动开始，朱全忠留在长安的军队驱赶军民迁徙，不得稍作停留，百姓们哭喊之声遍布道路之上，纷纷骂道："贼臣崔胤把朱温召来，倾覆江山社稷，让我们如此流离失所！"长安百姓扶老携幼，迁移了一个多月才完全迁出长安。二十六日，昭宗从长安出发，朱全忠任命部将张廷范担任御营使，焚毁长安皇宫、百官衙门以及百姓住宅，把拆下来的木料投入渭河，再流入黄河，一座繁华的长安城从此变成了一片废墟。与此同时，朱全忠又调发河南、河北各军镇数万工匠，命令张全义整修洛阳皇宫，依附于朱全忠的江（杜洪）、浙（钱镠）、湖（马殷、赵匡凝、赵匡明、钟传等）、岭南（刘隐）各军镇也都送来钱财。

一月二十八日，昭宗来到华州，百姓们夹道欢迎，高呼万岁。昭宗哭着说道："你们别再喊万岁了，朕不再是你们的君王了！"当晚，昭宗住在兴德宫，对身边的侍从们说道："俗语说：'纥干山头冻杀雀，何不飞去生处乐。'朕如今漂泊至此，也不知将来会流落到何处！"说完，痛哭流涕，侍从们都跟着落泪，抬不起头来。二月十日，昭宗抵达陕州，因东都皇宫尚未建成，暂时逗留陕州。十一日，朱全忠从河中赶来朝见，昭宗把朱全忠引入卧室，与何皇后见面。何皇后哭着对朱全忠说道："从今往后，我们夫妻二人的性命都交给朱全忠你了啊！"十九日，昭宗册立第十一子李祯为端王、第十二子李祁为丰王、第十三子李福为和王、第十四子李禧为登王、第十五子李祜为嘉王。昭宗一生一共有十七个儿子，长子德王李裕，乾宁四年立为皇太子；次子棣王李祤、三子虔王李禊、四子沂王李禋、五子遂王李祎，均在乾宁元年封王；六子景王李秘、七子祁王李祺、九子辉王李祚（后改名李柷，李唐最后一位皇帝哀帝），乾宁四年封王；八子雅王李禛、十子琼王李祥，光化元年封王；到次年，等哀帝即位后，又将其剩余的第十六弟李禔封为颖王、十七弟李祐封为蔡王。

昭宗偷偷派人给王建送去亲笔书信，请求王建起兵勤王。王建任命邛州刺史王宗祐担任北路行营指挥使，率领军队与李茂贞军会合，奉迎昭宗，两军推进到兴平（今陕西省兴平市），遇到汴军，无法继续前进，只好退回。从此，王建开始用墨笔自行任命官员，说：“等皇帝返回长安以后，再奏请批准。”

三月十二日，昭宗任命朱全忠兼管左右神策军以及六军各卫事务。十八日，朱全忠在私宅设宴请昭宗喝酒。二十日，朱全忠辞别昭宗，先回洛阳督促皇宫建设。昭宗设宴与群臣一起给朱全忠送行，宴会结束后，昭宗单独留下朱全忠和忠武节度使韩建喝酒。这时，何皇后从内室出来，亲自端上一杯酒给朱全忠敬酒，这时，晋国夫人可证附在昭宗耳边说着悄悄话。韩建在桌子底下偷偷踢了朱全忠一脚，朱全忠认为何皇后端的是毒酒，要毒死自己，遂不再喝了，假装喝醉，退出。朱全忠上奏把佑国军的治所从洛阳迁往长安，任命韩建担任佑国军节度使，而以郑州刺史刘知俊担任匡国（治所同州）军节度使。二十二日，昭宗再派密使向王建、杨行密、李克用等人告急，命令他们纠集各路藩镇以图匡复，他在诏书中写道：“朕一旦到了洛阳，就被朱全忠软禁了，一切诏书都出自他手，再也无法传达朕的意思了。”

七六二　弑杀昭宗（三）

天复四年（公元904年，该年此后改元为天祐元年）四月十六日，朱全忠屡屡上奏，称洛阳宫室已经建成了，请求昭宗早早成行。

昭宗深知自己一旦到了洛阳，就落入了牢笼，能拖一天是一天，另外，司天监曾上奏称："星气有变，灾难就在今年秋天，不利东行。"在这种情况下，昭宗也屡屡派遣宫女前往洛阳，借口皇后刚刚生产，无法经受长途跋涉之苦，希望能等到十月份以后再动身。朱全忠怀疑昭宗是在故意拖延时间，等待事态发生变化，不禁大怒，对牙将寇彦卿说道："你速速赶往陕州，当即敦促皇上立即上路！"

在寇彦卿的逼迫之下，闰四月三日，昭宗终于上路了。八日，朱全忠在新安（今河南省新安县）迎接昭宗。接到昭宗后，朱全忠指使医官许昭远告发医官使阎祐之、司天监王墀、内都知韦周、晋国夫人可证等人阴谋加害自己，于是将他们全部逮捕杀害了。九日，昭宗在谷水逗留。自从崔胤被杀后，六军全部被朱全忠遣散，昭宗身边只剩下二百多名打球的玩伴、内园小儿，跟着昭宗一起东来。即便如此，朱全忠仍对他们十分猜忌，提前物色了与这些人容貌相似的人改穿他们的衣服，然后，在营帐内安排酒食，将这二百余人全部偷偷勒死，而以自己挑选之人侍奉在昭宗身边。一开始昭宗还没有注意，等过了数日才发现其中的端倪，从此以后，昭宗身边的人也全成了朱全忠的亲信。十日，昭宗从谷水出发，进入洛阳宫，驾临正殿，接受群臣的朝贺。十一日，昭宗驾临光政门，宣布大赦天下，改元为天祐元年；将陕州改名为兴唐府；下诏讨伐李茂贞和杨崇本。

闰四月十四日，昭宗（朱全忠）下诏除了宣徽南院使（宫廷南院事务总监）、宣徽北院使（宫廷北院事务总监）、小马坊使（御马监）、丰德库使（宫廷内库总管）、御厨使（御膳监）、客省使（礼宾官）、阎门使（守门官）、飞龙使（御马监）、庄宅使（庄园管理官）这九个部门之外，其余部门全部取消，并停止宫女传达诏命；任命蒋玄晖为宣徽南院使兼枢密使、王殷为宣徽北院使兼皇城使、张廷范为金吾将军兼街使、韦震为河南尹兼六军各卫副使、以武宁留后朱友恭为左龙武将军、保大节度使氏叔琮为右龙武将军，负责禁卫军，这些人都是朱全忠的心腹。十九日，朝廷任命张全义为天平节度使。二十一日，改任朱全忠为护国（河中）、宣武、宣义、忠武四镇节度使。期间，越王钱镠请求朝廷封自己为吴王，朝廷没有同意，在朱全忠的斡旋下，朝廷终于答应了他的请求。又把魏博改名为天雄军，自此有了两个天雄军，西天雄军治所在甘肃省秦安县，东天雄军就是原魏博军。二十九日，朝廷晋封天雄节度使罗绍威为邺王。五月，朝廷加河阳节度使张汉瑜为同平章事。

五月，昭宗在崇勋殿宴请朱全忠以及文武百官，宴会结束后，又在内殿请朱全忠喝酒。朱全忠生怕为昭宗所杀，拒不入内。昭宗说道："全忠不愿来，就让敬翔来吧。"朱全忠打了敬翔一拳，让其离去，说道："敬翔也醉了！"五月七日，朱全忠离开洛阳东返。十一日，回到大梁。

六月，李茂贞、王建、李继徽联名向各地发布檄文，讨伐朱全忠。朱全忠任命镇国（治所华州）节度使朱友裕为行营都统，率领数万步骑前去迎战，又命令保大节度使刘鄩放弃鄜州，退守同州。二十日，朱全忠率领大军从大梁出发，向西讨伐李茂贞等人。七月六日，朱全忠路过东都，觐见昭宗。十日，抵达河中。

西川众将劝王建趁着李茂贞虚弱之机，一举夺取凤翔。王建就此征求节度判官冯涓的意见，冯涓回答："战争是一种凶恶残暴的行为，浪费资财，残害百姓，不可轻易使用。如今，朱全忠与李克用相斗，势不两立，一旦合二为一，兴兵对我，就算诸葛亮再世，也无法抵御。凤翔是蜀国的屏障，不如与之和亲，结为婚姻。天下无事，就保境安民，训练军队，一旦有事，再抓住战机，作出反应，这是上策。"王建说道："对！李茂贞虽然平庸，然而名望素来很大，与朱全忠相争力量不足，但守住本镇还是绰绰有余的。我们得到的土地已经很多了，不必再多要一个凤翔。对于我们而言，李茂贞正如韩非子所言的对内是我们的屏障，对外则是我们的依靠啊。正该对其伸出援手，令其成为我们的盾牌。"遂与李茂贞和好。七月十四日，李茂贞派判官赵鍠来到成都，替侄儿、天雄节度使李继崇向王建求婚，王建遂把自己的女儿嫁给了李继崇。李茂贞屡屡派人向王建请求钱财、铠甲、武器，王建也都一一予以满足。王建对辖区百姓征收很重的赋税，百姓有苦而不敢言。冯涓趁王建过生日，呈献贺词，先赞美其功德，后再称百姓之苦。王建惭愧道歉说：“有你尽忠直谏，我就不愁建立不了功业了！”稍稍减轻了百姓们的负担。

当初朱全忠从凤翔奉迎昭宗回京后，见德王李裕眉清目秀，并且年纪已经大了，内心十分猜忌，曾经私下对崔胤说：“德王曾经玷污过皇帝宝座，岂可再留下来？大人为何不向陛下提及？”崔胤遂对昭宗说了。昭宗就此询问朱全忠，朱全忠回答：“陛下父子之间，臣岂敢说三道四？这全是崔胤在诬陷臣。”昭宗自从离开长安以来，每天都担惊受怕，整日与何皇后喝得烂醉如泥，有时则相对哭泣。朱全忠派枢密使蒋玄晖监视昭宗的一举一动，一次，昭宗平静地对蒋玄晖说道：“德王是朕的爱子，朱全忠为何一直坚持要杀他呢？”说完，泪流满面，把中指咬得流出了鲜血。蒋玄晖把昭宗的话一五一十地报告给了朱全忠，朱全忠更加不安起来。

当时，李茂贞、杨崇本、李克用、刘仁恭、王建、杨行密、赵匡凝发布的檄文，都以救出昭宗、兴复帝室为号召，朱全忠正要讨伐李茂贞和杨崇本，恐怕昭宗在洛阳发动事变，遂打算弑杀昭宗，另立年幼之君，也便于自己篡唐自立。主意已定，朱全忠派遣判官李振来到洛阳，与蒋玄晖、朱友恭、氏叔琮等人商议，具体实施。

八月十一日深夜，昭宗正在寝宫休息，突然，蒋玄晖挑选龙武牙官史太等一百余人敲打宫门，声称前线有紧急奏报，要面见昭宗。夫人裴贞一打开宫门，看见这些人手持武器，说道：“既然是紧急军情，为何你们手持武器？”话音未了，史太手起刀落，裴贞一就被砍死。蒋玄晖问道：“天子在哪里？”昭仪李渐荣扶着栏杆大喊：“你们就算杀了我们，也不要伤害皇帝！”当时，昭宗已经喝醉，听到呼喊声，慌忙从床上起身，身穿单衣绕着柱子逃命，被史太追上杀死。昭宗死时三十八岁。李渐荣用自己的身体保护昭宗，史太也将她杀了。史太又想杀死何皇后，何皇后向蒋玄晖苦苦求饶，蒋玄晖遂饶了她一命。

八月十二日，蒋玄晖假传诏书，称李渐荣和裴贞一弑杀了昭宗，应该立辉王李祚为皇太子，更名为李柷，管理军国事务；又假传皇后命令，让李柷在昭宗灵前即皇帝位。宫中一片恐惧，无人敢哭吊昭宗。八月十五日，哀帝李柷即皇帝位，时年十三岁。九月八日，哀帝尊何皇后为皇太后。朱全忠领兵进驻永寿（今陕西省永寿县），南到骆口（今陕西省周至县南）。李茂贞和杨崇本的军队不敢出战，朱全忠也无意消灭二镇，十日，率军东返。

十月，朱全忠听说朱友恭等人弑杀了昭宗，假装吃了一惊，失声痛哭，一头栽倒在地，说道："这些奴才们对不起我啊！令我在千秋万代受到恶名啊！"三日，朱全忠回到东都，趴在昭宗的灵柩上大声哭号，又面见哀帝，声称这绝对不是他的主意，让自己惩处弑君凶手。在此之前，曾有护驾士兵公然在集市上劫掠大米，四日，朱全忠遂上书指控朱友恭、氏叔琮不能约束军队，骚扰街市，将朱友恭贬为崖州司户、恢复其本名李彦威；将氏叔琮贬为白州司户。不久，又将二人赐死。李彦威临死前，大声呼喊道："你出卖我，想堵住天下人的嘴巴，你把神明置于何地？你这样做事，还望有后代吗！"朱友恭被朱全忠收为养子后，过去曾经诬陷过朱全忠的亲生儿子朱友裕。

六日，天平节度使张全义来到洛阳。七日，哀帝又以朱全忠为宣武、护国、宣义、天平节度使，而以张全义为河南尹兼忠武节度使、判六军诸卫事。十五日，朱全忠辞别哀帝离开洛阳。二十日抵达大梁。同月，朱全忠的长子、李彦威的死对头朱友裕也在梨园（今陕西省淳化县）因病去世。

光州（今河南省潢川县）背叛杨行密，归降朱全忠，杨行密派兵将光州团团围住，同时被围的鄂州杜洪也向朱全忠求救。十一月八日，朱全忠亲自率领五万人马从颍州渡过淮河，进驻霍邱（今安徽省霍邱县），并分出一支军队救援鄂州。淮南军队解除了光州之围，返回广陵，按兵不动，朱全忠命令众将领兵四出，大肆劫掠淮南地区，以削弱杨行密的实力。

七六三　急于篡位（一）

天祐二年（公元905年）一月，朱全忠派遣众将进兵，包围了寿州。寿州守将闭城不出，朱全忠遂领兵从霍邱撤军，二月二日，朱全忠回到大梁。与此同时，朱全忠命令李振代替王师范知青州事，令王师范将全家迁至大梁。王师范行至濮阳，改穿素色衣服，骑着毛驴而行，到大梁后，朱全忠以宾客之礼对待他。

二月九日，是该年的春社日。朱全忠命蒋玄晖邀请昭宗九个年长的儿子：长子德王李裕、次子棣王李祤、三子虔王李禊、四子沂王李禋、五子遂王李祎、六子景王李祕、七子祁王李祺、八子雅王李禛、十子琼王李祥，请他们到洛阳宫中的九曲池饮宴，待九王喝醉后，全部将其勒死，将尸体投入九曲池中。同日，朱全忠自请将自己蠢笨无能的哥哥、安南节度使、同平章事朱全昱免职，以太师身份退休。二十日，唐朝安葬圣穆景文孝皇帝李晔于和陵（今河南省偃师市南缑山），庙号昭宗。

此时，朝中重臣分别是：太师李克用，太尉朱全忠，同平章事裴枢、独孤损、崔远、柳璨，度支使独孤损，盐铁转运使裴枢。在四位宰相中间，只有柳璨资历最浅，进士及第后不到四年就被昭宗拜为了宰相，因此，裴枢等人对其很是轻视，这让柳璨一直怀恨在心。等昭宗被朱全忠逼迫迁往洛阳之后，诸司内使、宿卫将佐都是朱全忠的心腹旧将，柳璨对这些人是极力巴结，因此攫取了朝廷大权。朱全忠的心腹张廷范出身于低贱的戏子，此时担任哀帝的第十三弟——和王李福的太傅，朱全忠上书推荐他担任太常卿。裴枢提出不同意见，他说道：“张廷范是个功臣，能当上很多方镇大员，怎么可能中意于这个闲差？这肯定不是元帅的意思。”遂搁置一旁，不予理睬。实际上，裴枢还是有门阀士族的清浊之辨，不愿张廷范玷污了太常卿这一职位。裴枢的话很快就传到了朱全忠的耳中，出身强盗的他对门阀士族瞧不起出身低微之人深恶痛绝，他咬牙切齿地说道：

“我经常觉得裴十四器量见识，纯粹朴实，与轻浮浅薄之辈不同，看他说的这番话，一下子原形毕露了！”柳璨听说后，遂在朱全忠面前，将裴枢、崔远、独孤损三人一起陷害，在朱全忠的授意下，三月十九日，哀帝下诏将门下侍郎、同平章事独孤损罢相，贬为同平章事、充静海（治所交州，今越南河内市，遥领）节度使；以礼部侍郎张文蔚为同平章事。二十五日，哀帝又下诏将门下侍郎、同平章事裴枢罢相，贬为尚书左仆射；将同平章事崔远罢相，贬为尚书右仆射。提拔吏部侍郎杨涉为同平章事。加清海节度使刘隐为同平章事。

张文蔚，字右华，河间人。其父张裼，在唐僖宗朝曾担任京兆尹等高官。张文蔚在乾符初年进士及第，后历任监察御史、起居舍人、司勋吏部员外郎、中书舍人、翰林学士承旨、户部侍郎、礼部侍郎。史称，他“沈邃重厚，有大臣之风，居家孝且悌”。杨涉的三叔是懿宗时期被杀的宰相杨收，父亲杨严官至兵部侍郎。杨涉一家谨慎敦厚，杨涉本人也是为人和蔼恭谨，听说自己被拜为宰相后，非常害怕，与家人们相对哭泣，对儿子杨凝式说道：“我家门不幸，我不能脱离此罗网，大祸将要临头了，肯定会连累到你们的。”杨凝式后历任后梁、后唐、后晋、后汉、后周五朝，官至太子太保，在乱世中他以佯狂而全身避祸，最终以八十五岁去世，是五代时期著名的书法家、诗人，是书法史上划时代的人物。

四月十二日，彗星出现在西北天际。五月，礼院上奏称，皇帝即位应当到南郊祭祀天神，哀帝下诏定于十月九日举行。五月七日，彗星再次出现，划破长空。柳璨自恃有朱全忠撑腰，在朝中为所欲为。正值接连出现彗星，术士们说道：“君臣都会遭遇灾祸，应当用杀戮予以化解。”柳璨遂把平素厌恶之人列出名单，送交朱全忠说：“这些人经常聚集在一起，煽风点火，牢骚满腹，应当予以诛杀，以化解灾祸。”李振也劝说朱全忠道：“朝廷之所以得不到整肃，全是这些衣冠士族、浮华子弟们败坏朝纲，况且，大王想行大事，这些人都是朝中不听话之人，不如全部予以清除。”朱全忠深以为然。

五月十五日，哀帝下诏将独孤损贬为棣州刺史，裴枢贬为登州刺史，崔远贬为莱州刺史。次日，又将吏部尚书陆扆贬为濮州司户，工部尚书王溥贬为淄州司户。二十二日，再将已经退休的太子太保赵崇贬为曹州司户，兵部侍郎王赞贬为潍州司户。朝中其余或出身高门，或进士及第的，凡是位居要职、有些名望的，都被指为浮华浅薄之徒，天天予以贬谪，朝中士大夫们几乎一扫而空。二十三日，朝廷再次将裴枢贬为泷州司户，独孤损为琼州司户，崔远为白州司户。

到了六月一日，哀帝再次下诏，将裴枢、独孤损、陆扆、王溥、赵崇、王赞等人一起就地赐死。昔日，李振屡次参加科举考试，一直未能及第，因此对朝中士大夫们深恶痛绝，对朱全忠说："这些人都自诩为清流，应该把他们扔入黄河，让他们变成浊流！"朱全忠哈哈大笑，点头同意，于是，朱全忠命令将裴枢等在朝被贬之官三十余人集中在白马驿（今河南省滑县境内），在同一天晚上一并杀死，将尸体投入黄河。每次李振从大梁回到洛阳，总会贬谪很多人，被当时的人们视为"鸱枭"（恶鸟）。他面对朝中官员，颐指气使，旁若无人。二日，已经退休的司空裴贽也被贬为青州司户，数日后，也被赐死。朱全忠、柳璨一口气杀掉朝中名臣三十余人，但柳璨还不解气，被他盯上的仍有十余人，张文蔚极力解劝，百般营救，柳璨这才作罢。七月六日，已经退休的太子宾客柳逊也被贬为曹州司马。白马驿之祸，《北梦琐言》将其与尔朱荣河阴之变相提并论，此后，唐朝的官僚集团被清除了，也为朱全忠篡唐扫清了障碍。

乱邦不居。

朱全忠在大肆清除李唐旧臣们的同时，也在极力培植、挖掘能够服务自己的人才。当时，很多士大夫都像杨涉一样宁可终老于家，也不愿入朝为官。六月五日，哀帝下诏命令各地州县将滞留当地的朝中官员遣送入朝，不得逗留。前司勋员外郎李延古，是前宰相李德裕的孙子，辞职在家，住在平泉山庄。哀帝的诏书下达后，拒不入朝，朝廷再次下令任命其为卫尉寺主簿。

司空图也遇到了类似情况。司空图，咸通进士，历任殿中侍御史、礼部员外郎、知制诰。黄巢攻克长安后，司空图弟弟的一个叫段章的奴仆落入义军中，恳请司空图加入起义军，但司空图不从，返回河中老家。僖宗逃往凤翔后，司空图也追至凤翔，被拜为知制诰、中书舍人。昭宗即位后，屡屡征召司空图入朝担任高官，但司空图一直隐居在虞乡王官谷，拒不出仕。司空图采取消极避世的态度，曾作诗言志，诗称"将取一壶闲日月，长歌深入武陵溪"（《丁未岁归王官谷》），"侬家自有麒麟阁，第一功名只赏诗"（《力疾山下吴村看杏花》），署其名字的《二十四诗品》是文学批评史上的不朽之作。

柳璨以哀帝之命下诏征召司空图，司空图听说了白马驿之变，害怕得罪柳璨，只得勉强赶到洛阳。见到柳璨后，他假装衰老，行动不便，连笏板也掉到了地上，举止失态。柳璨就又下诏，称：（司空图）"自视甚高，以傲视世人，不过是像愚公移山一般，在沽名钓誉……既不是伯夷，又不是柳下惠，不配立于公正之朝，就放其还山。”

如今的朱全忠背负弑君之名，已骑虎难下，继续当唐朝的权臣已不可能，既然只能篡唐自立，早点实施既可以稳定内部，又避免夜长梦多，横生枝节。环顾天下，李克用、杨行密、李茂贞是死敌，但李茂贞和李克用暂时实力不足，无法对朱全忠构成威胁；王建虽已加入反对朱全忠的阵营，但其本心还是割据西川，没有与朱全忠争夺天下的野心；至于河朔成德王镕、易定王处直、魏博罗绍威、湖南马殷、岭南刘隐、福建王审知、两浙钱镠，要么已向朱全忠送来人质，要么远在边地，都不足为虑。如今，最让朱全忠担心的还是幽州的刘仁恭、忠义的赵匡凝和淮南的杨行密三人。

七六四　急于篡位（二）

先说杨行密。

天祐元年三月，杨行密把钱传璙夫妇、顾全武送回，与钱镠和好。同时，为了全力攻取武昌，杨行密还试图与湖南马殷捐弃前嫌。

马殷的弟弟马賨曾追随孙儒，作战勇敢，担任百胜指挥使。孙儒死后，马賨投靠了杨行密，屡立战功，被晋升为黑云指挥使。有一天，杨行密无意间询问马賨有无兄弟，才得知他竟然是马殷的弟弟，大吃一惊，说道："我经常纳闷你气度非凡，果然不是寻常之人，应当将你送归。"马賨流泪推辞说："我不过是一个淮西残兵，大王不杀而委以重任，湖南并不遥远，曾接到过哥哥的书信，我侍奉大王时间已久，不愿离去。"杨行密坚持把他送回，亲自把他送至扬州郊外。马賨回到长沙后，马殷大喜，上奏任命他为武安节度副使。一天，马殷与部下讨论向朝廷进贡之事，马賨说道："杨王（指杨行密）地广兵强，与我们相邻，不如与其和好，从大的方面说，在危急时刻有个外援；从小的方面说，能获取通商贸易之利。"马殷听了，顿时拉下脸，说道："杨行密不侍奉天子，一旦朝廷发兵讨伐，将连累你我。你快别提这个想法了，免得招来大祸！"由于朱全忠掌握着朝廷，拥有强大的军事实力，为了自保，像马殷等一些中立藩镇，一般来说，都不愿与杨行密走得太近，显然，杨行密放还马賨并没有起到预期的效果。

虽然没有拉拢到马殷，但杨行密丝毫没有停止对鄂州（今湖北省武汉市）杜洪的打击。杨行密对杜洪的第三次讨伐，从天祐元年三月一直持续了一年，期间，朱全忠一方面派遣部将曹延祚领兵进入鄂州，协助杜洪；另一方面采取围魏救赵之计，发兵包围寿州，以解鄂州之围，但杨行密没有中计，在淮河方向采取守势，全力进攻鄂州，朱全忠无奈只好撤离。到天祐二年二月十一日，杨行密部将刘存终于攻克鄂州，抓获杜洪、曹延祚以及一千余名汴军士兵，送往广陵。杨行密下令将他们全部诛杀，又任命刘存担任鄂岳观察使。

就在鄂州战役行将结束之际，两浙方向又传来了告急的消息。杨行密、钱镠二人分处江浙，为了争夺地盘曾多次大打出手，天复元年，杨行密部将李神福一度生擒顾全武、兵临临安，然而，天复二年钱镠部将徐绾之乱中，杨行密出于限制田頵发展的目的，接受了钱镠的求和、求婚，双方实现和解，次年，杨行密这里又发生田頵、安仁义之乱，钱镠投桃报李，也分别出兵润州、宣州，帮助杨行密。与此同时，钱镠辖区的睦州刺史陈询也公开背叛钱镠，举兵进攻兰溪（今浙江省兰溪市），钱镠派遣指挥使杨习领兵进攻。天复三年年底，田頵之乱被平定，次年，即天祐元年年初，杨行密为了感激钱镠，就把钱传瓘夫妇和顾全武送回，这短暂的一年是双方的蜜月期。然而，好景不长，到天祐元年年底，双方之间的关系就又产生了裂痕。如前所述，还在田頵活着时，就曾经拉拢自立的温州刺史丁章，而钱镠任命的衢州刺史陈璋对此睁一只眼闭一只眼，任由双方的使者往来于自己的辖区，这让钱镠非常不满，遂于天祐元年年底密令衢州罗城使叶让刺杀陈璋，谁知事情败露，十二月，陈璋杀掉了叶让，投降了杨行密。睦州、衢州紧邻杨行密的控制区歙州，占领这片区域，不仅能够向东威胁钱镠，而且能向西压制江西的钟传，因此，杨行密不仅接受了陈璋的投降，而且还派遣部将、西南招讨使陶雅领兵救援被围的睦州刺史陈询。淮南军队军中发生夜惊，很多士兵们在慌乱中逃出营垒，裨将韩求以及亲随向陶雅禀报，陶雅却睡在床上，一动不动，不一会儿，混乱平息下来，逃出营外的士兵们又纷纷回营。钱镠派遣堂弟钱镒、指挥使顾全武、王球领兵抵御，但在淮南军强大的压力下，两浙军队战败，钱镒、王球被俘。天祐二年四月，陶雅又会同衢州、睦州军队向钱镠的婺州（今浙江省金华市）发起进攻，钱镠派遣弟弟钱镖、部将方永珍领兵救援。淮南两浙在自己的邻境交兵，也促使割据处州（今浙江省丽水市）二十余年的卢约为自己的后路打算，八月，他派遣弟弟卢佶领兵南下，攻克了温州，自立为温州刺史的张惠弃城逃往福州，投靠王审知。张惠割据温州三年后败亡。九月，陶雅、陈璋攻克婺州，生擒钱镠任命的刺史沈夏。杨行密遂以歙州、婺州、衢州、睦州为据点，由陶雅负责扩充在江南的地盘，任命陶雅为江南都招讨使，兼歙州、婺州、衢州、睦州观察使，由陈璋担任衢州、婺州副招讨使。此后，陈璋又领兵进攻暨阳（今浙江省诸暨市），被钱镠部将方习击败，方习乘胜反攻婺州。

杨行密与钱镠的角逐还在继续，我们再来看赵匡凝。

天复三年荆南成汭被杀后，王建和赵匡凝同时盯上了荆南地区。王建派遣王宗本夺取夔州、忠州、万州、施州四州后，又主动放弃了归州（今湖北省秭归县）、峡州（今湖北省宜昌市），退守夔州（今重庆市奉节县）。与此同时，忠义节度使赵匡凝也派兵南下，赶走了雷彦威留在江陵的军队，任命其弟赵匡明为荆南留后。数月后，到天祐元年五月，赵匡凝又派遣水军西上，进攻王建的夔州，王建部将、知渝州王宗阮等人领兵将其击败。万州刺史张武用铁索横断长江江面，在两岸构筑营寨，号称“锁峡”。此后不久，杨崇本、李茂贞、王建联名声讨朱全忠，赵匡凝遂于天祐二年五月派遣使者与王建和好。

最后说刘仁恭。刘仁恭占据幽州、沧州两个军镇，朱全忠在光化三年大举北伐时，刘仁恭从表面上屈服，但并未像王处直和王镕一样向朱全忠送去人质，天复三年，他又因云州都将王敬晖叛乱而与李克用交恶，同时，还要拿出很多精力对付逐渐强大的契丹，因此，在朱全忠看来，刘仁恭还对自己构不成太大的威胁。

此时，柳璨、李振在朝中替朱全忠清除异己，哀帝完全被控制在自己之手，因此，洛阳方面不足为虑，而如今，赵匡凝西与王建结好，东与杨行密联络，在南方将形成一个对自己的包围圈，尤其是在此时，王建派遣前山南西道节度使王宗贺等将向依附于朱全忠的昭信（治所金州，今陕西省安康市）节度使冯行袭发起了进攻，一旦王建赶走了冯行袭，将在北路与赵匡凝合势，权衡再三，朱全忠决定先对赵匡凝动手。

天祐二年八月九日，朱全忠派遣武宁节度使杨师厚率军南下，进攻赵匡凝，十三日，朱全忠亲自率领大军随后出动。杨师厚的大军迅速攻克了赵匡凝的唐州（今河南省泌阳县）、邓州（今河南省邓州市）、复州（今湖北省天门市）、郢州（今湖北省京山县）、随州（今湖北省随州市）、房州（今湖北省房县）、均州（今湖北省十堰市东）七州，朱全忠驻军汉水北岸。

天祐二年九月五日，朱全忠命令杨师厚在阴谷口（在今湖北省襄阳市西北）架设浮桥，七日，朱全忠率领大军从浮桥上渡过了汉水。八日，赵匡凝率领两万人马在汉水南岸摆下阵势，杨师厚率领汴军发起进攻，赵匡凝大败，逃回城内，汴军直抵襄阳城下。当晚，赵匡凝焚烧府衙，率领家眷、亲兵乘船沿汉水顺流而下，逃奔广陵，投奔杨行密。次日，杨师厚领兵进入襄阳城内，十日，朱全忠进入襄阳。赵氏割据襄阳二十二年，至此败亡。

赵匡凝一行来到广陵后，杨行密和他开玩笑说：“你在军府，每年都给朱全忠送去金银财帛，如今失败了，才想到投奔我？”赵匡凝回答：“诸侯侍奉天子，每年进贡税赋，这是本分，怎么会是送给奸贼呢？今日我来投奔大人，正是因为不依附奸贼啊！”杨行密对其十分优厚。

襄阳陷落后，荆南的赵匡明已成惊弓之鸟。九月十一日，赵匡明率领两万部众，放弃江陵，逃奔成都，投靠王建。十二日，朱全忠任命杨师厚担任山南东道留后，领兵朝荆南扑来。汴军行至乐乡（今湖北省宜城市），荆南牙将王建武派来使者请降。朱全忠任命都将贺瓌担任荆南留后，不久又上表任命杨师厚担任山南东道节度使。

与此同时，王建部将王宗贺等人也势如破竹，把冯行袭打得没有还手之力。九月二十日，冯行袭放弃金州，逃往均州。部将全师朗以金州向王建军投降。王建将全师朗改名为王宗朗，任命其为金州观察使，另将渠州（今四川省渠县）、巴州（今四川省巴中市）、开州（今重庆市开县）划归其管辖。

七六五　急于篡位（三）

朱全忠仅用一个多月的时间就消灭了赵匡凝兄弟，夺占了荆襄大片土地，而此时，杨行密正部署军队在衢州、婺州一线与钱镠相斗。

恰在这时，杨行密却病倒了。杨行密的长子、宣州观察使杨渥，素无名望，淮南军府上下对其都十分轻视。等杨行密卧病之后，就命令节度判官周隐召回杨渥。周隐当面反对道："您的长子容易听信谗言，喜欢打球饮酒，不是保家之主。您的其余儿子们都还年幼，驾驭不了众将。庐州刺史刘威从大王寒微之时就追随大王，一定不会辜负大王，不如令其暂且管理军府，等诸子长大成人之后，再把军府大权交给他们。"将来的事谁能预料得到？若干年后，谁又能保证刘威一定会把大权交回？杨行密听了，默不作声。左右牙指挥使徐温、张颢对杨行密说："大王平生出生入死，就是替子孙们打下这份基业，岂可送给他人！"杨行密说道："我死也能瞑目了！"不久，众将来探望杨行密的病情，杨行密用眼睛暗示让幕僚严可求留下。众人出去之后，严可求问道："大王一旦离世，军府后事该如何安排？"杨行密回答："我已经命令周隐去召回杨渥，如今，我忍着不死，就是在等待我儿回来。"严可求听后，连忙与徐温一起去见周隐，周隐还未出来，二人在周隐的办公桌上一眼就看到那封召回杨渥的公文，二话不说，连忙拿出公文，派人速速赶赴宣州召回杨渥，同时，杨行密任命王茂章担任宣州观察使。

也许是朱全忠风闻了杨行密病重的消息，十月一日，哀帝加封朱全忠为诸道兵马元帅，另设元帅府。同日，朱全忠安排军队，准备返回大梁，可是突然他就改变了主意，打算乘胜进攻淮南。敬翔劝谏道："如今，我们出兵还不足一个月，就已经平定了两座大镇，开疆拓土数千里，各地听说后，无不震惊。这种威势值得珍惜，不如暂且休兵，等待时机再出动。”但朱全忠不听。同时，朝廷因冯行袭逃到了均州，就把昭信军改名为戎昭军，仍由其担任节度使，暂时把均州作为他的治所。数月后，王宗朗无法守住金州，焚烧城池，逃回成都。冯行袭收复了金州后，上奏把治所迁至均州，朱全忠又命其兼管武定军。

十月六日，朱全忠率领大军从襄州出发，次日，进抵枣阳（今湖北省枣阳市），遇上大雨。大军冒着倾盆大雨，继续前进。从申州（今河南省信阳市）到光州（今河南省潢川县），一路上，道路狭窄艰险，泥泞不堪，汴军人困马乏，很多士兵尚未领到冬服，纷纷逃亡。朱全忠命人对光州刺史柴再用说道：“投降，我就提拔你为蔡州刺史；不投降，我就屠城！”柴再用严加戒备，身穿军服登上城墙，对朱全忠毕恭毕敬，说道：“光州城小兵少，不值得让大王震怒。大王如果先打下寿州，我怎敢不听从大王之命。”朱全忠在光州城外逗留了十余日，才率军继续东去。就在朱全忠逗留光州城下时，杨渥赶回了广陵，十六日，杨行密代行皇帝职权，任命杨渥为淮南留后。

二十三日，朱全忠领兵从光州出发，途中，部队迷路一百余里，又遇上大雨，等到大军来到寿州（今安徽省寿县）后，寿州军民早已坚壁清野、严阵以待了。朱全忠想下令构筑木栅围困寿州，但寿州城外的树木已被砍完，无木可用，只好退驻正阳（今安徽省寿县西南）。

十一月一日，朱全忠终于放弃了进攻淮南的计划，命令部队渡过淮河北返。柴再用组织军队截杀汴军后军，斩杀三千人，缴获上万辎重。朱全忠懊悔不已，烦躁暴怒，形同一头野兽。十三日，朱全忠回到了大梁。

在朱全忠南征之前，就已经心急火燎地想赶紧代唐自立，密令蒋玄晖等人筹划。蒋玄晖与柳璨等人商议，认为，曹魏、晋朝行禅让之礼前，都是先被皇帝封一个大国，加九锡之礼，然后再举行禅让仪式，这样才显得不那么突兀，遂先加封朱全忠为诸道元帅，以示有个循序渐进的过程，并命刑部尚书裴迪担任送宫告使。谁知，当朱全忠得知经过了这么长时间，蒋玄晖等人才给自己弄一个元帅的头衔，与自己的要求相距甚远，顿时勃然大怒。宣徽副使王殷、赵殷衡与蒋玄晖争权夺利，早想取而代之，见朱全忠怨恨蒋玄晖等人，趁机说二人的坏话：“蒋玄晖和柳璨等人目的就是想延长唐朝的国祚，所以才故意拖延，想等待时局发生变化。”蒋玄晖听了，非常害怕，亲自从洛阳赶赴寿州军中，向朱全忠表明心迹。朱全忠说道：“你们花言巧语，尽说些扯淡事来阻扰我，难道我不接受那个九锡之礼，就当不成皇帝了吗！”蒋玄晖说道：“唐朝气数已尽，天命归于大王，全天下不论聪明或是愚蠢之人，无人不知。玄晖我和柳璨等人不敢忘记大王的恩德，只是因为如今晋（指李克用）、燕（指刘仁恭）、岐（指李茂贞）、蜀（指王建）都是大王的劲敌，实在是想替大王开创一个千秋万代的帝业啊！”朱全忠听了，暴跳如雷，吼道：“你这个奴才果真是反了！”蒋玄晖吓得屁滚尿流，赶忙告辞返回洛阳，与柳璨一起商议给朱全忠行九锡之礼。当时，哀帝已经下令要举行郊祀之礼，百官正在加紧练习礼仪，裴迪从大梁回到洛阳后，称朱全忠气愤地说：“柳璨、蒋玄晖等人想延长唐祚，才让皇帝去祭祀上天呢！”柳璨等人听后，更是吓得惶惶不可终日，赶忙以哀帝的名义下诏把南郊祭天典礼推迟到明年的一月十七日。赵殷衡原名孔循，是朱全忠家乳母的养子，后冒姓赵。

天祐二年十一月二十六日，吴王杨行密去世，扬州将吏们一起请宣谕使李俨代行皇帝职权，授予杨渥淮南节度使、东南诸道行营都统，兼侍中，弘农郡王。二十七日，哀帝下诏以朱全忠为相国、总百揆；以宣武（治所汴州）、宣义（治所滑州）、天平（治所郓州）、护国（治所河中府）、天雄（治所魏州）、武顺（原成德，治所镇州）、佑国（治所京兆府）、河阳（治所孟州）、义武（治所定州）、昭义（治所潞州）、保义（治所陕州）、戎昭（治所均州）、武定（治所洋州）、泰宁（治所兖州）、平卢（治所青州）、忠武（治所许州）、匡国（治所同州）、镇国（治所华州）、武宁（治所徐州）、忠义（治所襄州）、荆南（治所江陵府）二十一道为魏国，晋封朱全忠为魏王，仍加九锡之礼。柳璨、蒋玄晖等人在商议给朱全忠加九锡之礼时，朝廷百官大都不愿意，唯独礼部尚书苏循扬言：“梁王功业很大，天命所归，皇上应当速速让贤。”苏循一说，大家无人敢再提出异议了。柳璨等人好不容易给朱全忠弄了个九锡之礼，但朱全忠对这份迟来的礼物并不领情，辞让不受。十二月四日，哀帝命令枢密使蒋玄晖携带亲笔诏书赶赴大梁，表达禅让之意。九日，蒋玄晖从大梁回到洛阳，称朱全忠怒气未消。十日，柳璨上奏称：“人心都已归于梁王了，现在就是陛下释去重负的时候了。”当天，哀帝又派柳璨亲自前往大梁，向朱全忠传达了让位之意，朱全忠依然予以拒绝。

当初，柳璨陷害朝臣过多，殃及朱全忠，连朱全忠也开始对其厌恶起来。柳璨在洛阳经常与蒋玄晖、张廷范等人聚会，结为一个小团体，替朱全忠操办禅让之事。何太后唯恐异日性命不保，哭着派遣宫女阿秋、阿虔给蒋玄晖致意，恳请来日能够保护她们母子。王殷和赵殷衡就在朱全忠面前诬陷蒋玄晖道："与柳璨、张廷范在积善宫内夜宴，对着太后焚香盟誓，企图兴复唐朝。"朱全忠信以为真，十二月十一日，朱全忠下令逮捕蒋玄晖以及丰德库使应顼、御厨使朱建武，将三人打入河南尹大狱；改任王殷为代理枢密使，以赵殷衡为判宣徽院使。朱全忠接连上了三道奏表，假模假样地推辞魏王、九锡之礼。十三日，哀帝下诏批准，改任其为天下兵马元帅，可是，此时，朱全忠已经下令把大梁府衙改建为皇宫了。同日，朱全忠下令斩杀了蒋玄晖，用乱棍打死了应顼、朱建武二人。十六日，取消枢密使、宣徽南院使，只设置宣徽使一人，由王殷担任，以赵殷衡担任副使。十七日，哀帝下诏取消宫女出宫宣布诏命及随驾登殿；追削蒋玄晖的官爵，改称凶逆百姓，命令河南府将其尸体拖到城门之外，纵火焚烧。

蒋玄晖死后，王殷、赵殷衡又诬陷蒋玄晖与何太后私通，日常由阿秋、阿虔牵线。二十五日，朱全忠又密令王殷、赵殷衡在积善宫内弑杀了何太后，哀帝下诏追废何太后为平民，将阿秋、阿虔在大殿前打死。二十六日，哀帝下诏因太后去世，停止上朝三天。二十七日，哀帝又下令因宫中内乱，取消了明年一月十七日祭祀南郊的大典。二十八日，在朱全忠的授意下，哀帝下诏将守司空兼门下侍郎、同平章事柳璨贬为登州刺史，将太常卿张廷范贬为莱州司户。二十九日，将柳璨斩杀于上东门外，在大街之上将张廷范处以车裂酷刑。柳璨临刑之际，高声呼喊道："负国贼柳璨！你真是该死！"

七六六　急于篡位（四）

对于李唐朝廷而言，虽然柳璨等人罪有应得，但天祐二年年底洛阳城内这场惨烈的清洗，也充分反映朱全忠乖戾残暴的个性。

就在洛阳城内发生一场大变之时，江浙的钱镠还在与新任淮南节度使杨渥交兵。陈询无法守住睦州，逃奔广陵，淮南招讨使陶雅领兵进驻了睦州。杨渥离开宣州时，想带走他的亲军和营帐，但新任宣州观察使王茂章不同意，等杨渥继位后，对王茂章怀恨在心，遂派遣马步都指挥使李简等人领兵奔袭王茂章。

转眼就是公元906年，是天祐三年，距离唐朝灭亡的日子也越来越近了。这一年的一月六日，灵武节度使韩逊上奏称，吐蕃七千余骑兵进驻宗高谷（今宁夏回族自治区银川市西北），将要进攻嗢末（分布于河西走廊的吐蕃奴隶），并要伺机夺取凉州。但此时的唐朝自顾不暇，根本无力兼顾河西了。

年初，李简的大军突然来到宣州城下，王茂章自知无力坚守，只好率众投奔钱镠。亲兵刁彦能以母亲年迈为由，推辞不从，登上城楼对部众们说道："王府命我招抚大家，大军很快就到了。"于是，众人才安定下来。陶雅担心王茂章切断自己的退路，遂领兵从睦州撤回歙州，钱镠趁机夺回了睦州。王茂章投降钱镠后，钱镠任命其为镇东节度副使，将其改名为王景仁。陈璋听说陶雅撤回歙州后，也赶忙从婺州退守衢州，钱镠部将方永珍等人趁机夺回了婺州，并朝衢州杀来。在杨渥发兵进攻王茂章的同时，他又派遣先锋指挥使陈知新领兵进攻，三月，陈知新攻克岳州（今湖南省岳阳市），赶走了马殷任命的刺史许德勋，杨渥遂以陈知新为岳州刺史。到了四月，镇南节度使钟传去世，军中拥立其子钟匡时担任留后。钟传的养子、江州刺史钟延规对自己未能继承留后，十分气愤，遂派使者前往广陵，向杨渥投降。得到钟延规的降表之后，杨渥随即任命升州刺史秦裴担任西南行营都招讨使，领兵进攻江西的钟匡时。

秦裴领兵来到洪州（今江西省南昌市），驻军蓼州（今江西省南昌市东）。众将请求依托河岸构筑营寨，但秦裴不听，果然，不久之后，钟匡时派遣猛将刘楚领兵进驻河岸。众将都埋怨秦裴，秦裴却说："钟匡时身边只有刘楚一员猛将，如果令其率众守城，我军一时难以攻克，我故意暴露弱点，留出要害之地，让其占领，这是引诱其出城之计啊。"不久，秦裴领兵攻克了刘楚的营寨，生擒刘楚，并乘胜包围了洪州，钟匡时的饶州（今江西省鄱阳县）刺史唐宝请降。九月，秦裴攻克洪州，俘虏钟匡时等五千余人凯旋。杨渥自己兼任镇南节度使，以秦裴为洪州制置使。杨渥占领洪州之后，吉州（今江西省吉安市）刺史彭玕派人向湖南马殷投降。彭玕原为赤石洞蛮，钟传任命其为吉州刺史。钟传割据江西二十五年至此灭亡。

就在秦裴猛攻洪州之际，衢州陈璋的告急文书也送到了杨渥那里，杨渥赶忙派遣左厢马步都虞候周本领兵前去接回陈璋。周本来到衢州城下后，钱镠军闪出一条道路，让陈璋率众离开城池，进入周本大营，钱镠军遂进入衢州城内。吕师造说道："两浙兵距离我们这么近，竟然毫不在意，是轻视我们，请下令发起进攻！"周本说道："我奉命来迎回陈大人，如今已经接到了陈大人，何必再战！敌人肯定有所戒备。"遂领兵而还。周本亲自率军殿后，两浙军队尾随其后，途中，周本设下埋伏，大破两浙军。

天祐三年一年来，杨渥分别占领了岳州、洪州、饶州等地，消灭了钟传集团，但因王茂章事件，丢掉了睦州、衢州、婺州等地，而失去了与钱镠作战前期的优势，可谓有得有失。

当杨渥不断扩张的同时，北方的朱全忠也没有闲着。当初，田承嗣镇守魏博时，曾经从所辖六州挑选五千骁勇之士，组成一支亲军（牙军），给予他们很优厚的待遇，把他们视为心腹。从此以后，牙军将士日益骄横，父死子继，盘根错节，稍不如意，就发动兵变，屠杀节度使全家，重新推举节度使。从史宪诚夺权，七年后死于兵变，牙军拥立何进滔；此后又相继拥立过韩君雄、乐彦祯、赵文玠、罗弘信。罗绍威继位后，内心对牙军非常厌恶，但又无能为力。朱全忠包围凤翔时，罗绍威曾经派遣部将杨利言把天雄军的内情偷偷禀报给了朱全忠，想借朱全忠之手清除自己身边的牙军。朱全忠因事务繁多，无暇处理此事，只是含糊答应下来。还在天祐二年朱全忠决定南征之前，天雄牙将李公佺就密谋与牙军作乱，除掉罗绍威，结果事情败露，李公佺焚烧军府，领兵劫掠一番后，逃往了沧州，投奔了刘守文。李公佺事件后，罗绍威更加害怕起来，再次派遣牙将臧延范前往大梁，催促朱全忠。

天祐三年年初，朱全忠遂调派河南各镇军队共计七万人马，派遣部将李思安统领，约定与天雄（罗绍威）、武顺（王镕）的军队在深州乐城（今河北省献县）会师，对外谎称一起讨伐沧州接纳李公佺之罪，其实是要协助罗绍威清除天雄的牙军。正巧，嫁给罗绍威儿子罗廷规的朱全忠的女儿去世了，朱全忠遂派遣马嗣勋把武器藏在行李之中，挑选一千名正规军士兵假扮成挑夫，谎称参加葬礼，进入魏州城内，而朱全忠则亲自率领大军紧随其后，谎称要赶赴乐城行营，天雄牙军都没有生疑。

天祐三年一月十六日，罗绍威偷偷派人进入武器库内割断了弓弦和铠甲上的纽扣，当晚，罗绍威就率领数百家奴、门客，与马嗣勋率领的一千汴军突然向牙军发起进攻，牙军打算迎战，但弓弦已断，铠甲也无法穿上，遂全营均被屠杀，牙军八千家男女老弱，一个不留。次日凌晨，朱全忠领兵进入魏州城内。

三月二十五日，朝廷任命朱全忠为盐铁、度支、户部三司都制置使，三司之名从此才有，朱全忠推辞不接受。

罗绍威设计诛杀八千家牙军之后，天雄各军将士都非常恐惧，罗绍威虽然再三安抚，但仍然无济于事。朱全忠在魏州城东停留数十天，打算向北出发，巡视行营，而恰恰在这时，天雄牙将史仁遇聚集数万部众发动叛乱，夺占了高唐（今山东省高唐县），自称留后，天雄辖区很多州县都纷纷响应。朱全忠把部队转移到城内，派遣使者赶赴乐城召来行营军队，进攻高唐。行至历亭（今山东省武城县），在行营的天雄军队也发动了兵变，与史仁遇遥相呼应。元帅府左司马李周彝、右司马符道昭领兵讨伐，诛杀了一多半叛乱的天雄军，然后，二人率军又进攻高唐，一举破城，将城内军民不分老幼全部斩杀。生擒史仁遇，用锯将其活活锯死。

史仁遇起兵后，曾派人向李克用和刘守文求救。李克用派遣部将李嗣昭率领三千人马东出，进攻邢州，以牵制汴军。当时，邢州团练使牛存节驻守城内，而邢州城内只有两百守军，李嗣昭领兵进攻了七天竟然未能攻克。朱全忠闻讯，派遣右长直都将张筠率领数千骑兵救援邢州。张筠在马岭设下伏兵，然后进攻李嗣昭，李嗣昭战败撤回。接到史仁遇的求救之后，义昌节度使刘守文同样也迅速行动起来。他派遣一万人马进攻贝州（今河北省清河县）、冀州（今河北省衡水市冀州区），并攻克了蓨县（今河北省景县），转攻阜城（今河北省阜城县）。当时，武顺大将王钊正领兵在宗城（今河北省威县）进攻天雄叛将李重霸。朱全忠命其撤回，救援冀州，沧州军队这才退去。四月二十四日，李重霸弃城而逃，汴军将领胡规领兵追上，将其斩杀。

五月五日，朱全忠前往洺州，巡视北方，而后又返回到魏州。二十四日，取消戎昭军，将均州、房州划归忠义军，以原戎昭节度使冯行袭担任匡国节度使。六月二日，又将忠义军恢复旧名山南东道。朱全忠考虑到长安靠近邠州杨崇本（此时又改回李继徽）和凤翔的李茂贞，不断发生战争，担心佑国节度使韩建会投靠到李茂贞一边，遂奏请调任佑国节度使韩建为淄青节度使，而以淄青节度使王重师担任佑国节度使。

七月，朱全忠领兵攻克了相州。当时，天雄军的叛军分处贝州、博州、澶州、相州、卫州以及魏州的各个县，整个天雄军几乎全部落入叛军之手，然而，各股叛军缺乏协同，朱全忠分别派遣众将各个击破，至此全部消灭，领兵南返。朱全忠从本年年初开始一直留在天雄境内，至今已逾半年，罗绍威竭力供应汴军，一共宰杀牛羊猪近七十万头，供应的粮食也接近这个数字，再加上贿赂朱全忠各级官吏的财物有上百万，等到朱全忠离开后，天雄的积蓄也所剩无几了。罗绍威虽然除掉了眼前的威胁，但天雄军也就此虚弱下来。事后，罗绍威非常后悔，对别人说道："把六州四十三县的铁都加起来，也铸不出如此大错啊！"七月二十一日，朱全忠回到了大梁。

八月四日，李茂贞把儿子李侃（平原公主前夫）送到成都当人质，王建任命李侃为彭州刺史。

七六七　急于篡位（五）

刘守文在天雄叛乱中的反应让朱全忠印象深刻。

回到大梁后，朱全忠认为，刘仁恭、刘守文父子盘踞幽州、沧州，终究会威胁到魏州，遂决定先全力夺取沧州，八月二十三日，在大梁休整一个月后，朱全忠就又统领大军朝沧州杀来了。

九月一日，就在杨渥部将攻克洪州、俘虏钟匡时前后，朱全忠也领兵从白马（今河南省滑县）渡过了黄河，十七日，汴军进逼沧州，驻军长芦（今河北省沧州市西），沧州军队不敢出战。罗绍威再次负责后勤保障工作，从魏州到长芦五百里间，运粮车队连绵不绝。罗绍威又在魏州给朱全忠设立元帅府，凡是朱全忠所过之处，驿马一律供应酒饭菜肴、床铺帷帐以及各种日用品，汴军上下数十万人，全都安排得十分周到。同月，静难（治所邠州）节度使杨崇本纠集凤翔、保塞（治所延州）、彰义（治所泾州）、保大（治所鄜州）四镇之兵进攻夏州（今陕西省榆林市横山区）。匡国节度使刘知俊截击坊州军队，斩杀三千余级，生擒坊州刺史刘彦晖。夏州向朱全忠告急，朱全忠命令刘知俊以及部将康怀英领兵救援。杨崇本率领五万六镇之兵驻扎美原（今陕西省蒲城县西），刘知俊等人发起进攻，杨崇本大败，逃回邠州。不久，刘知俊、康怀英乘胜攻克了鄜州、延州等关中五州，朱全忠以朝廷之命加封刘知俊为同平章事，康怀贞为保义节度使。从此以后，李茂贞、杨崇本再也无力发起攻势了。

刘仁恭领兵救援沧州，但屡战屡败，遂下令辖区："凡是十五岁以上、七十岁以下的男子，全部自备武器军粮赶赴行营，部队出发之后，只要发现家乡留有一人，杀无赦！"有人劝谏道："如果老弱男丁都当兵了，妇女无力运输军粮，这个军令一旦下达，被杀的人就太多了。"刘仁恭遂改命凡是拿得动武器的男子全部出征，在脸上刻下“定霸都”三个字，对士人们则在手腕或者手臂上文上“一心事主”四个字，于是，幽州辖区除了幼童之外所有的军民都被文了字，采取这种办法，刘仁恭终于凑够了十万大军，驻军瓦桥（今雄安新区）。

当时，汴军已经在沧州城外构筑长墙、堡垒，把沧州围得水泄不通。刘仁恭见汴军强大，不敢交战。沧州城内粮食吃尽，守军饿得吞食泥土，或相互残杀吃人。朱全忠派人对刘守文说道：“援军无济于事，何不早早投降！”刘守文回复道：“在下与幽州（指刘仁恭），是父子。梁王正要以大义使天下之人服从，如果我当儿子的背叛父亲投降，大王要这种人干什么呢？”朱全忠见其回答义正词严，深感惭愧，攻势稍稍和缓下来。刘仁恭向李克用派出使者求救，前前后后来了上百人，但李克用怨恨刘仁恭反复无常，一直没有答应。李存勖对其父劝谏道：“如今天下之势，朱全忠已经夺取了十之七八，虽然像魏博、镇州、定州这样强大的藩镇，也都归顺了他。黄河以北，能与朱全忠对抗的，只剩下我们与刘仁恭父子了。如今，刘仁恭父子被朱全忠围困，我们如果不与之齐心协力抵御，这对我们非常不利。况且，心怀天下之人不会计较一些小的恩怨，刘仁恭曾经与我们为敌，我们如今既往不咎反而在其危难之际伸出援手，以德报怨，用一次行动就可以名利双收，这是我们重振声威的绝好时机，千万不可白白浪费。”李克用听了儿子的话，深以为然，遂与部下商议召来幽州军队合力进攻潞州。李克用对众将说道：“此举对他们来说可以解围，对我们来说则可以开疆拓土。”遂答应了刘仁恭的请求，并召其军队前来。于是，刘仁恭就派遣都指挥使李溥率领三万幽州兵来到晋阳，李克用则派遣部将周德威、李嗣昭领兵与其一起南下，进攻潞州。

听说潞州危急，朱全忠赶忙分兵数万，派遣行军司马李周彝统领，从河阳北上救援潞州。当初，昭宗去世的消息传到潞州，昭义节度使丁会非常悲痛，他率领全体将士给昭宗服丧，流泪很久。等李嗣昭等人领兵进攻潞州时，丁会不战就率领全军投降了。李克用任命李嗣昭担任昭义留后。丁会见到李克用后，哭着说道：“我并非没有力量守住潞州。梁王残害唐室，我虽然受其提拔之恩，但内心确实无法容忍这种行径，所以才来投降的。”李克用对其十分厚待，将其位次列于众将之上。

闰十二月二十一日，朱全忠在沧州命令各军准备攻城器具，将要对沧州发起总攻。二十四日，就听到了潞州失守的消息，二十六日，只好领兵撤离。先前，朱全忠征调黄河南北各地的军粮草料，水陆并进运抵沧州城外，汴军各营粮草堆积如山。朱全忠将要南返时，下令各军将辎重一律烧毁，浓烟数里；运粮船上的粮食，也不再运回，一律凿沉船只。刘守文给朱全忠写信，称："大王因百姓之故，赦免了在下的罪过，解围撤去，这是大王对在下的恩惠。城内数万军民，已经数月没有吃上饭了，与其将粮食焚烧化为青烟，沉入河底变成烂泥，请大王拿出一点来救人一命。"朱全忠特意下令留下几堆粮食，沧州军民得以渡过了难关。

河东军队占领潞州之后，乘胜进攻泽州，但未能攻下，只好退去。

天祐四年（公元907年，该年朱全忠篡位，改元开平元年）一月四日，朱全忠领兵撤退到贝州休整。当初朱全忠认为河北各镇已经臣服，唯独刘仁恭父子还在抵抗，遂大举北伐，其目的就是想以新的军事胜利稳定各镇之心，谁知潞州竟然背叛了自己，沧州前线也无功而返，朱全忠的威望一下子下降了，他开始担心潞州背叛会引起连锁反应，遂打算速速篡唐自立，以稳定内外之心。一月十日，朱全忠来到魏州，又得了病，留在府中休养。魏博节度使罗绍威唯恐朱全忠趁滞留魏州期间把自己拿下，想赶紧让朱全忠离开魏州，就拜见朱全忠，劝说道："如今各地举兵对抗大王之人，都把拥戴唐室作为号召，大王不如早早灭掉唐朝，以断绝了人们的希望。"罗绍威的话说到了朱全忠的心坎上了，朱全忠虽然口头上没有答应，但内心对罗绍威很是感激，遂匆匆离开魏州，返回了大梁。一月二十五日，朱全忠回到大梁。二十七日，哀帝派遣御史大夫薛贻矩来到大梁，慰问朱全忠。薛贻矩请求以臣下之礼拜谒朱全忠，但朱全忠仍然作揖，请其走上台阶。薛贻矩说道："殿下功德，广布人间。天心、地心、人心都归于殿下，皇帝也将要禅位于您，臣怎敢违背。"遂面北，行三跪九叩之礼。朱全忠稍稍侧身，以示谦让。薛贻矩回到洛阳后，对哀帝说道："元帅已经有了接受禅让之意了！"哀帝遂下诏，以二月份禅让于梁王；又命宰相给朱全忠写信通报这一消息，朱全忠假惺惺地予以推辞。

就在朱全忠忙于禅让之际，江南又发生了变故。淮南节度使兼侍中、东面诸道行营都统杨渥得到江西之后，开始自大起来，他对节度判官周隐说道："你出卖他人家国，还有什么脸面与我见面？"遂将其诛杀，周隐死后，淮南将领们都十分不安起来。黑云都指挥使吕师周与副指挥使綦章驻军上高（今江西省上高县），与湖南军队作战，屡立战功，杨渥反而对二人猜忌起来。吕师周心生恐惧，就与綦章商议道："马殷大人宽厚，我打算逃命投奔，你看如何？"綦章回答："这事你自己看着办，我舌头可断，也不会泄露的。"吕师周遂逃奔湖南，綦章放掉了吕师周的家眷。

杨渥居丧期间，昼夜饮酒作乐，夜晚点燃十个人才能抱住的大蜡烛，把黑夜照得如同白昼一般，这样的蜡烛每支都要浪费数万钱。有时候，他还单枪匹马出城游玩，侍从们四处寻找，也找不到他的下落。左右牙指挥使张颢和徐温哭着劝他，他却勃然大怒，说道："你们认为我不行的话，为何不杀了我自己当头儿？"二人听了很是害怕。杨渥从军中挑选壮士，组成一支号称"东院马军"的亲兵，把自己的亲信们任命为头领，而这些新贵们张扬跋扈，对元老功臣肆意打压，于是，张颢、徐温开始密谋作乱。

杨行密在世时，在牙城之内驻扎了数千亲兵，杨渥继位后，将这些人迁出了牙城，把营房改建为射箭场，由此，张颢、徐温就无所忌惮了。杨渥镇守宣州时，其心腹部将朱思勍、范思从、陈璠率领三千亲兵，等他回到广陵后，又把这三千人召回了广陵。张颢、徐温命令三将跟随秦裴进攻江西，并留驻洪州，此后，又诬陷三将谋反，派部将陈祐前去诛杀三将。陈祐倍道兼行，于天祐四年一月六日来到洪州，身穿便服怀揣短刀进入秦裴大帐中，秦裴见状大惊，陈祐说明来意，遂召来朱思勍三将前来饮酒，陈祐历数三人罪过，将三人斩杀。杨渥听说三将被杀的消息后，对张颢、徐温二人更加猜忌，打算诛杀二人。

一月九日凌晨，杨渥早起听政，张颢、徐温率领二百亲兵，全副武装来到衙门大庭之中。杨渥说道："你们果真想要杀我吗？"二人回答："不敢，只是要诛杀大王身边败坏政务之人。"遂直斥杨渥十余名亲信之罪，用铁锤一一打死，宣称自己是在"兵谏"。不是张颢、徐温一党的众将，二人找个借口，逐一诛杀，于是，淮南军政都掌握到了张颢、徐温二人之手，杨渥也无可奈何了。

七六八　废唐建梁

天祐四年（公元907年）二月，唐朝大臣们一起奏请哀帝，请求哀帝退位。

二月五日，哀帝下诏宰相们率领百官前往大梁元帅府，劝说朱全忠登基称帝，朱全忠派人前来劝阻。此后，全国各地藩镇、朝廷群臣，甚至湖南马殷、岭南刘隐也纷纷给朱全忠上书，请其登基。

三月六日，朱全忠任命亳州刺史李思安担任北路行营都统，率军北上讨伐幽州刘仁恭。十三日，哀帝再次派遣薛贻矩前往大梁，传达传位之意，哀帝又下诏命令礼部尚书苏循携带朝廷百官的信件前往大梁。

二十七日，哀帝亲笔下诏，将帝位传给朱全忠；并任命代理中书令张文蔚为册使，礼部尚书苏循为副使；代理侍中杨涉担任押传国宝使，翰林学士张策为副使；御史大夫薛贻矩为押金宝使，尚书左丞赵光逢为副使，率领百官带上皇帝仪仗队前往大梁。杨涉之子、直史馆杨凝式对杨涉说道：“父亲大人身为唐朝宰相，而国家走到今天这个地步，不可谓没有一点罪过。大人还亲手拿着天子玉玺授予他人，虽然能保全富贵，可将来的人们会怎么评论？为何不辞掉这个差事？”杨涉闻言，几乎吓得魂飞魄散，说道：“你这是想让我家灭族啊！”数日之间都吓得心惊胆战，神色凝重，幸亏此言未被外人听到。

刘仁恭奢侈残暴，经常担心幽州城池不坚固，遂命人在大安山（今北京市西百花山）上构筑别墅，说道：“此山四面都是悬崖绝壁，在此可以以少敌众。”大安山别墅非常华丽，形同帝王行宫。刘仁恭挑选美女，住进里面，又与术士们一起炼制丹药，以求长生不老。他还下令把幽州各地百姓手中的钱全部搜刮上来，埋在大安山山顶之上，致使民间无钱可用，只好用黏土代钱使用。他还严禁江南茶商入境，自己采摘山中草木充当茶叶贩卖。

刘仁恭有个爱妾姓罗，与其子刘守光私通，刘仁恭曾经把刘守光杖打一顿，赶出了家门，不认其是儿子。李思安领兵进入幽州后，所到之处，焚烧劫掠，扫地无遗。四月三日，李思安率领的汴军直抵幽州城下，此时，刘仁恭还在大安山中，城内毫无戒备，差一点陷落。刘守光闻讯，从城外率兵入城，又出兵与李思安交战，将李思安击退。刘守光遂自称幽州节度使，命令部将李小喜、元行钦领兵进攻大安山。刘仁恭派兵迎战，反被李小喜击败，刘仁恭也被俘虏，送到幽州，被刘守光囚禁了起来。刘仁恭的亲信将领以及身边侍从，凡是刘守光厌恶的，全被其诛杀。银胡簶都指挥使王思同（刘仁恭外孙）率领本部三千人马、山后八军巡检使李承约率领本部两千人马都投降了河东李克用；刘守光的弟弟刘守奇先投奔契丹，此后也逃奔了河东。河东节度使李克用任命李承约为匡霸指挥使，王思同为飞腾指挥使。

四月四日，朱全忠开始驾临金祥殿，接受百官们的参拜，下书称教令，自称寡人。五日，朱全忠又下令将各类书信、奏表、文书、档案都去掉唐朝年号，只称月日。十日，张文蔚等人来到了大梁。十六日，朱全忠改名为朱晃。朱全忠的哥哥朱全昱听说弟弟马上要当皇帝了，对朱全忠说道："朱三，你也配当天子？"

十八日，张文蔚、杨涉乘坐皇家车辆来到大梁，从上源驿步行护送玉玺、册文，各部门都派出仪仗队和卫队护送，走在最前面，百官紧随其后，一起来到金祥殿前，将玉玺和册文陈列大殿之前。朱晃身穿黄袍，头戴皇冠，登基即皇帝位。张文蔚和苏循手捧册文登上大殿宣读，杨涉、张策、薛贻矩、赵光逢依次手捧玉玺登上大殿，宣读完毕后，六人下殿，百官行三跪九叩之礼，向新皇帝祝贺。仪式完毕后，朱晃在玄德殿设宴款待张文蔚等人，朱晃举起一杯酒，说道："朕辅政不久，这都是诸位大人拥戴之功啊！"张文蔚等人都显得既惭愧又害怕，拜伏在地，不敢吱声。唯独苏循、薛贻矩以及刑部尚书张祎盛赞朱晃功德盖世，应天顺人。此后，朱晃又与皇亲国戚们一起在宫中喝酒、赌博，大家都喝得酩酊大醉，朱晃的哥哥朱全昱突然把骰子摔进盆中，顿时骰子散落一地，他斜着眼看着朱晃，说道："朱三！你原本是砀山一介草民，跟着黄巢当强盗，天子用你当四镇节度使，富贵已极，为何你要灭了唐家三百年江山社稷，自称帝王！我们朱家马上就要灭族了！还赌什么赌！"朱晃听了，一脸不悦之色。

四月十九日，朱晃命令有关部门向天地、宗庙、社稷禀报登基称帝的消息。

二十一日，朱晃派人向各地通报已改朝换代。二十二日，朱晃下诏宣布大赦天下，改元为开平元年，国号大梁；以唐哀帝为济阴王，一切按照前代处置亡国之君的惯例进行，唐朝内外群臣的官爵一律保留；以汴州为开封府，命名为东都；以原东都洛阳为西都；取消长安西京称号，改京兆府为大安府，在大安府设置佑国军，将魏博军改名为天雄军。将济阴王迁往曹州软禁起来，在他的住处用荆棘环绕，派全副武装的士兵看守。

开平二年（公元908年）二月二十二日，朱晃派人在曹州毒死了济阴王，追谥为唐哀皇帝。哀帝李祚被杀时年仅十七岁。

大唐就此灭亡。

唐朝从公元618年到690年被武曌政权取代，再从公元705年复辟直到如今为朱晃所灭，历经二十二任皇帝，共计二百七十六年，从此，中国历史进入一个仅仅持续五十三年的分裂时代——五代十国时期。

七六九　晚唐文学（一）

晚唐文学的代表人物是李商隐。

李商隐，字义山，号玉谿生，怀州河内人，是李唐宗室远亲。岑仲勉考证认为，李商隐生于唐宪宗元和七年（公元812年），死于大中十二年（公元858年），这几乎成了确论。对于李商隐去世之年争议不大，而对于生年则颇多争议，认定其生于唐宪宗元和七年也存在很多疑点，主要是根据《旧唐书·李商隐传》记载："令狐楚镇河阳，以所业文干之，年才及弱冠。楚以其少俊，深礼之，令与诸子游。"再考诸《旧唐书·令狐楚传》可知，令狐楚镇守河阳是在宪宗元和十四年，如果李商隐生于元和七年，到该年才六七岁，根本不是"弱冠"（二十岁），也更不可能拿着诗文去干谒一方大员，因此，也有人结合其他证据认定李商隐生于唐德宗贞元十五年（公元799年），卒于宣宗大中十二年（公元858年），终年六十岁。

李商隐自幼聪慧，深得令狐楚的赏识，让其与自己的儿子令狐绹等人一起游处。等文宗大和年间，令狐楚担任天平节度使后，李商隐就在他的幕府里担任巡官。令狐楚每年都给李商隐准备盘缠，让他赴京参加进士考试。李商隐曾经写过《谢书》："微意何曾有一毫，空携笔砚奉龙韬。自蒙夜半传衣后，不羡王祥得佩刀。"大和六年，李商隐应举，为贾餗所斥，当时，令狐楚已担任河东节度使，李商隐落第后又跟随令狐楚到了太原。大和八年，李商隐第二次应举，再次落第，期间，令狐楚、令狐绹父子对李商隐照顾有加。李商隐自己就曾说过："时独令狐补阙最相厚，岁岁为写出旧文纳贡院。"也就是说，令狐绹经常把李商隐的旧作拿出来让主管考试的官员们看，以推荐李商隐。开成元年甘露之变后，令狐楚自请离开朝廷，朝廷将其任命为兴元节度使，令狐楚请李商隐入幕，但李商隐因事没有答应。开成二年，李商隐进士及第，不久，令狐楚给李商隐写信催促其来到兴元幕府，与此同时，令狐楚在兴元又患了重病，然而，李商隐并没有马上起程前往，直到令狐楚病情恶化后，李商隐才姗姗来迟。令狐楚去世后，次年，李商隐就进入泾原节度使王茂元的幕府，并娶了王茂元之女。此事对李商隐后来的人生轨迹产生巨大影响，令狐绹认为李商隐改换门庭，忘恩负义，一生对其耿耿于怀。《旧唐书》记载："王茂元镇河阳，辟为掌书记，得侍御史。茂元爱其才，以子妻之。茂元虽读书为儒，然本将家子，李德裕素遇之，时德裕秉政，用为河阳帅。德裕与李宗闵、杨嗣复、令狐楚大相仇怨。商隐既为茂元从事，宗闵党大薄之。时令狐楚已卒，子绹为员外郎，以商隐背恩，尤恶其无行。"

不久，李商隐担任秘书省校书郎，调补弘农尉。武宗继位后，李德裕拜相，李商隐在秘书省担任正字。宣宗继位后，李党失势，李商隐进入李党郑亚桂管观察使幕府，与令狐绹更加疏远，不久，李商隐又回到京师，后担任盩厔尉。大中四年令狐绹拜相后，李商隐屡屡向其陈情，但令狐绹始终不予理睬。此后，李商隐一直到东川节度使柳仲郢幕府，后随柳仲郢回朝，被推荐为盐铁推官，到大中十二年回到郑州后不久去世。李商隐才华横溢，与温庭筠、段成式齐名，因三人在家中都排行十六，当时的人们把三人的诗歌并称为"三十六体"，李商隐还与杜牧并称为"小李杜"，与温庭筠并称为"温李"。《唐才子传》记载，大诗人白居易非常欣赏李商隐，他曾经说过："我死后，下辈子能当你的儿子就行了！"《蔡宽夫诗话》亦称，白乐天晚年极喜义山诗，云"我死得为其子，足矣"。义山生子，遂以白老名之。既长，略无文性。温庭筠尝戏之曰："以尔为乐天后身，不亦忝乎？"

李商隐的诗歌艺术成就甚高，名篇俯拾皆是。他的诗构思新奇，风格浓丽，尤其是一些爱情诗和无题诗写得缠绵悱恻，优美动人，但也有一部分以《锦瑟》为代表的诗歌，虽然同样优美，却用典隐晦，读完不知所云，以至后人有"诗家总爱西昆好，独恨无人作郑笺"之说。喜爱李商隐诗歌的人无人不知这首《锦瑟》："锦瑟无端五十弦，一弦一柱思华年。庄生晓梦迷蝴蝶，望帝春心托杜鹃。沧海月明珠有泪，蓝田日暖玉生烟。此情可待成追忆，只是当时已惘然。"此诗是李商隐最难索解的作品之一，诗家素有"一篇《锦瑟》解人难"之说。全诗辞藻华美，情真意长，作者在诗中追忆自己的青春年华，借用庄生梦蝶、杜鹃啼血、沧海珠泪、良玉生烟等典故，伤感自己不幸的遭遇，创造出一种朦胧的境界。

年轻时期的李商隐关心政治，胸怀大志，他曾经写过《安定城楼》："迢递高城百尺楼，绿杨枝外尽汀洲。贾生年少虚垂涕，王粲春来更远游。永忆江湖归白发，欲回天地入扁舟。不知腐鼠成滋味，猜意鸵雏竟未休。"这首诗笔力雄健，风骨清，借贾谊、王粲的遭遇，表达了自己虽然怀才不遇但又奋发向上的精神风貌，对那些汲汲于富贵之人的恶意中伤毫不在意的精神状态。甘露之变后，宦官集团诛杀王涯等很多人，在一片白色恐怖之中，李商隐又写了《有感》《重有感》，其中《重有感》尤为著名："玉帐牙旗得上游，安危须共主君忧。窦融表已来关右，陶侃军宜次石头。岂有蛟龙愁失水?更无鹰隼击高秋！昼号夜哭兼幽显，早晚星关雪涕收。"他还写了很多咏史诗以借古讽今，表达自己的政治态度，代表作主要有：《北齐二首》："一笑相倾国便亡，何劳荆棘始堪伤。小怜玉体横陈夜，已报周师入晋阳。""巧笑知堪敌万几，倾城最在著戎衣。晋阳已陷休回顾，更请君王猎一围。"《贾生》："宣室求贤访逐臣，贾生才调更无伦。可怜夜半虚前席，不问苍生问鬼神。"《隋宫》："乘兴南游不戒严，九重谁省谏书函。春风举国裁宫锦，半作障泥半作帆。"等等。

李商隐才情甚高，像一些比较普通的咏别诗、相思诗、咏史诗，在他的笔下都是别具一格，像这首《筹笔驿》："猿鸟犹疑畏简书，风云常为护储胥。徒令上将挥神笔，终见降王走传车。管乐有才终不忝，关张无命欲何如。他年锦里经祠庙，梁父吟成恨有余。"据说筹笔驿是诸葛亮北伐时曾在此筹划过军事，在四川省广元市以北，这首诗是李商隐在大中九年随柳仲郢回长安，途经此处所写。第一、第二句写诸葛亮之威风，让人怀疑现在猿鸟、风云都还听命于他，然而即便如此，最终后主还是亡国了，颈联称诸葛亮确实有管仲、乐毅之才，但可惜的是关羽、张飞早死了，末联说昔日经过成都武侯祠时，吟哦着诸葛亮的《梁父吟》只觉得遗恨有余。全诗用对比的手法，借诸葛亮的命与才，感叹自己怀才不遇的一生。李商隐笔下这种令人耳目一新的诗还有很多，充满了奇特的构思，比如，《夜雨寄北》："君问归期未有期，巴山夜雨涨秋池。何当共剪西窗烛，却话巴山夜雨时。"《宿骆氏亭寄怀崔雍崔衮》："竹坞无尘水槛清，相思迢递隔重城。秋阴不散霜飞晚，留得枯荷听雨声。"《杜工部蜀中离席》："人生何处不离群？世路干戈惜暂分。雪岭未归天外使，松州犹驻殿前军。座中醉客延醒客，江上晴云杂雨云。美酒成都堪送老，当垆仍是卓文君。”等等。

李商隐最广为人们所熟知的还是他写的爱情诗，比如，《无题》：“昨夜星辰昨夜风，画楼西畔桂堂东。身无彩凤双飞翼，心有灵犀一点通。隔座送钩春酒暖，分曹射覆蜡灯红。嗟余听鼓应官去，走马兰台类转蓬。”《无题》：“相见时难别亦难，东风无力百花残。春蚕到死丝方尽，蜡炬成灰泪始干。晓镜但愁云鬓改，夜吟应觉月光寒。蓬山此去无多路，青鸟殷勤为探看。”《无题》四首其一：“来是空言去绝踪，月斜楼上五更钟。梦为远别啼难唤，书被催成墨未浓。蜡照半笼金翡翠，麝熏微度绣芙蓉。刘郎已恨蓬山远，更隔蓬山一万重。”其二：“飒飒东风细雨来，芙蓉塘外有轻雷。金蟾啮锁烧香入，玉虎牵丝汲井回。贾氏窥帘韩掾少，宓妃留枕魏王才。春心莫共花争发，一寸相思一寸灰。”都是他脍炙人口的名诗。

虽然李商隐名气很大，但由于他得罪了令狐绹，被其斥为背恩忘义之人，故而一生仕途坎坷，郁郁不得志。在这种心态下，他也写了不少诗感叹自己不幸身世，比如《蝉》：“本以高难饱，徒劳恨费声。五更疏欲断，一树碧无情。薄宦梗犹泛，故园芜已平。烦君最相警，我亦举家清。”在本诗中，终生不得志的李商隐，闻蝉之声而兴，以蝉之高洁自警，喟叹身世之沦落飘零。《寄令狐郎中》：“嵩云秦树久离居，双鲤迢迢一纸书。休问梁园旧宾客，茂陵秋雨病相如。”《风雨》：“凄凉宝剑篇，羁泊欲穷年。黄叶仍风雨，青楼自管弦。新知遭薄俗，旧好隔良缘。心断新丰酒，销愁斗几千？”《乐游原》：“向晚意不适，驱车登古原。夕阳无限好，只是近黄昏。”

七七〇　晚唐文学（二）

“夕阳无限好，只是近黄昏”，正是晚唐前期的写照。无限好，是表面的；近黄昏，则是本质。

晚唐后期的诗歌，大致分为三大流派：一是以艳丽著称的温李派，以韩偓为代表；二是以寒瘦苦吟为主的贾岛派，以李洞等为代表，李洞所写诗歌不少，但传世的不多；三是着重反映社会现实、民生疾苦的现实主义诗人。由于晚唐社会矛盾逐渐尖锐起来，遂涌现一批继承中唐新乐府运动精神的现实主义诗人，在晚唐前期主要有曹邺，后期则以皮日休、聂夷中和杜荀鹤为代表。

韩偓，乳名冬郎，字致光，号致尧，晚年又号玉山樵人，其诗多写艳情，称为“香奁体”。韩偓自幼聪明好学，李商隐是他的姨夫，他十岁时，即席赋诗一首让李商隐点评，李商隐称赞其诗是“雏凤清于老凤声”。龙纪元年，韩偓进士，初在河中镇节度使幕府任职，后入朝历任左拾遗、左谏议大夫、度支副使、翰林学士，成为昭宗的心腹。朱全忠意欲篡唐，打算置韩偓于死地，天复三年，昭宗迫于压力，不得不将韩偓贬出京师，贬为濮州司马，后又贬为邓州司马。韩偓离京之后，昭宗身边再无可信之人了。天祐元年，朱全忠弑杀昭宗后，立哀帝为帝，假装大度，赦免了韩偓，让其回京官复原职，此时的韩偓已经洞察朱全忠的奸心，他拒不奉诏，携带家眷南逃到了江西抚州。不久，福建的王审知延揽人才，邀请韩偓入闽。天祐二年八月，韩偓遂从江西来到了福建。朱晃篡唐后，王审知为了自保，向朱晃称臣。韩偓心有抵触，打算再返回江西，王审知知道后，苦苦挽留，但韩偓坚决推辞了他的任命，后来到泉州寓居，后来又定居于南安，大约在公元923年前后病逝。

韩偓在晚唐被尊为“一代诗宗”。其诗作大体上可分三个时期：初期是在被贬谪之前；中期是在贬谪之后，入闽之前；晚期在入闽后，特别是在泉州、南安定居之后。在初期，他深得昭宗信任，所作诗多是艳词丽句，这也是他的诗被人称为“香奁体”的原因。中期受到贬谪，韩偓诗风有很大转变，多半叙写个人坎坷遭遇，倾吐胸中悲愤之情，同情人民。后期入闽，韩偓写了大量现实主义的诗作，再无当年的“香奁体”的踪迹，而也以这一阶段的诗歌成就为最高。

韩偓的代表作有：《闺情》：“轻风的砾动帘钩，宿酒初醒懒卸头。但觉夜深花有露，不知人静月当楼。何郎烛暗谁能咏？韩掾香焦亦任偷。敲折玉钗歌转咽，一声声入两眉愁。”《自沙县抵龙溪县，值泉州军过后，村落皆空，因有一绝》：“水自潺湲日自斜，屋无鸡犬有鸣鸦；千村万落如寒食，不见人烟空见花。”《三月》：“辛夷才谢小桃发，踏青过后寒食前。四时最好是三月，一去不回唯少年。吴国地遥江接海，汉陵魂断草连天。新愁旧恨真无奈，须就邻家瓮底眠。”《曲江夜思》：“鼓声将绝月斜痕，园外闲坊半掩门。池里红莲凝白露，苑中青草伴黄昏。林塘阒寂偏宜夜，烟火稀疏便似村。大抵世间幽独景，最关诗思与离魂。”《过汉口》：“浊世清名一概休，古今翻覆賸堪愁。年年春浪来巫峡，日日残阳过沔州。居杂商徒偏富庶，地多词客自风流。联翩半世腾腾过，不在渔船即酒楼。”

曹邺，字邺之，桂州阳朔人。大中进士，官至祠部郎中、洋州刺史、吏部郎中等，僖宗乾符年间去世。曹邺与刘驾为诗友，时称“曹刘”。其代表作为《官仓鼠》：“官仓老鼠大如斗，见人开仓亦不走。健儿无粮百姓饥，谁遣朝朝入君口！”

皮日休，字逸少，后改袭美，襄阳竟陵人。早年居住鹿门山，自号鹿门子、间气布衣等。咸通进士，曾担任太常博士、后来参加黄巢起义军，任翰林学士，后被害。其诗文与陆龟蒙齐名，号称“皮陆”。皮日休所写的比较著名的诗歌《橡媪叹》《三羞诗》，已见前述，在此不赘。

聂夷中，字坦之，河南中都人。家境贫寒，咸通末年进士，曾担任过华阴县尉，他的诗歌多是五言诗，比较著名的是《咏田家》《公子行》等，语言通俗，描写了晚唐百姓的疾苦和上层生活的豪奢。其中《咏田家》：“二月卖新丝，五月粜新谷。医得眼前疮，剜却心头肉。我愿君王心，化作光明烛。不照绮罗筵，只照逃亡屋。”前面也曾说过。《田家》：“父耕原上田，子劚山下荒。六月禾未秀，官家已修仓。”《公子行》：“种花满西园，花发青楼道。花下一禾生，去之为恶草。”

杜荀鹤，字彦之，池州石埭人，号九华山人。他出身寒微，尝自谓“天地最穷人”，一直到四十六岁才中了进士，曾担任过宣州观察使田颧的从事。唐朝灭亡后，他又投靠朱晃，但只担任翰林学士五天就去世了。

杜荀鹤很有政治抱负，他说：“男儿出门志，不独为身谋。”(《秋宿山馆》)又说：“共有人间事，须怀济物情。”(《与友对酒饮》)他的文学主张和白居易很接近，如《自叙》诗：“诗旨未能忘救物，世情奈值不容真。”又《秋日山中》诗：“言论关时务，篇章见国风。”他的诗歌能够比较多地反映社会现实，描写了乱世百姓的凄惨命运。比如，《山中寡妇》：“夫因兵死守蓬茅，麻苎衣衫鬓发焦。桑柘废来犹纳税，田园荒后尚征苗。时挑野菜和根煮，旋斫生柴带叶烧。任是深山更深处，也应无计避征徭！”《乱后逢村叟》：“八十衰翁住破村，村中何事不伤魂。因供寨木无桑柘，为点乡兵绝子孙。还似平宁征赋税，未尝州县略安存。至今鸡犬皆星散，日落前山独倚门。”《再经胡城县》：“去岁曾经此县城，县民无口不冤声。今来县宰加朱绂，便是生灵血染成！”他还在《旅泊遇郡中叛乱示同志》中揭露了官军的暴虐：“握手相看谁敢言，军家刀剑在腰边。遍搜宝货无藏处，乱杀平人不怕天。古寺折为修寨木，荒坟开作瓦城砖。郡侯逐出浑闲事，正是銮舆幸蜀年。”

另外，杜荀鹤的《小松》也比较出名：“自小刺头生草丛，而今渐觉出蓬蒿。时人不识凌云木，直待凌云始道高。”

晚唐散文家以皮日休、陆龟蒙和罗隐比较著名，尤其是他们的讽刺小品文成就最高。

陆龟蒙，字鲁望，苏州人，曾经担任过苏州、湖州从事，后来隐居甫里，自号江湖散人、甫里先生、天随子，他与皮日休齐名，号称“皮陆”。他的散文或用寓言，或用典故，都有较强的讽刺力量。比如他写的《野庙碑》，用讽刺的笔锋揭露官吏们凶狠而丑恶的面目：“今之雄毅而硕者有之，温愿而少者有之。升阶级，坐堂筵，耳弦匏，口粱肉，载车马，拥徒隶者，皆是也。解民之悬，清民之喝，未尝术于胸中。民之当奉者，一日懈怠，则发悍吏，肆淫刑，殴之以就事。较神之祸福，孰为轻重哉?平居无事，指为贤良，一旦有大夫之忧，当报国之日，则回挠脆怯，颠踬窜踣，乞为囚虏之不暇。此乃缨弁言语之土木耳，又何责其真土木耶！”其他如《祀灶解》《记稻鼠》讽刺皇帝，揭示官逼民反的道理，等等。

罗隐，字昭谏，杭州新城人。本名罗横，因屡屡不中举而改名，咸通八年自编《谗书》，更为上层人士所憎恶。光启中，他进入钱镠幕府，后晋升为节度判官、给事中等。罗隐也写诗，多浅显易懂，比较有名的诗有：《赠妓云英》：“钟陵醉别十余春，重见云英掌上身。我未成名君未嫁，可能俱是不如人。”《西施》：“家国兴亡自有时，吴人何苦怨西施。西施若解倾吴国，越国亡来又是谁？”《自遣》：“得即高歌失即休，多愁多恨亦悠悠。今朝有酒今朝醉，明日愁来明日愁。”《蜂》：“不论平地与山尖，无限风光尽被占。采得百花成蜜后，为谁辛苦为谁甜？”罗隐也写过一首《筹笔驿》，可与李商隐的那首同观：“抛掷南阳为主忧，北征东讨尽良筹。时来天地皆同力，运去英雄不自由。千里山河轻孺子，两朝冠剑恨谯周。唯余岩下多情水，犹解年年傍驿流。”

罗隐的散文成就比诗歌更高。鲁迅在《小品文的危机》说：“唐末诗风衰落，而小品放了光辉。但罗隐的《谗书》，几乎全部是抗争和愤激之谈；皮日休和陆龟蒙，自以为隐士，别人也称之为隐士，而看他们在《皮子文薮》和《笠泽丛书》中的小品文，并没有忘记天下，正是一塌糊涂的泥塘里的光彩和锋芒。”收录在《谗书》中的《说天鸡》《汉武山呼》《三闾大夫意》《叙二狂生》《梅先生碑》等篇，都是嬉笑怒骂，充满了批判现实主义精神。

七七一　晚唐文学（三）

词虽盛于宋，但兴于唐，最初来源于民间敦煌曲子词，后被文人仿作，晚唐词的名家有温庭筠和韦庄等人，但词的题材狭窄了，形成了“词为艳科”的传统。

与李商隐齐名的温庭筠，主要成就就体现在词方面。温庭筠，本名岐，字飞卿，太原人，唐初宰相温彦博的后裔。大中初年应进士第，此后屡试不第，他恃才傲物，不修边幅，喜欢讽刺权贵，故取憎于人。《雅言杂录》称，他“少敏悟，薄行，无检幅”，经常与贵公子裴诚、令狐滈等人一起吃喝。《唐诗纪事》称，一次，李商隐说：“今日想到一句：‘远比召公，三十六年宰辅’，想不起下句。”温庭筠说道：“何不说：‘近同郭令，二十四考中书’？”每次应试，温庭筠总是替邻座的贵公子们做题，人们又称其为“救数人”。唐宣宗喜欢唱《菩萨蛮》词，宰相令狐绹让温庭筠替自己写了一首，献给宣宗，特别叮嘱他不要告诉外人，谁知温庭筠很快就泄露出去了，让令狐绹很是不快，而温庭筠不仅不知收敛，反而嘲讽令狐绹没文化，对人说：“中书堂内坐将军。”宣宗喜欢微服私访，一次在旅店里遇见温庭筠，温庭筠傲然问宣宗：“你是司马、长史之类的小官吗？”宣宗回答：“不是。”温庭筠又问：“难道是判官、主簿、县尉之类？”宣宗又回答：“不是。”事后，将其贬为方城县尉。《唐摭言》称，温庭筠被贬后，文士们争相给他送别，其中纪唐夫的送别诗最为出名：“何事明时泣玉频，长安不见杏园春。凤凰诏下虽霑命，鹦鹉才高却累身。且饮绿醽销积恨，莫辞黄绶拂行尘。方城若比长沙远，犹隔千山与万津。”徐商镇守襄阳时，署为巡官。唐懿宗咸通六年（公元865年），徐商拜相后，用其为国子助教，此后去世。

《北梦琐言》称，温庭筠相貌丑陋，与才名不相称，时人称其“温钟馗”。温庭筠的诗与李商隐齐名，世称“温李”；词名与韦庄并称，号称“温韦”。《全唐诗话》称其，才思艳丽，每入试，押官韵作赋，凡八叉手而八韵成，时号温八叉。实际上，温庭筠的诗与李商隐的相距甚远，其艺术成就主要体现在词上，被后世尊为“花间词派”的鼻祖。

温庭筠的代表诗作有：《商山早行》：“晨起动征铎，客行悲故乡。鸡声茅店月，人迹板桥霜。槲叶落山路，枳花照驿墙。因思杜陵梦，凫雁满回塘。”

温庭筠的词主要写闺情，代表词作主要有：《梦江南》：“千万恨，恨极在天涯。山月不知心里事，水风空落眼前花，摇曳碧云斜。”《梦江南》：“梳洗罢，独倚望江楼。过尽千帆皆不是，斜晖脉脉水悠悠。肠断白蘋洲。”《菩萨蛮》：“宝函钿雀金鸂鶒，沉香关上吴山碧。杨柳又如丝，驿桥春雨时。画楼音信断，芳草江南岸。鸾镜与花枝，此情谁得知。”《菩萨蛮》：“杏花含露团香雪，绿杨陌上多离别。灯在月胧明，觉来闻晓莺。玉钩褰翠幕，妆浅旧眉薄。春梦正关情，镜中蝉鬓轻。”《更漏子》：“玉炉香，红蜡泪，偏照画堂秋思。眉翠薄，鬓云残，夜长衾枕寒。梧桐树，三更雨，不道离情正苦。一叶叶，一声声，空阶滴到明。”

韦庄，字端己，长安杜陵人，晚唐诗人、词人，五代时曾任前蜀宰相，他是武曌时期文昌右相韦待价的七世孙、苏州刺史韦应物四世孙。

韦庄早年屡试不第，直到昭宗乾宁元年（公元894年），他五十八岁时才考中进士，担任校书郎。天复元年（公元901年），韦庄应王建之邀，入蜀担任王建的掌书记，从此以后，他在西蜀十年，直到去世。朱全忠建立后梁后，韦庄也劝王建称帝，王建遂建立蜀国，史称前蜀，韦庄也被王建拜为宰相。

如果我们把韦庄的诗词创作分为前、后两个阶段的话，在他入蜀之前，其主要成就在于诗歌，入蜀之后，其艺术成就主要体现在词的创作上。还是在僖宗广明元年（公元880年）到中和三年（公元883年）时，韦庄因参加科举考试而滞留长安一带，目睹了黄巢起义军占领长安这段历史，到中和三年，他在洛阳写下了著名的长篇叙事诗《秦妇吟》，这首长诗内容丰富，艺术成就很高，被后世誉为继杜甫的《三吏三别》、白居易的《长恨歌》之后唐代叙事诗的第三座丰碑。除了《秦妇吟》之外，韦庄写得较好的诗歌还有：《忆昔》：“昔年曾向五陵游，子夜歌清月满楼。银烛树前长似昼，露桃花里不知秋。西园公子名无忌，南国佳人号莫愁。今日乱离俱是梦，夕阳唯见水东流。”《金陵图》：“谁谓伤心画不成，画人心逐世人情。君看六幅南朝事，老木寒云满故城。”《台城》：“江雨霏霏江草齐，六朝如梦鸟空啼。无情最是台城柳，依旧烟笼十里堤。”《古离别》：“晴烟漠漠柳参参，不那离情酒半酣。更把马鞭云外指，断肠春色在江南。”

韦庄后期的艺术成就主要体现在词的创作上面。王国维在《人间词话》一书中，比较花间词的三大作家温庭筠、韦庄和李煜时说：“飞卿（温庭筠）句秀，端已（韦庄）骨秀，重光（李煜）神秀。”将韦庄词的成就排在温庭筠之上。韦庄的词也大多集中在写闺情上，其中较为著名的有：

《菩萨蛮》五首，其一：“红楼别夜堪惆怅，香灯半掩流苏帐。残月出门时，美人和泪辞。琵琶金翠羽，弦上黄莺语。劝我早归家，绿窗人似花。”其二：“人人尽说江南好，游人只合江南老。春水碧于天，画船听雨眠。垆边人似月，皓腕凝霜雪。未老莫还乡，还乡须断肠。”其三：“如今却忆江南乐，当时年少春衫薄。骑马倚斜桥，满楼红袖招。翠屏金屈曲，醉入花丛宿。此度见花枝，白头誓不归。”其四：“劝君今夜须沉醉，樽前莫话明朝事。珍重主人心，酒深情亦深。须愁春漏短，莫诉金杯满。遇酒且呵呵，人生能几何？”其五：“洛阳城里春光好，洛阳才子他乡老。柳暗魏王堤，此时心转迷。桃花春水渌，水上鸳鸯浴。凝恨对残晖，忆君君不知。”以及《女冠子·四月十七》：“四月十七，正是去年今日，别君时。忍泪佯低面，含羞半敛眉。不知魂已断，空有梦相随。除却天边月，没人知。”《女冠子·昨夜夜半》：“昨夜夜半，枕上分明梦见。语多时。依旧桃花面，频低柳叶眉。半羞还半喜，欲去又依依。觉来知是梦，不胜悲。”《思帝乡·春日游》：“春日游，杏花吹满头。陌上谁家年少足风流？妾拟将身嫁与一生休。纵被无情弃，不能羞。”

晚唐在诗歌评论方面的代表人物是司空图。

司空图，字表圣，河中虞乡(今山西省虞县)人。咸通末年进士，官至中书舍人。黄巢起义后，隐居于中条山王官谷中，朱晃代唐后，不食而死。

司空图的诗歌主张，主要见于他的几封书信和《二十四诗品》中。在他的《与李生论诗书》中说道：“文之难，而诗尤难。古今之喻多矣，而愚以为辨于味而后可以言诗也。江岭之南，凡足资于适口者，若醯，非不酸也，止于酸而已；若鹾，非不咸也，止于咸而已。华之人以充饥而遽辍者，知其酸咸之外，醇美者有所乏耳。彼江岭之人，习之而不辨也，宜哉。诗贯六义，则讽谕、抑扬、停蓄、温雅，皆在其间矣……近而不浮，远而不尽，然后可以言韵外之致耳。”主张诗歌要有韵味。

他的《二十四诗品》，把诗歌的风格分为雄浑、冲淡、纤秾、沉着、高古、典雅、洗练、劲健、绮丽、自然、含蓄、豪放、精神、缜密、疏野、清奇、委曲、实境、悲慨、形容、超诣、飘逸、旷达、流动二十四类，每类各以十二句形象化的韵语来形容比喻其风格和面貌，比如，自然，他写道：“俯拾即是，不取诸邻。俱道适往，着手成春。如逢花开，如瞻岁新。真予不夺，强夺易贫。幽人空山，过水采蘋。薄言情晤，悠悠天钧。”含蓄：“不着一字，尽得风流。语不涉己，若不堪忧。是有真宰，与之沉浮。如渌满酒，花时反秋。悠悠空尘，忽忽海沤。浅深聚散，万取一收。”

他的《二十四诗品》不仅形象地概括和描绘出各种诗歌风格特点，对诗歌创作、评论与欣赏等方面有很大贡献，丰富了中国古代文学批评理论，在中国文学批评史上占有很重要的地位。

完稿于2017年12月19日夜